Franz und Maria Marc

Das Buch

Schwabing um die Jahrhundertwende: Die junge Maria aus der wohlbehüteten Berliner Bürgerfamilie hat sich nach München aufgemacht, um sich dort unter die Künstlerszene zu mischen. Als sie Franz Marc kennen lernt, beginnt damit eine große Leidenschaft, aber ihre Beziehung wird nicht immer ganz einfach sein. Viel gemeinsame Zeit ist dem Paar nicht beschieden: Schon 1916 fällt der große Maler im Ersten Weltkrieg und für seine Witwe wird die jahrzehntelange Verwaltung seines Nachlasses zu ihrem größten Lebenswerk.

Die Autorinnen schildern lebhaft die Aufbruchsstimmung des deutschen Expressionismus, der in der Künstlergemeinschaft des »Blauen Reiters« – mit Franz Marc, Wassiliy Kandinsky und vielen anderen – seine farbenprächtigste Manifestation fand.

Die Autorinnen

Die Autorinnen Kirsten Jüngling (Köln) und Brigitte Roßbeck (Iffeldorf bei Kochel) sind bekannt durch ihre exzellent recherchierten und brillant geschriebenen Biographien über Frauen und Männer der Kulturgeschichte und Politik.

Kirsten Jüngling und Brigitte Roßbeck

Franz und Maria Marc

Die Biographie eines Künstlerpaares

List Taschenbuch

Besuchen Sie uns im Internet:
www.list-taschenbuch.de

Umwelthinweis:
Dieses Buch wurde auf chlor- und säurefreiem Papier gedruckt.

List Verlag
List ist ein Verlag der Ullstein Buchverlage GmbH.
1. Auflage Juni 2004
© 2004 by Ullstein Buchverlage GmbH
Umschlagkonzept: HildenDesign, München – Stefan Hilden
Umschlaggestaltung: Hauptmann und Kampa Werbeagentur,
München – Zürich
Umschlagmotiv: © Groothuis & Consorten, Hamburg
Satz: Fotosatz Moers, Mönchengladbach
Druck und Bindearbeiten: Clausen & Bosse, Leck
Printed in Germany
ISBN 3-548-60429-3

Inhalt

Teil I: MARIA
1876–1905   11

Teil II: FRANZ
1880–1905   39

Teil III: FRANZ UND MARIA
1906–1909   63
1910–1913   88
1914–1916 140

Teil IV: MARIA
1916–1955 169

Anhang

Zeittafel 203
Anmerkungen 207
Literaturauswahl und Archive 235
Bildnachweis 240
Danksagung und editorische Notiz 241
Personenverzeichnis 243

»... das Leben ist eine Parodie, eine teuflische Paraphrase, hinter der die Wahrheit, unser Traum steht. ... Kunst ist ja nichts als der Ausdruck unseres Traums. Je mehr wir uns ihr hingeben, desto mehr nähern wir uns der inneren Wirklichkeit der Dinge und unserem Traumleben, dem wahren Leben, das die Fratzen verachtet und nicht sieht. Verachte auch Du sie. Wir müssen Frieden gewinnen ...«

(Franz Marc an Maria Franck, 10. Mai 1907)

»Ja mein Franz die Träume und das Leben – dazu wir Menschen aus ›Fleisch und Blut‹ und ›Seele‹, die wir nicht wissen, welches der Weg ist, den wir gehen sollten – der unserer Seele zum Heil verhilft ohne dem Körper zu schaden und umgekehrt.«

(Maria Franck an Franz Marc, undatiert, Mai 1907)

Teil I:

MARIA

1876–1905

»Goldmarie« und »goldenes Miezchen« wurde die Mittzwanzigerin von einer sie schwärmerisch verehrenden Freundin genannt.[1] Auch Elisabeth Macke erwähnte als das auf den ersten Blick Bemerkenswerteste an der Berufskollegin ihres Mannes »das wundervolle, dicke goldblonde Haar, das sie in einem schweren Knoten aufgesteckt trug«[2]. Gelöst fiel es in Wellen bis in die Kniekehlen. Else Lasker-Schüler ersann für die bald Vierzigjährige verbale Liebkosungen wie »goldgelbe Löwin«, »liebe, schöne Mareia«, »Marieenkindlein« ...[3] Einer anderen Zeitzeugin, die der nunmehr älteren Dame erstmals begegnete, blieben vor allem ihre Liebenswürdigkeit, Warmherzigkeit, Hilfsbereitschaft, Fähigkeit zu echter Freundschaft und die besondere Ausstrahlung, die sich durch ihr besonderes Lächeln noch verstärkte, jahrzehntelang im Gedächtnis.[4]

Und doch fällt es häufig schwer, auf Fotografien, aber ebenso auf sie darstellenden Zeichnungen und Gemälden, wirklich Aufregendes an dieser Frau zu entdecken. Sie war die meiste Zeit ihres Lebens mehr als üppig, weniger als attraktiv, nicht einmal das, was beschönigend als apart bezeichnet wird; auch modische Extravaganz ging ihr ab. Da war stets die Versuchung groß, vom bieder-bürgerlichen Äußeren auf dementsprechende Eigenschaften zu schließen. So gesehen machte man sich die Charakterisierung jedoch zu leicht.

Maria Franck konnte aufmüpfig sein und verzagt, avantgardistisch und konventionell, starrköpfig und nachgiebig, spottlustig und mitfühlend, mitteilsam und verschwiegen, klug und naiv, nachsichtig und nachtragend ... Doch wie dem auch sei: Der geliebten, geachteten, mitunter auch unbequemen Weggefährtin einer Vielzahl bekannter und berühmter Künstlerinnen und Künstler war ein gehöriges Quantum an Persönlichkeit in die Wiege gelegt worden.

Bertha Pauline Marie Franck kam am 12. Juni 1876 in Berlin zur Welt. Der erste Vorname des Kindes ist auf die Schwester des Vaters[5], der zweite auf die Großmutter väterlicherseits und der dritte, nach dem sie im familiären Umfeld Mariechen oder Mie(t)ze gerufen wurde, auf die adlige Ahnin aus der mütterlichen Linie zurückzuführen. Drei

Jahre nach der Geburt ihrer Tochter konnten die Francks die Geburt eines Stammhalters anzeigen. Maria (dieser Version gab sie selbst den Vorzug) mochte ihren Bruder Wilhelm sehr und übernahm willig die älteren Schwestern gewöhnlich zugewiesene Mitverantwortung. Die Eltern, Philipp (1848–1913) und Helene Franck, geborene Sonntag (1855/56?–1921), wohnten zunächst in der Prinzenstraße 81, dann Kantstraße 149. Unter der Rubrik »Profession des Vaters« ist in Marias Geburtsurkunde »Buchhalter« eingetragen. Über die Berufstätigkeiten von Philipp Francks unmittelbaren Vorfahren gibt der Stammbaum[6] keine Auskunft. Zwei Generationen zurückliegend ist ohne Angabe seiner Lebensdaten ein Porträt- und Historienmaler gleichen Namens wie Marias Vater aufgeführt, der 1820 nach Paris gegangen sein soll. Des weiteren gab es im Familienkreis der Francks einen Mühlenbaumeister, einen Architekten, einen Arzt, einen Geheimen Sanitätsrat ...

Sanitätsrat war auch Helene Francks Vater Adolf Sonntag, der Maria von Prondzynski geheiratet hatte, Tochter von Karl von Prondzynski, »Gutsbesitzer zu Wadang«[7] bei Allenstein in Ostpreußen. Die männlichen Nachfahren Karl von Prondzynskis waren ausnahmslos ranghohe Militärs.

Berlin, Hinter der Katholischen Kirche 2. Die Familie Maria Francks wohnte im Gebäude der Bank, dessen leitender Angestellter ihr Vater war.

Maria Franck und ihr Bruder Wilhelm (um 1890)

Maria Francks Mutter hatte drei Geschwister, ihr Vater war einer von fünfen.

Nachdem der Buchhalter Philipp Franck zum Bankdirektor aufgestiegen war, bekam die Familie eine neue, eine erstklassige Berliner Adresse: Hinter der Katholischen Kirche, Hausnummer 2, Hauptsitz der Preußischen Boden-Kredit-Aktienbank, erbaut zwischen 1871 und 1873[8]. Die Längsfront des äußerst repräsentativen Gebäudes war gegen die St. Hedwigs-Kathedrale ausgerichtet, mit der Schmalseite grenzte es an Unter den Linden. Im Parterre und in der ersten Etage lagen Kontore und Konferenzsäle, im oberen Stockwerk des von reichem Sandstein-Schmuck bekrönten Komplexes bezogen die Francks eine geräumige Wohnung.[9] In Sichtweite lagen die Oper, der Dom, die Universität, das Stadtschloss ... Standesgemäß wurden ein bis zwei Dienstmädchen beschäftigt.

Der schriftliche Nachlass aus Maria Francks Kinder- und Jungmädchenzeit ist nicht sehr umfangreich. Auf überlieferten Fotos wirkt ihre Kleidung ziemlich teuer und schlicht, das lange wellige blonde Haar trägt sie straff zurückgebunden, Haltung und Mimik lassen auf Eigensinn und Durchsetzungsfähigkeit schließen. Eine der Aufnahmen zeigt sie mit Bruder Wilhelm, das Bild entstand vermutlich anlässlich ihrer Konfirmation. Dem ernsten und gefassten Ausdruck im Gesicht der etwa Fünfzehnjährigen sollte keine über diesen Tag hinausgehende Bedeutung beigemessen werden. Im übrigen spricht nichts dafür, dass Glaubensdinge in Marias evangelischem Elternhaus eine bemerkenswerte Rolle spielten.

Ein umfangreiches Konvolut privaten Schriftwechsels enthält als frühestes Zeugnis einen Brief aus dem Jahre 1895. Marias autobiografische Aufzeichnungen beginnen im wesentlichen mit dem Stichjahr 1905.

Familiensinn wurde im Hause Franck groß geschrieben. Ferien verbrachte man, soweit aus Briefen zu erfahren, entweder bei oder in Gesellschaft von – aus Sicht der Jüngsten – Großmutter, Onkeln, Tanten, Cousins und Cousinen. Häufiges Reiseziel war Ostpreußen, die Heimat der Mutter.

Über Marias Verhältnis zu den Eltern gibt die in die Gegenwart herübergerettete Korrespondenz Aufschluss. Während aus Helene Francks an die Tochter gerichteten Zeilen ihr Hang zum Konventionellen, eine gewisse emotionale Zurückhaltung sowie eine Tendenz zu Belehrungen und Besserwisserei herauszulesen sind, reicht das Spektrum der für Maria bestimmten schriftlichen Äußerungen des Vaters von freundlich-strengen Ermahnungen über gefühlsbetonte Passagen bis hin zu witzig-heiteren Anmerkungen. Dem Familienoberhaupt konnte die Heranwachsende das eine oder andere Entgegenkommen eher abschmeicheln als der Mutter. Für den Vater typi-

Helene und Philipp Franck, Marias Eltern

sche Charaktereigenschaften – sein Pflichtbewusstsein, gepaart mit der Absicht, dem Leben auch die guten Seiten abzugewinnen – könnten für die Tochter beispielgebend gewesen sein. Er müsse Diät halten, sich im Essen und Trinken mehr mäßigen, klagte Helene mitunter. Nicht zu Unrecht, denn mit Philipp Francks Gesundheit stand es bereits in seinen mittleren Jahren nicht zum Besten.

Das Bildungsrepertoire so genannter höherer Töchter war gegen Ende des 19. Jahrhunderts weitgehend festgelegt und eng umgrenzt: acht bis neun Schuljahre lang lag die Betonung der Mädchenerziehung, jeweiliger Begabung entsprechend, auf Geschichte, Geografie, Literatur, Nadelarbeiten, Musik oder bildender Kunst – unter Vernachlässigung von Unterricht in Naturwissenschaften; Rechnen trat an die Stelle von Mathematik. Ziel war die Befähigung zu ordentlicher Haushaltsführung und zu leicht verdaulicher Konversation, viel mehr wurde Ehefrauen in spe nicht abverlangt. Da bildete Philipp Francks Einstellung keine Ausnahme. »Väterchen«, vertraute Helene der Tochter einmal an, »wollte nie über Politik mit uns sprechen, er sagte stets, das versteht ihr nicht ... «[10]

Von 1883 bis 1892 besuchte Maria die von der Norm kaum abweichende Höhere Mädchenschule A. Schubert, Berlin, Linienstraße 107/108. In ihrem Abschlusszeugnis überwiegen Einsen und Zweien.

Sie handarbeitete gern und gut, ihr musikalisches Talent lag deutlich über dem Durchschnitt, sie nahm Klavierstunden[11] und war – wie ihre Mutter – Mitglied der Berliner Singakademie. Auch die zeichnerische Begabung des Kindes wurde – wie die der Mutter[12] – beachtet. (Und nicht zu vergessen das Erbteil des professionell malenden Urgroßvaters aus der Franck-Familie.) Skizzen der Vierzehnjährigen können sich sehen lassen. Dilettantin – wie die Mutter – musste Maria nicht bleiben.

Dass die Eltern sie beruflich förderten, entsprach keineswegs zeitgemäßem Muster. Vorherrschende Meinung war vielmehr, dass Mädchen – wie es beispielsweise das Programm der Konservativen Partei Preußens nahe legte – »ihre Bildung in der Ehe gewannen« und weibliche Unverheiratete »zu etwas gemacht« wurden, indem sie »Brüder, Väter, Kranke und Greise« pflegten und »mit warmem Herzen bedienten«.[13]

Vielleicht aber hatte Maria, respektive ihr Vater oder ihre Mutter, im vergleichsweise fortschrittlichen, von einem Zeitgenossen herausgegebenen Ratgeber *Die Berlinerin. Bilder und Geschichten*, Kapitel *Künstlerinnen*, geblättert und in Bezug auf »Töchter gebildeter Stände« jene allgemeingültig formulierten Hinweise gefunden: »Das junge Mädchen zeigte in der Schule schon Lust zum Zeichnen. ... Es wäre ja schade, wenn diese schöne Gabe nicht weiter ausgebildet werden sollte. Wenn das Kind einmal heiratet, mag es nach Belieben das Malen weiter treiben oder ganz lassen oder, was es gelernt hat, zur Befolgung des Imperativs verwenden: ›Schmücke Dein Heim!‹ – Will sich der sehnlichst erwartete Freier nicht einstellen, so ist das Malen, Zeichnen, Modellieren oder Sticken eine der angenehmsten weiblichen Beschäftigungen ... und sie stellen die Möglichkeit, etwas zu verdienen, einen, wenn auch anfangs nur sehr bescheidenen Beitrag zu den Kosten des Lebens in Aussicht. Das Mädchen tritt ... in die Königliche Kunstschule ein ...« Allerdings musste der Autor auch warnend den Zeigefinger heben; für wenig erstrebenswert, wenn nicht gar bedenklich hielt er nämlich das in Künstlerkreisen propagierte, und, schlimmer noch, vorgelebte »verhältnismäßig große, für jugendliche Seelen sehr verlockende Maß an Ungebundenheit«.[14]

Unter dem Datum 7. August 1895 bescheinigt die Königliche Commission zur Prüfung preußischer Zeichenlehrer und Zeichenlehrerinnen dem neunzehnjährigen Fräulein Franck die Berechtigung, »an mehrklassigen Volks- und Mittelschulen und an höheren Mädchenschulen Unterricht im Zeichnen zu ertheilen«. Zuvor hatte Maria als Prü-

Maria Franck (1898)

fungsbestandteil einen nach heutigem Urteil »sorgfältig in Aquarell und Deckweiß gearbeiteten kleinen Raubvogel« abgeliefert, binnen einem Dutzend aufgewendeter Stunden hatte sie ihn, »noch etwas zaghaft«, zu Papier gebracht. Die im März gleichen Jahres entstandene »großformatige stilllebenhafte« Darstellung eines leblosen, kopfüber hängenden [das heißt mit einem Flügel an eine Wand genagelten – Anm. d. Verf.] Erpels, war der Kunstschülerin um einiges lobenswerter gelungen, wird ihr doch, was diesen angeht, von einer Expertin unserer Tage »großzügige Sicherheit in der Formgebung und sensibel nach der Vorlage studierte Farbwahl« attestiert.[15]

Die Berliner Königliche Kunstschule[16] war also Maria Francks Studienstätte. Die Aufnahme setzte nachgewiesene Eignung, die Zulassung zum Zeichenlehrerinnen-Examen Höhere Schulbildung und ein mehrjähriges Fachstudium voraus. Prüfungsfächer und Zensuren sind in Marias Zeugnis folgendermaßen aufgelistet:

»Zeichnen von Flach-Ornamenten in Umriß nach
Vorbildern und aus dem Gedächtnisse: . . . . genügend
Zeichnen einfacher Körper nach Modellen: . . . . gut
Zeichnen von Ornamenten und verzierten Architektur-
teilen, schattiert, nach plastischen Vorbildern: . . . . genügend
Zeichnen (bzw. Malen) nach lebenden Pflanzen: . . . . . . genügend
Zeichnen an der Schultafel verbunden mit
methodischen Erläuterungen: . . . . gut

Lehrmittelkunde: .... gut
Ornamentale und architektonische Formenlehre: .... gut
Allgemeine Kunstgeschichte: .... gut
Gebundenes Zeichnen: .... recht gut
Projektionslehre: .... recht gut«[17]

Erst nach einem Probejahr an einer öffentlichen Schule bestand in Preußen die Möglichkeit, als Lehrerin fest angestellt zu werden. Nur jeder zehnten Absolventin gelang der Eintritt in den Schuldienst.[18] Einige wenige suchten und fanden Beschäftigung in Industrie und Handwerk, ungefähr die Hälfte bot Unterricht für Privatschülerinnen und -schüler an, jene restlichen knapp vierzig Prozent, die auf Erwerbstätigkeit verzichteten, argumentierten zumeist mit Verlobung oder Heirat, gelegentlich wurden gesundheitliche Probleme als Grund für den Rückzug ins Privatleben angegeben.[19]

Die Hauptaufgabe der von Maria besuchten Königlichen Kunstschule bestand in der Ausbildung von Mal- und Zeichenlehrerinnen, der Akzent liegt auf der weiblichen Endung, denn der Besuch der Königlichen Hochschule der Bildenden Künste war Männern vorbehalten. Nicht nur im Berlin der wilhelminischen Epoche wurde Frauen – von an einer Hand abzuzählenden Ausnahmen abgesehen – der Zugang zum ›akademischen‹ Kunstbetrieb verweigert. Gemeinsame Ausstellungen kunstschaffender Herren und Damen überstiegen gleichfalls in aller Regel männliches Vorstellungsvermögen.

Größtmögliche Förderung und Unterstützung durften talentierte Malerinnen nur vom seit 1867 existierenden progressiven Verein der Künstlerinnen und Kunstfreundinnen zu Berlin[20] erwarten. Zur Einrichtung dieser Selbsthilfeorganisation waren allerdings (Stroh-)Männer, als Ehrenmitglieder getarnt, vonnöten gewesen, da wie allen Frauen auch den drei eigentlichen Gründerinnen[21] per Gesetz die Rechtsfähigkeit abgesprochen wurde.[22] Obwohl ihr der Berliner Künstlerinnen-Verein und der gute Ruf des ihm angeschlossenen Ausbildungsinstituts bekannt gewesen sein müssen, hat Maria Franck ohne Hinweis auf Gründe der herkömmlichen Alternative den Vorzug gegeben.

Frauen, die ernsthaft eine Beschäftigung im Unterrichtswesen ins Auge fassten, wurde dringend eine Zusatzausbildung empfohlen, die zur Handarbeits- oder Turnlehrerin zum Beispiel. Außerdem hätten, auch das verriet den Betreffenden ein gedruckter Leitfaden, mehrfach qualifizierte weibliche Lehrkräfte weitaus bessere Verdienstmöglichkeiten als weniger Flexible. Bis zu 2500 Mark jährlich konnten Lehrerinnen zur Jahrhundertwende verdienen, eine stattliche Summe und dem Jahreseinkommen von Beamten im mittleren Dienst vergleichbar.[23]

Da Maria Handarbeitstechniken auch ohne speziell erworbenes Testat ganz vorzüglich beherrschte, fiel ihre Wahl auf Leibesübungen.

Laut Zeugnis, ausgestellt am 4. Juli 1896, nahm: »... die Zeichenlehrerin Fräulein Maria Franck ... an dem in der Königlichen Turnlehrer-Bildungsanstalt abgehaltenen Kursus zur Ausbildung von Turnlehrerinnen an Mädchenschulen erfolgreich teil.« Mit der Note ›gut‹ wurden ihre theoretischen Kenntnisse, die im »praktischen Unterrichte« – zusammengesetzt aus Frei- und Ordnungsübungen, Übungen mit Handgeräten, Geräteübungen – hingegen mit einem beachtlichen ›sehr gut‹ beurteilt.[24] Neben dem erwähnten Programm umfasste das Lern- und Prüfungspensum: Turngeschichte, Pädagogik, Methodik, Gerätekunde, Anatomie, Gesundheitsregeln, Erste Hilfe, eine Lehrprobe und Anfertigung eines Aufsatzes aus dem Bereich des Schulturnens sowie mündliche Wissenswiedergabe.

Seinerzeit wähnte sich Maria sicherlich noch auf dem Weg in den Staatsdienst; warum sonst hätte sie den Aufwand zweier Ausbildungsgänge auf sich nehmen sollen? Dennoch konnte sie nach Abschluss ihrer Ausbildungen dem Stellenangebot einer Schule in Leipzig absolut nichts abgewinnen. Selbst der in Aussicht gestellten guten Besoldung fehlte es da an Überzeugungskraft.

Die Gründe für ihre Zurückhaltung? Denkbar wäre erstens: Die Zwanzigjährige hatte exakt das als für sich erstrebenswert erkannt, wovor bekanntlich so gewarnt wurde: das »für jugendliche Seelen sehr verlockende(n) Maß an Ungebundenheit« einer freien Künstlerexistenz. Und zweitens: Sie sah sich noch lange nicht am Endziel ihrer Wunschvorstellungen. Wovon Maria träumte? Von Malkursen in reizvoller Umgebung und ebensolcher Gesellschaft, möglichst weit weg von Berlin, wo die für allgemeingültig erklärte Geschmacksrichtung Kaiser Wilhelms II. und seiner ›Hofmaler‹ wie Anton Alexander von Werner[25] oder Hermann Wislicenus[26] dem künstlerischen Fortschritt enge Grenzen setzte – und weit weg von wohlmeinender elterlicher Aufsicht. Bei allem Verständnis für die Ambitionen der Tochter: Sehr weit vermochten Philipp und Helene Franck sich von Vorgaben ihrer Gesellschaftsschicht nicht zu entfernen. Rück-

19

blickend machte Maria ihnen das zum Vorwurf: »... ich wurde ... zurückgehalten, und alles das, was mir lieb war und erstrebenswert erschien, als Verrücktheit und Überspanntheit erachtet.«[27]

Vorerst, im Frühsommer 1896, erfüllte Maria noch klaglos typisch weibliche Pflichten; wenn ihre Eltern ostpreußische Verwandte besuchten, oblagen ihr, assistiert vom Dienstmädchen, die Betreuung des jüngeren Bruders und die Haushaltsführung. Das allein wäre kaum erwähnenswert, ließe allenfalls auf Zuverlässigkeit und verhältnismäßig große Selbständigkeit des jungen Mädchens schließen, wären da nicht die beinahe tagtäglich zwischen Berlin und Königsberg hin- und herflatternden Botschaften. Wie ungern Helene Franck selbst in Abwesenheit das Heft aus der Hand gab und wie sehr Maria sich in mütterliche Anordnungen fügte, verdeutlichen detaillierte an das »liebe gute Muttchen« gerichtete Fragen und postwendend abgeschickte haargenaue Instruktionen. Im heißen Juni ging es in Marias Briefen beispielsweise um so Entscheidungsbedürftiges wie: Darf Wilhelm in kaltem Wasser baden? Darf der Bruder an Landpartien seiner Schulklasse teilnehmen? Soll der Kaffeetrichter gegen eine Butterdose umgetauscht werden, und, falls ja, was soll dann mit den übrigbleibenden zwanzig Pfennigen geschehen? Auch wurden von Maria regelmäßige Rechenschaftsberichte bezüglich gewissenhafter Kassenführung erwartet.

Im Spätsommer 1896 stand Schreiberhau[28] auf dem Reiseprogramm der Francks (mit Tochter). Nicht zum ersten und nicht zum letzten Mal.[29] Vermutlich sind wiederholte Familienaufenthalte in dem überschaubaren Dorf mit Marias Vorliebe für Künstlerkolonien zu erklären. Den Entwurf einer Hausansicht in einem ihrer Skizzenbücher versah die Fünfzehnjährige mit der Angabe: »Schreiberhau 13. 8. 1891«. Für Juni 1901 ist Marias Anwesenheit in Schreiberhau ebenfalls belegt, da könnten ihr Paula Modersohn-Becker und Otto Modersohn – möglicherweise noch unerkannt – über den Weg gelaufen sein; das frisch verheiratete Paar war in jener Zeit zu Gast bei Carl Hauptmann. Seit der und sein berühmterer Bruder, der Dramatiker Gerhart Hauptmann, wechselweise in Berlin und dem Riesengebirge residierten,[30] hatte sich Schreiberhau zum Gästemagneten gemausert. Wo vormals Bauern, Holzfäller, Besenbinder, Weber – etliche notgedrungen alles in einem – nur mit ihrer Hände Arbeit ein Existenzminimum verdienten, sorgte nun ein buntes Urlauber- und Künstlergemisch für ein willkommenes Zubrot.

Daheim in Berlin besuchte Maria mittlerweile regelmäßig eines der zahlreichen Damenateliers, welche den Meistern, die solche unterhielten, gewöhnlich als sichere Einnahmequelle sowie als Sprungbrett auf die akademisch-männliche Hochschulprofessoren-Ebene dienten. Guter Privatunterricht hatte seinen Preis, 800 Mark waren jährlich durchschnittlich fällig, hinzu kamen nicht unerhebliche Materialkosten. (Zum Vergleich: Im Hause Franck beschäftigten Dienstmädchen wurden maximal 400 Mark als Jahreslohn ausbezahlt.)

Jeder Pfennig, den Maria für eigene Zwecke ausgeben konnte, stammte aus der elterlichen Geldbörse, und jede Rechnung, die sie betraf, wurde von ihrem Vater, nach genauer Prüfung, beglichen. Dergleichen war nicht ungewöhnlich und auch in vergleichbaren Familien gängige Praxis. Noch ließen Philipp und Helene Franck die Tochter klaglos gewähren. Noch wollten sie an die Überschaubarkeit der Wartezeit auf einen respektablen, will meinen gutbürgerlichen und gut situierten Ehekandidaten als zukünftigen Ernährer Marias glauben, wenngleich die durchaus Heiratsfähige, doch überhaupt nicht Heiratswillige keinerlei erkennbare Anstalten machte, nach einem solchen Ausschau zu halten. Dabei konnte Maria sich durchaus sehen lassen, ein Bild von ihr und Cousine Vera Sonntag aus dem Jahre 1898 beweist das. Die jungen Frauen tragen modische Spitzenkleider, gerüscht, gebauscht, stark tailliert. Auf beider Köpfen thronen fesche Hütchen. Was die zweiundzwanzigjährige Maria von Vera unterscheidet: ihre selbstbewusst aufrechte Haltung und ein freundliches Lächeln.

1899 gehörte Fräulein Maria Franck zu den Malschülerinnen des Damenateliers von Karl Storch, Maler und Illustrator aus Segeberg/Holstein[31], Jahrgang 1864. Storch war Absolvent der Berliner Königlichen Hochschule der bildenden Künste, 1902 sollte er Professor an der Königsberger Kunstakademie werden, seine Könnerschaft stand also außer Zweifel.

Sommers folgten Karl Storchs Elevinnen ihrem Meister in die Holsteinische Schweiz, um sich in Freilichtmalerei zu üben. Marias Verhältnis zu ihrem Lehrer und dessen Frau war ein besonders intensives.[32] Auch im Storch-Kreis geschlossene Frauenfreundschaften überdauerten viele Jahre – waren persönliche Zusammenkünfte nicht möglich, wurde das nicht sehr tiefschürfende Geplänkel zwischen Maria und Mieken und Janne und Paula und Kete und Hete ... schriftlich fortgesetzt.

Im Juli 1899 war Maria als eine der Storch-Malschülerinnen in

Muggesfelde bei Schlamersdorf, Quartier wurde in der Windmühle bezogen. Man sang, ging zum Tanzen, spielte Klavier, machte Ausflüge, zum Großen Plöner See oder nach Segeberg beispielsweise, und malte: Ölbilder, Bleistiftzeichnungen, Aquarelle – auf Anfrage der Mutter zählte Maria pflichtschuldig Ferienprogramm und Kunstwerke auf. Im gleichen Brief bestimmte sie – beiläufig – ihren derzeitigen sozialen Standpunkt: »Daß wir etwas zurückhaltend sind, hat unsere Wirtin [die Müllerin – Anm. d. Verf.] verstimmt, sie ist schließlich auch nicht so gebildet, um zu begreifen, daß ein Unterschied zwischen uns ist. Die Geschichte ist unerquicklich, wir lassen uns aber nicht stören und bleiben doch für uns.«

Bald bat sie die Eltern, acht Tage länger als vorgesehen in Muggesfelde bleiben zu dürfen. Sie bekam die Erlaubnis, aber erst nachdem sie versprochen hatte, das ihr zugeteilte Reisegeld entsprechend zu strecken. Der Grund für die verzögerte Rückreise: Die Söhne des örtlichen Gutsbesitzers waren angekommen, reizende Jünglinge, stellte Maria fest; an nennenswerten Vorzügen zählte sie im Brief an die Mutter auf: unterhaltsam, ländlich-sittlich, ulkig und ungefährlich.[33] Doch was das Letztgenannte betraf, hätte Helene Franck etwas weniger Beruhigendes sehr viel lieber gelesen.

Im Juli 1900 versammelten sich die Storch-Malschülerinnen im wenige Kilometer von Muggesfelde entfernten Seedorf. Dort könnte Maria der München-Floh ins Ohr gesetzt worden sein, denn Janne – in ähnlicher Formation wie in die Muggesfelder Mühle war die Damenriege in Seedorf eingerückt – befand sich auf dem Absprung nach Bayern. Und als die Freundin im September erste gute München-Erfahrungen weiterreichen konnte, wurde Maria der Münchner Künstlerinnen-Verein als Anlaufstelle und Angelo Jank als Lehrer empfohlen.[34]

Die Francks haben wohl sofort energisch abgewunken. München, das Wort allein, von kunstsinnigen und/oder freiheitsliebenden Töchtern sehnsuchtsvoll ausgesprochen, genügte zur Jahrhundertwendezeit, um verantwortungsbewusste Eltern in Alarmzustand zu versetzen.

Jedenfalls wurde Maria 1901 lediglich ein Malsommer in der Gegend von Itzehoe genehmigt. Hier muss zwischen ihr und einem Herrn namens Westphalen etwas Unerwartetes oder gar Unerfreuliches vorgefallen sein. Genaueres ist aus Briefen von und an Karl Storch nicht herauszulesen. Besonders glücklich kann Maria schon vor dieser ersten bekannten schlechten Erfahrung mit einem Mann nicht gewesen sein, mit Freundin Kete Parsenow war sie im Mai ins Taunusbad Langenschwalbach[35] gefahren, wo beide junge Damen ihre arg strapazierten Nerven kurierten.[36] (Kete Parsenow machte übrigens bald darauf als Schauspielerin Karriere, wurde von Max Reinhardt an seine Berliner Bühnen engagiert, von Else Lasker-Schüler, die ihr zwei Gedichte und ein Essay widmete, sehr verehrt und war in erster Ehe mit dem Berliner Kunsthändler und Verleger Paul Cassirer verheiratet[37], der in Maria Francks späterem Leben eine Rolle spielten sollte.)

1902 war es sicher eine unglückliche Liebe, die Maria aus dem seelischen Gleichgewicht brachte. Paula Bergmann, auch sie eine Freundin aus der Storch-Schülerinnen-Clique, war gerade Ähnliches widerfahren; folglich gelang es ihr, sich ins Seelenleben der »armen Mietze« besonders gut einzufühlen: »Es thut mir nur zu weh, daß ich jetzt nicht nach Berlin kommen kann, um Dir Deinen Kummer tragen zu helfen. ... Du bist auch so ein Mensch, der nie zur Ruhe kommt, dem die Menschen die Ruhe nicht gönnen – Du bist darin noch viel schlimmer dran als ich, wenn wir auch das gemeinsam haben, daß wenn ein Sturm unsere Herzen durchtost, es noch lange in unserem Inneren nachzittert, und es lange dauert, bis wir uns ganz wieder erholt haben.«[38] Erholung suchte Maria in selbstverordneter Einsamkeit, von Juni bis August zog sie sich zum Malen ins Ostseebad Grömitz zurück. Von Männern mochte sie vorerst nichts mehr wissen.

Fräulein Emmy Lehmann, wohnhaft in Berlin, trat im Herbst 1902 in Marias Leben. Das Fräulein und der Nachname durften bald weggelassen werden, beim Sie blieb es. Man verabredete Treffen, tauschte sich auch brieflich aus, über Literatur, Musik, Theater, Soziologie, Psychologie ... Emmy schrieb erstmals im November auf edlem Briefpapier mit dekorativem Prägedruck an die um zehn Jahre jüngere Freundin. Von Januar 1903 an bevorzugte sie Anreden wie »Goldmarie« oder »goldenes Miezchen«: wegen der Farbe, die in Marias Haaren hängen geblieben sei und die sie so liebe. Im März berichtete sie der »geliebten Maria« von zwei »äußerlich nicht bevorzugten« Damen, die sie auf einem Lehrerinnenfest getroffen habe[39] und die jetzt zu Besuch kämen und wie gespannt sie sei, ob und wie sie sich »nähertreten« würden. Im April lobte Emmy das blühende Aussehen Marias und deren »gesunde Rosigkeit«, die von »regem Innenleben geprägten Züge« sowie, zum wiederholten Male, ihr wundervolles Haar – auch war sie eine große Bewunderin der »Kunstfertigkeit« der Freundin.

Bald aber kamen der derart Hofierten Bedenken, geschickt zog

sich Maria aus der Affäre. Anfang Mai konfrontierte sie Emmy brieflich mit einem männlichen Gegenspieler, einem Leutnant mit Herz
und Hang zum Philosophieren, seinen Namen behielt sie jedoch für
sich. Auch der Austausch mit dem »anderen Geschlecht«, erhielt sie
daraufhin kurz angebunden zur Antwort, könne entschieden nützlich sein. Mitte Juni aber lenkte Emmy ein: »Und an Ihrer freund-
schaftlichen Gesinnung will ich auch nicht mehr zweifeln; ich denke,
jeder Mensch ... ist nicht unempfänglich für Liebe, so werden Sie
auch meine Liebe, wenn auch nicht im selben Maße aber doch mit
einer gewissen Freundschaftlichkeit erwidern; damit begnüge ich
mich vorläufig.«

In der Tat hielt diese Frauenfreundschaft Jahrzehnte; noch 1925
schickte Emmy an Maria »einen herzlichen Gruß zum Zeichen meines treuen Gedenkens«.[40]

Was Maria Franck auf Anhieb verwehrt blieb, suchte sie – zeitlebens
– durch Beharrlichkeit zu erreichen. Auch im Kampf um ihre Fortbil-
dung in Bayern setzte sie ihren Willen schließlich durch. Um die
Weihnachtszeit 1902 hatte sie ihren Eltern die Reiseerlaubnis endlich
abgerungen. Keinen Tag länger als unbedingt erforderlich wurde die
Eisenbahnfahrt nach München hinausgeschoben.

Berlin galt als des Deutschen Reiches Kopf, München als dessen
Herz, Berlin als Stadt der Kunstimporte und des Kunstkonsums,
München als die der Künstler und Künstlerinnen.[41] Maria Franck
war folglich nur eine unter vielen, die im Wettstreit der Metropolen
gegen die an der Spree und für die an der Isar votierten. Zwei Jahre
bevor sie sich auf den Weg nach Bayern machte, hatte eine gewisse
Gabriele Münter, auch Berlinerin von Geburt, auch Kunststu-
dierende, etwa gleichaltrig mit Maria, jedoch elternlos und finanziell
unabhängig, ihren Abschied von der Reichshauptstadt in ihrem
Merkbuch mit der knappen Notiz »Ab nach München!« markiert.[42]
Die Damen sollten sich noch kennenlernen.

Nachweislich wohnte Maria am 19. Januar 1903 bereits in München, Adalbertstraße 54/V; das war der Tag, an dem die etwas pi-
kierte Emmy Lehmann in ihrem Brief mit neuer Anschrift anmerkte:
»Ihre Karte klingt so lebenslustig, so glücklich!« Als Reaktion auf
Berichte über Erfolge auf Künstlerfesten, die kurz darauf in Berlin
eintrafen, unterstellte sie der Freundin gar »Lebensdurst«. Dieser Eindruck war kein falscher. Denn zielbewusst hatte Maria den Münchner Vorort Schwabing angesteuert.[43]

Emmy Lehmann (1919), Marias Freundin seit etwa 1902

Das Schwabing der Übergangszeit vom 19. ins 20. Jahrhundert war Nahtstelle zwischen der Stadt München und dem Dachauer Land. Neben Arbeitern – viele waren in der Maffeischen Lokomotivfabrik beschäftigt –, Handwerkern, Händlern und Kleingewerbetreibenden arbeiteten und lebten dort damals noch etliche Bauern. Studenten schätzten das universitätsnahe preisgünstige Zimmerangebot. Doch wird speziell dem bäuerlichen Bevölkerungsanteil mit »archaisch anmutenden Eigenschaften« die enorme Anziehungskraft Schwabings auf eine weitere, die bemerkenswerteste Einwohnerkategorie zugeschrieben: »Wie Gauguin die Tahitianer, entdeckten Künstler diesen Menschenschlag.«[44]

Männer und Frauen in pittoresker Dachauer Tracht waren auf dem Künstlermodellmarkt sehr gefragt, und so erschienen auch sie jeweils zu Semesterbeginn auf der Freitreppe der Königlich-Bayerischen Akademie der bildenden Künste, um dort ihre Dienste anzubieten.

Im Gegenzug kamen ländlich verkleidete Damen und Herren alljährlich in Scharen zum berühmten Bauernkirchweihball[45] beim *Schwabinger Wirt*. Da gab sich das Künstlervolk krachledern derb. Ein wichtiger Programmpunkt der Faschingsveranstaltung war die Polonaise im Schleichschritt, bot sie doch Münchens Malerprominenz sowie Künstlern, die noch auf den großen Erfolg warteten, Gelegenheit zu sehen und gesehen zu werden. Maria konnte sich also gleich nach ihrer Ankunft ins Münchner Narrentreiben stürzen, das einer erotischen Komponente bekanntermaßen nicht entbehrte.

Anschluss an einen »Freundschaftskreis ... gleich schwingender Seelen«[46] war schnell gefunden, Maria war, so scheint es, endlich entschlossen, sich nach einem Mann fürs Lebens umzuschauen. Ihr Hauptaugenmerk galt Akademikern. Unter denjenigen Herren, die von ihr in München als korrespondenzwürdig eingestuft worden waren, erwies sich ein August Gallinger, Doktor der Philosophie und Student der Medizin, als besonders widerstandsfähig gegenüber ihren schriftlichen Annäherungsversuchen.[47] Er wird für sie dennoch nicht bedeutungslos bleiben.

Was Käthe Kollwitz im Rückblick aufs ausgehende 19. Jahrhundert zu ihrer Studienzeit in München einfiel, deckt sich unbedingt mit Maria Francks Erinnerungen an 1903: »Das Leben, das mich dort umgab, war anregend und beglückend ... Der freie Ton der Malweiber entzückte mich ... Ich habe in München wirklich sehen gelernt.«[48]

Das »Malweib« Maria Franck machte in München vom für Frauen bestmöglichen Kunststudien-Angebot Gebrauch. Zwar durften auch in der Königlich-Bayerischen Akademie der bildenden Künste, die gab es seit dem Jahre 1808, Mädchen und Frauen nur als Modelle in Erscheinung treten,[49] doch zählten Lehrer und Lehrerinnen der Damen-Akademie des 1882 gegründeten[50] Münchner Künstlerinnen-Vereins zu den renommiertesten im Lande. Die Frauen vorbehaltenen Künstlerinnen-Verein-Ateliers lagen im Rückgebäude des Hauses Barer Straße 21; regelmäßig durchgeführte Ausstellungen dokumentierten durchweg hohen Qualitätsstandard. Damen-*Akademie*! Der Name war Programm und Provokation zugleich. Nur war künstlerische Gleichwertigkeit noch lange keine Garantie für gesellschaftliche Gleichberechtigung und auch nicht für gerecht verteilte Staats- beziehungsweise Steuergelder. Infolgedessen mussten Maria und ihre Kommilitoninnen etwa 400 Mark jährlich an Studiengebühren berappen (was allerdings nur die Hälfte dessen war, was ihr Berliner Privatunterricht gekostet hatte), wohingegen Studierenden an der *Herren*-Akademie nur zirka 80 Mark pro Jahr abverlangt wurden. Maria hatte sich in die Klassen Kunstgewerbe, Malerei und Zeichnen eingeschrieben, darüber hinaus betrieb sie – als Grundvoraussetzung für den Bildaufbau ›von innen heraus‹ – Akt- und Anatomiestudien. Der vom Bayerischen Landtag im Jahre 1896 erhobenen Forderung, es müsse ein für allemal dem Unfug ein Ende gemacht werden, junge Frauenpersonen »nach Nuditäten« zeichnen zu lassen, und zwar durch Verhüllen heikler, männlicher, Körperpartien, wurde von Seiten des Künstlerinnen-Vereins möglichst wenig Beachtung geschenkt.

Es ist davon auszugehen, dass Maria in München auch unter Anleitung und Korrektur jenes Lehrers arbeitete, den ihr die Freundin und Vorgängerin Janne vor Zweijahresfrist so ausdrücklich ans Herz gelegt hatte: Angelo Jank.

Jank, der von 1899 bis 1907 an der Damen-Akademie Kopf- und Aktzeichnen unterrichtete, hatte sich als Maler eleganter Outdoor-Aktivitäten zu Pferde, wie Treibjagden, Rennen und Herrenreiten, bereits einen Namen gemacht – und als Freund der Frauen. Warum sollte da der ganz spezielle Charme des Vierunddreißigjährigen ausgerechnet bei Maria Franck seine Wirkung verfehlen?

Rein Künstlerisches betreffend gab sie zweifelsfrei einem anderen Lehrmeister den Vorzug: Der lichte Naturalismus insbesondere ihrer Stillleben der Anfangsjahre wird dem Einfluss Max Feldbauers zugeschrieben.[51] Max Feldbauer, ein Jahr älter als Jank, Maler, Lithograf und Plakatkünstler, stand von 1901 bis 1915 in Diensten des Künstlerinnen-Vereins. Er war, wie Jank, Mitglied der Scholle. Unter diesem Namen hatte sich 1899 ein kleiner Kreis von Künstlern zusammengetan, der gemeinsam zum Malen hinaus aufs Land ging.[52] Scholle-Maler strebten nach Harmonie von Farbe, Form und Bildinhalt – wobei Leben und Eigenwert der Farben größere Bedeutung als Form und Bildinhalt erlangten, Naturgetreues wurde durch Fantasievolles ersetzt.[53] Diese Art der Malerei im Gefolge auslaufender akademischer Traditionen kam Marias Begabung wohl am nächsten. Schon in heimischer Umgebung hatte sie sich mit der von Max Feldbauer vertretenen Stilrichtung bekannt machen können: Nachdem eine Kollektivausstellung des Scholle-Kreises in München Furore gemacht hatte, war sie vom Kunsthändler Fritz Gurlitt nach Berlin geholt worden. Und gleich war die Presse über das Dargebotene hergefallen, Traditionalisten unter den Kritikern und unter den streng akademisch Malenden ließen an den Scholle-Gemälden kein gutes Haar: zu münchnerisch, zu bunt, zu keck, zu lustig, hatten 1901 Preußens Kunstpäpste gelästert.[54] Auf Maria aber könnte gerade das bunte, kecke, lustige Münchnerische eine gewaltige Sogkraft ausgeübt haben ...

Maria über einen längeren Zeitraum im berühmt berüchtigten Schwabing zu wissen, ließ vor allem Helene Franck nicht ruhen. Deren Skepsis wuchs, und mit der ihren die ihres Mannes. Die Aufforderungen zur Rückkehr nach Berlin nahmen, je weiter die Zeit fortschritt, desto mehr an Dringlichkeit zu. Bereits jener nur halbherzig erlaubte – und höchst ungern finanzierte – erste Aufenthalt der Tochter in München war aus Sicht der Francks ein möglichst kurz zu haltendes Intermezzo, was Maria noch Jahrzehnte später beklagte: »Das Leben in München wurde ja auch immer unterbrochen, ich musste zeitweise zu meinen Eltern nach Berlin zurück.«[55] 1903 war wohl der Umweg übers bewährte Seedorf die Konzession, welche ihr die Abreise aus München erträglich machte;[56] zuvor hatte Maria zu einem Abschiedsfest eingeladen und ihre Wiederkehr spätestens zum Jahresanfang 1904 angekündigt.[57]

Im Gegensatz zu hochgestimmten Berichten aus München signalisieren die von Mitte September 1903 an aus der norddeutschen Provinz abgeschickten Briefe Tristesse und Monotonie, doch hielt beides Maria nicht davon ab, so lange im Holsteinischen auszuharren, wie sie Berlin längstens fernbleiben konnte, das heißt, bis dichter Novembernebel dem Argument notwendiger Übung in Freilichtmalerei endgültig die Glaubwürdigkeit nahm. Denn ihrer Meinung nach sollten von nun an Aufenthalte im Berliner Elternhaus lediglich als Gastspiele angesehen werden. Marias Ansinnen zog unweigerlich umständliche Erklärungsversuche und heftige Debatten mit den widerstrebenden Eltern nach sich. Der Vater, »Väterchen«, war es, der ihrem hartnäckigen Bitten letztlich nicht widerstand. Schon im Februar 1904 konnte sie sich, wie versprochen, im Münchner Freundschaftskreis zurückmelden. Wieder hatte sie eine Schwabinger Adresse: Nordendstraße 22f/III.

Weitaus mehr noch als ihr nachgiebiger Mann missbilligte Helene Franck das Fernweh der Tochter. Folglich sah sie sich, nach ein paar Wochen beiderseitiger Funkstille, gezwungen, ihr einige deutliche Worte verbunden mit einer offen gebliebenen Frage hinterher zu schicken: »Nur um einem immer unfreundlichen und unzufriedenen Gesicht aus dem Wege zu gehen, sagte auch ich *ja*. Verstehen thue ich es nicht! ... Warum München und nicht in Berlin?«[58]

Maria Franck war in einen Münchner verliebt, mehr freilich, wie sich herausstellen sollte, als der in sie. Emmy Lehmann wusste von der konfliktbeladenen Beziehung, nur war der Mann, um den es ging, erneut in den Briefen der Freundin ein namenloser geblieben.[59] Von ein

Maria Franck in Seedorf/Holstein (1903)

paar Mitleidfloskeln abgesehen, zeigte sie wenig Verständnis für die Probleme der in ihren Augen nicht ausreichend emanzipierten Freundin, hielt Maria gar schuldhaftes Handeln vor: »Ich glaube so unbedingt an Sie und Ihre künstlerische Persönlichkeit, dass ich immer wieder staune, wie das Weib in Ihnen so lange über die Künstlerin triumphieren kann. Was muß das für ein Mann sein, der die Macht hat, Sie so unglücklich zu machen. Manchmal ertappe ich mich darauf, daß ich ihn hasse. Dann sage ich mir wieder, daß Sie die größere Schuld tragen, daß er jedenfalls bei Ihnen zu empfänglichem Boden für den Eindruck seiner Persönlichkeit gefunden hat.«[60]

Am 8. Mai kündigte Philipp Franck – aufgeschreckt durch Fräulein Lehmann? – eine Reise nach München an. Dem Anschein nach ist es bei der Androhung geblieben, zumal Maria forthin allseits Entwarnung gab, vor allem in Briefen an Emmy, die schon im August ihre Erleichterung hinsichtlich vermeintlich wiedergewonnener Distanz Marias zur Männerwelt nicht verhehlte: »Sie scheinen mir nun sehr schwindelfrei zu sein in Bezug auf das andere Geschlecht. Es gibt hinsichtlich der Erotik Seelen, die an den schwierigsten Stellen freien Blick und kaltes Blut behalten, im Gegensatz zu Schwindelseelchen, denen schon schwarz vor Augen wird, wenn sie nur auf eine Stufe springen. Letztere sind viel verbreitet und tragen die Schuld an der für uns so beschämenden Tatsache, daß durchschnittlich jeder Mann genommen wird. ... Tausende würden von der Situation, in der Sie sich mit dem als Mensch und Künstler bedeutenden Manne befinden, verwirrt werden und die Ruhe verlieren, darauf gebe ich Ihnen mein Wort.«[61]

Bemerkenswert ist: In Wirklichkeit hatte Maria ihr Seelentief noch nicht überwunden und sich innerhalb weniger Monate, unübersehbar, etliche Pfunde Kummerspeck angefuttert. Bemerkenswert auch das: Der Geliebte, auf dessen Konto ihre heftigen Gemütsschwankungen gingen und um dessen Identität sie zeit ihres Lebens ein Geheimnis zu machen suchte, war laut Emmy Lehmanns Brief ein Künstler, und ein bedeutender dazu.

Sein Name? Man wird sehen.

Kontaktscheu war Maria nie gewesen, und sie lernte, das ist ihren Briefen zu entnehmen, in München sehr schnell sehr viele Menschen kennen. Das hat in guten Zeiten Vor- und Nachteile in schlechten. Die teils offen zur Schau gestellte Häme, mit der das emotionale Auf und Ab ihrer Beziehung, und zwar nicht nur hinter vorgehaltener Hand, in ihrem Münchner Freundes- und Bekanntenkreis kolportiert wurde, erschütterte ihr Selbstvertrauen zutiefst[62] und mag ein wichtiger Grund für ihren Umzug im August 1904[63] aufs Land gewesen sein. Den erhofften Abstand von missgünstigen Klatschmäulern aber konnte sie durch den Wechsel nach Ampermoching natürlich nicht gewinnen, da auch Dörfchen, die so nahe bei Dachau liegen, sommers von Münchnern geradezu überschwemmt wurden. Dachau um die Jahrhundertwende: »Man stelle sich vor: Auf der einen Seite der verschlafene Markt mit seinen wenigen tausend Einwohnern ... und auf der anderen die Künstlerschaft, wie sie vielgestaltiger nicht denkbar war. Verschrobene, weltentrückte Sonderlinge darunter, die sich um Mitternacht zu spiritistischen Sitzungen trafen, verarmte Einzelgänger, die, mit Staffelei und Malzeug bewaffnet, tagelang die Mooslandschaft[64] durchstreiften ..., gediegene, vornehme Herren, Professoren mit akademischen Titeln und [teils frisch verliehenen – Anm. d. Verf.] Adelsprädikaten.« – Die Luft des Dachauer Landes sei die rechte Malerluft, das Licht das wahre Malerlicht, lobte und pries der Kunsthistoriker und Schriftsteller Wilhelm Hausenstein die Künstlerkolonie und Sommerfrische der Schwabing-Boheme.[65] Maria war es unmöglich, all das nachhaltig in sich aufzunehmen, geschweige denn zu genießen. Sich von ihrer Misere abzulenken, gelang ihr vermutlich nur beim Malen.

Max Feldbauers Außenstation für seine Damenklasse war damals Bad Münchshöfen bei Straubing in Niederbayern. Demzufolge könnte sich Maria während der Dachauer Freilicht-Malsaison 1904 an Adolf Hölzel gehalten haben, den genialen, »am weitesten fortgeschrittenen ... modernsten Maler Deutschlands«. Was Hölzel als Erfahrungsschatz gesammelt hatte, gehörte auch seinen Schülern und Schülerinnen, die ihm aus Süddeutschland und, wie der zeitgenössische Berichterstatter anzumerken nicht vergaß, besonders zahlreich aus Berlin zuströmten.[66] Von 1888 bis 1906 lebte und wirkte Adolf Hölzel in Dachau. Gemeinsam mit Ludwig Dill und Arthur Langhammer war er am Entstehen der *Neu-Dachauer Schule*[67] beteiligt. Genau genommen weniger Schule als vielmehr ein lockerer Zusammenschluss gleichgesinnter Impressionisten, die mit der Pleinair-Malerei das alte verpönte naturalistische Thema variierten: »Formen der Natur als vereinfachte Flächenformen von reizvollen Umrißlinien in reizvoller Aneinanderfügung der Bildumgrenzungen.«[68]

Ihrem Malsommer im Moos gönnte Maria kein Wort der Erinnerung[69] – und ebenso konsequent scheint sie die München-Studienaufenthalte vor 1905 aus ihrem Gedächtnis getilgt zu haben.

Im Herbst 1904 hatte die Achtundzwanzigjährige wieder dem Ruf ins Elternhaus zu folgen. Sie tat es unter heftigem Protest. Trotz partiell schlechter Erfahrungen erschien ihr München allemal erstrebenswerter als das Berliner Familienleben. (Das hielt sie nämlich mittlerweile noch weniger aus als die ständige Konfrontation mit der jüngsten Vergangenheit.)

Unmittelbar nach dem Jahreswechsel kehrte Maria nach Bayern zurück – nicht ahnend, was da auf sie zukam:

»Im Winter [Februar – Anm. d. Verf.] 1905, der für mich besonders traurig war – und in dem ich viel mit mir durchzukämpfen hatte, bin ich F. M. ... begegnet.«[70]

Von Ferne hatte sie besagten F. M. (den sie in ihrer Rückschau auf sein und ihr zukünftiges Dasein eher absichtslos auf Initialen reduzierte), bereits beobachten können, als er in Begleitung einer Frau beim Kaufhaus Tietz über den Münchner Bahnhofsvorplatz schritt. Selbst Jahrzehnte später vermochte sie das Bild der beiden noch en détail vor ihr inneres Auge zu projizieren: »... ein sehr auffallendes, ungleiches Paar: – eine kleine dunkle Dame und ein grosser gut aussehender Mann, sehr besonders gekleidet. Er trug eine hohe schwarze Pelzmütze und eine kurze Jacke aus braunem Tuch mit Schnurverzierung an den Knöpfen, der man die Pelzfütterung ansah. Er beugte sich beim Sprechen ganz tief zu der Dame hinunter. Man grüsste gegenseitig und mir wurde gesagt, dieses sei ...«[71] Franz Marc! Gerade fünfundzwanzig.

Obwohl beide seinerzeit in der gleichen Straße wohnten, bedurfte es des Schwabinger Bauernkirchweihballs zum persönlichen Kennenlernen. Jahre später beschwor Franz den Beginn ihrer Beziehung noch einmal herauf: »Jetzt ist schon der 6. Febr. ... Ich erinnere mich so gut noch jener Nächte ... das sonderbare Gefühl von Bauern- u. Körperliebe, – ich ›rieche‹ noch jene Stunden ganz genau ...«[72] Maria wurde in ihrem Rückblick auf diese Zeit auch an die erste schwere Trennung erinnert: »Auf seine herzliche Aufforderung eines baldigen Wiedersehens musste ich ihm betrübt antworten, dass ich nicht wüsste, ob und wann ich wieder nach München kommen würde. Meine Eltern verlangten, dass ich nach Hause zurückkehren sollte, und dass ich nicht mehr die Erlaubnis zur Rückkehr nach München bekommen würde ... «[73]

Statt wie bisher erst zum Jahresende fuhr Maria nach kaum drei Monaten an der Isar im April nach Berlin – um ihren Eltern die Erlaubnis zumindest für Worpswede abzuschwatzen, wo sie »einen sehr arbeitsamen stillen ... Sommer und Herbst verlebte« und mit ihrer »Arbeit unter der Korrektur von Otto Modersohn gut voran« kam.[74]

Aus heutiger Sicht kann Marias Selbsteinschätzung nur bestätigt werden: »Ihre Skizzenbücher des Worpsweder Aufenthaltes 1905, besonders aber die erhaltene große Farblithografie eines niedersächsischen Bauernhauses, lassen eine beachtliche Sicherheit im zeichnerischen Umriß, der klaren Gliederung der Flächen und der atmosphärischen Wiedergabe erkennen. Ein Hauch von Jugendstil weht über das Blatt, ebenso wie über die mit weiten, etwas eckigen Linien und sparsamen Weißhöhungen skizzierten Wiesenlandschaften«.[75]

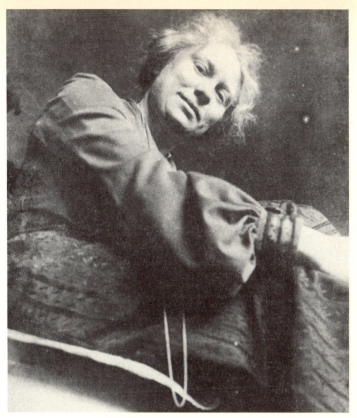

Maria Franck, die Kunststudentin

Worpswede: Das war bei Marias Ankunft ein »höchst originelles Dorf« mit »bemoosten Strohdächern«, »nach allen Seiten ... so groß und weit wie das Meer«.[76] 1889 hatten junge Kunststudenten, Otto Modersohn, Fritz Mackensen und Hans am Ende, diese bäuerliche Streusiedlung im Teufelsmoor entdeckt, an der auch Fritz Overbeck sowie Heinrich Vogeler bald darauf Geschmack fanden. Neben den Attraktionen Landschaft und Licht verfügt Worpswede noch über die des Weyerbergs: ein etwa fünfzig Meter über die norddeutsche Tiefebene hinausragender Moränenhügel als Aussichtswarte für Pleinairisten.

Mit wachsender Außenwirkung des dem herkömmlichen Aka-

33

demiebetrieb entflohenen Malerquintetts nahm die Zahl der Mal-
schüler und -schülerinnen zu; am bereitwilligsten unterrichtete Fritz
Mackensen.

Auch in Dachau und in der bayerischen Landeshauptstadt war
man, insbesondere seit der aufsehenerregenden Ausstellung Worpsweder Künstler im Münchner Glaspalast, für Signale aus Deutschlands Norden empfänglich.[77]

Also war Maria Franck in Worpswede in guter und anregender
künstlerischer Gesellschaft. Als Otto-Modersohn-Schülerin im enge-
ren Sinne ist sie jedoch eher nicht anzusprechen, da dessen Frau, die
mit Maria gleichaltrige Malerin Paula[78] – bei ihrem Mann – Schülerinnen ungern sah. Sonderlich viel Aufmerksamkeit wird, so sie
einander überhaupt begegneten, die Modersohn-Becker der Franck
kaum geschenkt haben. Zur Worpsweder Künstlergemeinde (man
traf sich auf dem *Barkenhoff* der Vogelers unter anderen mit Rainer
Maria Rilke, Clara Rilke-Westhoff, Carl Hauptmann und Richard
Dehmel) gehörte Maria Franck keinesfalls.

Zurück nach Berlin ging sie im November – und war wenige Tage
später schon wieder unterwegs, nachdem ihre Eltern absolut tauben
Ohren absolut vergeblich Verbote gepredigt hatten. Maria dazu: »Es
zog und zog mich nach München ...

... und nicht zu Franz Marc.«[79] Das stimmt so nicht. Denn in seinen
offenen Armen hatte sie Heilung von den Nachwehen ihres Liebes-
kummers gesucht – und damit den Teufel gewissermaßen mit dem
Belzebub austreiben wollen. Doch das zuzugeben fiel ihr schwer. Aufschlussreich ist dagegen Franz' Pro-forma-Entschuldigung vom 15.
Dezember 1905: »Liebe, gute Maria, ich bin ein schlechter Arzt, ein
wirklich schlechter ... Überrascht es Dich, daß ich Dir dies schreibe?
Liebste, ich kann nicht anders, – ich schäme mich doch, wenn ich
mich hingegeben; Du hast mit dem [biblischen[80] – Anm. d. Verf.]
Wort von Geist u. Fleisch ja doch nur zu recht. Ich schäme mich gerade deswegen, weil ich ... so jämmerlich und schnell am Eros, in der
Liebe zergehe! Das darf kein Mann, der eine liebe Frau retten und
stärken will. ... Wenn Du meine Hand in der Deinen fühlst, so fühle,
daß Du mich hast, Deinen Franz, der gibt, was er geben kann und geben will, und dies dann ganz gibt, – ohne Rücksicht auf gut oder bös,
auf gesund und ungesund; ich weiß nicht, ob Du diese Zeilen ver-
stehst, – ob sie Dich freuen oder schmerzen ... Nimm's aber ja nicht
pathetisch; wo ich die eine Hand fahren lasse, küsse ich die andere ...«[81] Weder als Vorwarnung noch als Abschreckung las das die

Adressatin. Dabei hätte sie Franz Marc nur beim Wort nehmen müssen ...

... So aber hatte sich Maria Franck, noch an altem ›Herzschmerz‹ leidend, einen neuen Problemfall eingehandelt.

Teil II:

FRANZ

1880–1905

Franz Moriz[82] Wilhelm Marc wurde am 8. Februar 1880 in München geboren. Er war ein Sonntagskind. Und er war ein so hässliches Kind, dass sein empfindsamer Vater Wilhelm Moriz Eduard Marc in Ohnmacht fiel, nachdem er während der Taufe dieses Sohnes Muße gehabt hatte, ihn genau zu betrachten.

Die Zeremonie fand nach katholischem Ritus statt, wie schon drei Jahre zuvor für den Erstgeborenen des Paares, Paul. Das entsprach dem Bekenntnis des Vaters, nicht dem der Mutter! Sophie Maria Marc geborene Maurice war Elsässerin, aus Gebweiler, ihre Eltern stammten aus dem nahen lothringischen Remiremont. Die Familie ging bald in die Schweiz, nach Le Locle bei Neuchâtel. Nach dem frühen Tod der Mutter hatte der Vater das Mädchen in einem streng calvinistisch geführten Internat in Basel erziehen lassen. Gerade das machte diese Ehe etwas sperrig für den Geschmack der feinen bayerischen katholischen Marc-Verwandtschaft, sie zeigte sich irritiert, und der Kontakt wurde eingeschränkt. Wilhelm Marc ging aber noch weiter: Mitte der neunziger Jahre konvertierte er und begründete diesen Schritt so: »Christ sein ist Werktagspflicht, katholisch oder protestantisch sein, ist Sonntagsvergnügen. Von diesem vielleicht etwas frivolen Satze aus kam ich zu dem Entschluss, nicht nur die Werktagspflicht, sondern auch das Sonntagsvergnügen mit meinen liebsten Angehörigen gemeinsam zu haben ...«[83] Etwa um die gleiche Zeit verfasste er ein Testament, in dem er ausdrücklich das Recht seiner Frau betonte, die religiöse Erziehung der Söhne nach ihrem Willen vorzunehmen und seine Verwandtschaft darauf verpflichtete, ihre Entscheidung zu respektieren.

Immer ging es dabei um die Pelkhovens[84]. Der Vater Wilhelm Marcs, Moriz August (1799–1852), war ein tüchtiger und regierungstreuer Beamter. Er hatte es bis zum bayerischen Regierungsdirektor in der Kammer der Finanzen in Speyer (die Pfalz gehörte bis 1945 zu Bayern) gebracht, war wegen der umsichtigen Leitung seines stark von demokratischen Bewegungen erschütterten Bezirks während des pfälzischen Aufstands 1848/49 in den persönlichen Adelsstand ›erhoben‹ worden, bekam das Ritterkreuz des Verdienstordens vom Heiligen Michael und durfte sich fortan von Marc[85] nennen. 1832 hatte der konservative Herr seine berufliche Karriere privat absichern können durch die Heirat mit Pauline Freiin von Pelkhoven. Diese Eheschließung brachte ihm Besuchsmöglichkeiten auf den Schlössern Wilthurn und Teising, Kontakte zur gräflichen Familie Spreti, zu den Rechbergs und den Fuggers – und sechs Kinder, Franz Marcs Vater war 1839 als das fünfte geboren worden. 1843 starb Pauline, und Moriz heiratete ihre Schwester Mechtilde, sie wurde die geliebte gute Stiefmutter der Kinder. 1852 starb auch der Vater.

Maler wollte Wilhelm Marc werden, doch der Vormund bestimmte, dass er erst sein Jurastudium abschließen solle. Die Eltern hätten möglicherweise nicht so entschieden, beide waren begabte Dilettanten im Malen und Zeichnen gewesen. Sie erlebten Wilhelm Marcs Aufstieg zum Akademieprofessor und etablierten Maler altmeisterlicher Genrebilder nicht mehr.

Doch auch der weitere Rückgriff in die Familiengeschichte fördert interessante Menschen zutage. Da ist die von Franz Marc selbst gern in Erinnerung gebrachte Julia Eleonore (1796–1865), Moriz' Schwester. So schön und klug soll die Bambergerin gewesen sein, so gut soll sie gesungen haben, dass sie E. T. A. Hoffmann zu seiner wichtigsten Liebeserfahrung verhalf. Als Gesangslehrer ihrer beiden Töchter hatte die verwitwete Konsulin Marc den gescheiterten Musikdirektor 1808 engagiert. Zwei Jahre später war der Mittdreißiger buchstäblich bis zum Wahnsinn in die zwanzig Jahre jüngere Julia verliebt. Doch die Konsulin witterte die Gefahr und präsentierte der inzwischen Siebzehnjährigen den sehr wohlhabenden (und sehr vulgären) Kaufmannssohn Graepel aus Hamburg als Ehekandidaten. Der trampelte sozusagen sofort in den von Hoffmann so scheu bewunderten Rosengarten hinein – zum Entzücken des Mädchens. Hoffmann rächte sich durch Lächerlichmachen des Gegners ›vor den Damen‹, die Konsulin warf den Dichter hinaus.[86]

Julias Vater hatte sich seine gesellschaftliche Position wahrhaft erkämpfen müssen. Philipp Marc (1739–1801) entstammte einer jüdischen Familie aus dem niederhessischen Arolsen. Als Kriegskommissar des 3. Waldeckschen Regiments war er mit siebenunddreißig Jahren nach Amerika gegangen, in britischem Sold hatte er gegen die aufständischen Kolonisten zu kämpfen, zu denen er jedoch überwechselte. 1788 ließ er sich naturalisieren, heiratete 1792 seine neun-

zehnjährige Nichte Franziska und trat kurz darauf zum anglopres-
byterianischen[87] Glauben über. 1794 hatte er sich als Konsul der Ver-
einigten Staaten für Franken in Bamberg etabliert. In dieser Stadt
war es opportun, den Sohn Moriz katholisch taufen zu lassen – eine
gute Voraussetzung für dessen spätere Einheirat in den Pelkhoven-
Clan.

Flexibilität in Bekenntnis-, jedoch nicht unbedingt in Glaubensfra-
gen hatte in der Familie Marc Tradition. Ebenso wie Weltläufigkeit.

Franz Marcs Eltern lernten sich in St. Petersburg kennen. Dorthin war
die neunzehnjährige Sophie gegangen, um ihren Lebensunterhalt als
Erzieherin der Bohnstedt-Kinder zu verdienen. Wilhelm Marc hatte
ihre Arbeitgeberin, seine Schwester Fanny verheiratete Bohnstedt[88],
erstmals 1867 besucht, da war ihm Sophie keineswegs aufgefallen.
Doch als er sich vier Jahre später erneut auf die weite Reise machte,
hatte Fanny bereits beschlossen, die beiden zu verkuppeln.[89] Und nach
weiteren vier Jahren, bei einem dritten Besuch Wilhelms, verlobten sie
sich tatsächlich. Bei der Hochzeit in München im Jahr darauf war die
Braut fast einunddreißig, der Bräutigam siebenunddreißig.

Die Ehe wurde ausgesprochen glücklich. Wilhelm Marc zeigte nicht
nur Nachgiebigkeit in der Konfessionsfrage. Statt mit der adligen Verwandtschaft verbrachte er fortan lieber seine Zeit mit den Neffen Clemens Brentanos, mit Franz, dem Philosophen und Psychologen, und
Lujo, dem Nationalökonomen. Und er bevorzugte in seiner Malerei
ein Frauenbild, das Sophie Marc billigte: sinnende Frauen, lesende
Frauen, Mütter mit Kindern (1882 Sophie, lesend, mit dem zweijähri-
gen Franz), Madonnen, Nonnen, Hirtinnen. Seine Söhne malte Wilhelm Marc so regelmäßig, wie andere Väter die ihren fotografieren:
1883 Franz, 1884 Paul und Franz, 1885 Franz am Basteltisch ... Sophie
dankte ihm all das durch zuverlässige Fürsorge – eine schwere Aufgabe, schon Ende der achtziger Jahre wurden bei Wilhelm Marc die
Anzeichen einer Multiplen Sklerose unübersehbar. Ab 1894 war er
arbeitsunfähig und bezog von da an eine Künstlerpension von 750
Mark im Jahr. Aber es gab ererbtes Vermögen von der Seite seiner
Mütter. Und so konnten sich die Marcs 1895 ein Haus in der Luisen-
straße in Neu-Pasing, einer neuen Villenkolonie zwischen der Bahn-
linie München-Starnberg und dem Nymphenburger Kanal, leisten.
Man wohnte dort komfortabel und preiswert – Wilhelm Marc war
nicht der einzige Maler, der sich mit seiner Familie in Neu-Pasing nie-
derließ.

Wilhelm und Sophie Marc, Franz' Eltern, mit seinem Bruder Paul

Sophie und Wilhelm Marc waren präsente, anspruchsvolle Eltern. Die strenge Frau und der grüblerische Mann übten bewusst Einfluss auf die Söhne aus. Die Mutter erinnerte sich an ihren Zweitgeborenen als ein besonders stilles, nachdenkliches, nachgiebiges Kind, das allerdings zuweilen einen sie überraschenden Eigensinn zeigte. Besonders gern soll der künftige Maler, dessen Bilder von Pferden, Kühen, Rehen zu den meistreproduzierten Kunstwerken überhaupt zählen, mit Tierfiguren gespielt haben ... Dass die Familie zwischen 1884 und 1893 (mit wenigen Ausnahmen) jährlich in die Sommerfrische nach Kochel fuhr, prägte das Stadtkind. Der Vater war jedoch die ständigen Vergleiche dieses Sohnes mit dem heiligen Franz von Assisi so leid, dass er ihn einige Jahre kurzerhand Willi rief.

Franz Marc hatte eine dritte wichtige Bezugsperson: seinen um drei Jahre älteren, viel lebhafteren, weniger introvertierten Bruder Paul. Wie er wurde Franz Schüler des Luitpoldgymnasiums (und zeitweise Mitschüler Albert Einsteins; dass beide einander besonders zur Kenntnis nahmen, ist aber nicht belegt), wie er schrieb Franz sich nach dem Abitur[90] für das Studium der Philologie ein – nach-

Franz Marc als Gymnasiast

dem Paul durch den Wechsel in die Byzantinistik und Indologie[91] seinem Empfinden nach die Option auf dieses Fach freigegeben hatte, wie er leistete Franz sein Jahr als Einjährigfreiwilliger bei dem in

München stationierten Königlich-Bayerischen 1. Feldartillerie-Regiment ab.

Doch diese sich so sehr gleichenden Eckdaten der beiden Biografien täuschen. Schon die Konfirmation im März 1894 erlebte der Jüngere anders, intensiver, zeigte sich so beeindruckt von der Botschaft und der Persönlichkeit des ihn darauf vorbereitenden Stadtvikars Otto Schlier, dass er selbst Geistlicher werden wollte. Und als der knapp dreißigjährige Schlier schon 1893 eine Pfarrstelle im fränkischen Schney bei Lichtenfels antrat, wandte sich Franz Marc etwa sieben Jahre lang[92] brieflich an ihn als seinen Mentor. Im Sommer 1897 verbrachte er mehrere Wochen im Pfarrhaus von Schney. Dort lernte er einen Studienfreund Otto Schliers, August Caselmann, Lehrer, kennen. »... wenn wir an den lieblichen Ufern des Mains wanderten« sprachen die beiden über Kunst, Literatur, Religion, Philosophie, die soziale Frage. Der junge Marc hatte viel gelesen und viel nachgedacht. Gottfried Keller und Gerhart Hauptmann, Epiktet und Plato und Carlyle (im griechischen bzw. englischen Urtext selbstverständlich), selbstbewusst unterzog er die Schriften dieser großen Autoren seiner kritischen Durchsicht. Aus den Beständen des Vaters wählte er Bücher über die Arbeiterfrage. Auch darin ganz Kind seiner Zeit, ließ er sich von Richard Wagners »unbeschreiblichem Tristan« in einen zwei Tage währenden Rauschzustand versetzen. Und all das teilte er mit den beiden jungen Theologen und sicherte so seine gewagten ersten Übungen in Geistesakrobatik ab. Früh entwickelte Franz Marc sein Geschick im Bilden von kleinen, exklusiven Netzwerken. An Otto Schlier schrieb er im März 1898: »Ich meide diese Zeit über fast ängstlich jedes Heraustreten aus meinem eigensten Kreise in fremde, vor allem in größere; – mag dies Stolz sein, oder irgend welch andere menschliche Schwäche, ich bin nun einmal geizig mit dem, was mir der Schöpfer gegeben.«[93] Damit definierte er die Bindung an den Adressaten als eine besondere. Und er gab auch zu erkennen, welche Lektüre ihn inzwischen mehr als alle andere beschäftigte: Marc las Nietzsche. Einige Monate zuvor hatte er den Philosophen für sich entdeckt, sich mit seinen Werken »auseinander zu setzen gemüht«.[94] »Nun habe ich aber alle größere Lektüre zurückgelegt zugunsten Nietzsches. *Zarathustra* ist ein Werk poetischer und gedanklicher Pracht und Fülle. *Jenseits von Gut und Böse* und *Zur Genealogie der Moral* haben mich sehr erschüttert.«[95] Von *Zarathustra* beeinflusst, gefiel sich der Achtzehnjährige in der Rolle des Außenseiters, betonte seine isolierende Distanzierung, seinen Unwillen, sich durch Alltags-

Pfarrer Otto Schlier mit Franz Marc

situationen einfangen, von der Besinnung auf sich selbst ablenken zu lassen: »... ich bin Künstler«, schrieb Franz Marc nach Schney, und weiter: »Jeder Künstler ist in irgendeinem Sinne: Selbstschöpfer ...«[96] So verstand er schließlich auch das Leben Christi als das eines radikalen Individualisten, der nach dem Leitbild des nietzscheschen »Schaffenden« sein Leben in Werke und Taten umsetzt. Und so musste der junge Marc die Unmöglichkeit einer Nachfolge erkennen. Schrieb er noch im Juli 1897 seinem Vorbild Schlier: »Mein alter Vorsatz – von Ihnen mir eingepflanzter Vorsatz – Pfarrer zu werden, hat sich in der Reihe der Jahre nach manchem Zweifeln und Ungewißheiten nun doch immer mehr gefestigt ...«[97], war er sich Ende 1898 sicher: »Pfarrer werd ich keiner.«[98] Als Gymnasialprofessor sah er sich bei pessimistischer, als Philologe bei optimistischer Einschätzung seiner Zukunft und immatrikulierte sich am 28. Oktober 1899 an der Philosophischen Fakultät der Ludwig-Maximilians-Universität in München.

Doch bevor Franz Marc Student werden konnte, musste er Soldat gewesen sein. Der ehemalige Musterschüler wusste auch während des Militärjahres das Gebotene für sich zu nutzen: er, der das Sportliche, das Eislaufen, Tennisspielen, Bergsteigen liebte, lernte Reiten. In den vielen unausgefüllten Dienststunden dachte er nach. Zweifel kamen ihm, ob er auf dem eingeschlagenen Weg sich im Sinne Nietzsches in einem Werk würde verwirklichen können. »Meine Vergangenheit ist in meiner Erinnerung zu meiner eigenen Verwunderung wie ausgelöscht«, schrieb er am 15. Juli 1900, »Fast keine Erinnerung, auch kein Bedauern. Das Militärjahr kam genau zur rechten Zeit, als mein früheres Leben notwendig eines Interregnums bedurfte, um sich unvermerkt in etwas ganz Neues umzuwandeln«.[99] Er verwarf die Konzepte des Bruders und der Schneyer Freunde, tauschte die Lektüre in lateinischer, griechischer und hebräischer Sprache gegen französische und kehrte zurück zu der Profession des Vaters! Am Ende der Dienstzeit stand fest: er wird Maler.

Die Entdeckung, dass sein Bruder Paul sich verliebt und dies vor ihm verheimlicht hatte, mochte Franz die Notwendigkeit einer eigenständigen Lebensplanung aufgezeigt haben. Die Eltern waren wenig begeistert: Die Mutter hätte ihn lieber als Pfarrer gesehen, der Vater zweifelte an seinem Talent. Franz' erhaltene Zeichnungen, wie das illustrierte Gedicht zu Sophies 45. Geburtstag[100] oder die Tuschesilhouette Wilhelm Marcs, die in den neunziger Jahren entstanden, sind wohl hübsch, aber tatsächlich nicht aufsehenerregend.

1900 war der junge Marc bereit, sich der organisierten Ausbildung zum Künstler zu unterziehen, er belegte an der Münchner Akademie Zeichnen bei Gabriel Hackl, Jahrgang 1843, und im zweiten Studienjahr den Malkurs von Wilhelm Diez, geboren 1839,[101] Wilhelm Marcs Jahrgang. Hackl galt als streng – vor allem in Bezug auf die Genauigkeit anatomischer Studien, Diez als fortschrittlich – er hatte sich an den Holländern des 17. Jahrhunderts geschult. Nachrichten von der Kunst eines Manet, Sisley, Pissarro, Degas, Renoir, Monet oder Cézanne hatten die Akademie ebensowenig erreicht wie die von Gauguin, van Gogh oder Munch. Doch Franz Marc war zunächst bereit zu lernen, was man ihm zu bieten hatte.

Im Oktober 1901 begleitete er seinen Bruder nach Venedig, Padua, Verona. Paul fuhr dann weiter nach Florenz, wo er Byzantinistik studierte, Franz zurück nach München. Auch als Kunststudent hielt er

Die Staffelalm – Franz Marc verbrachte hier mehrere Malsommer

fest an Zarathustras Lehren, mühte sich um Disziplin in seiner Arbeit und versuchte, sich gegen die Ablenkungen des Akademiebetriebs abzuschließen. Der »Autopsychologe vom Fach« war beschäftigt mit »Selbsterziehung«.[102] Am 22. November 1901 schrieb er nach Florenz: »Ich arbeite sehr fleißig ... Die berühmte Anregung von Collegen versagt bei mir zwar gänzlich, Anschluß finde ich dort auch keinen oder mag ihn nicht finden, aber meine Arbeiten gehen flott vorwärts. Ich habe in diesem Herbst viel, sehr viel gelernt ...«[103]

Im Frühjahr und Sommer 1902 zog er sich immer wieder zurück ins Dachauer Moos oder auf die Staffelalm bei Kochel. Er malte naturalistisch, flächenhaft mit betonten Silhouetten *Moorhütten*, *Eichenstämme im Vorfrühling*[104], seine Modelle waren ein *Senner in der Almhütte*, ein *Hüterbub*. Im gleichen Jahr porträtierte er seine Eltern. Der formale Aufbau, die Erfassung der Stofflichkeit, die farblich reduzierte tonale Ausführung zeigen Marc in dieser Zeit so gewissenhaft auf den Spuren traditioneller akademischer Malerei, wie er die Gedankengänge seiner Lieblingsautoren verfolgte. Doch im Bildnis seiner Mutter strebte er mehr an als handwerkliche Perfektion, mehr auch als ein getreues Abbild Sophie Marcs in der für sie typischen straffen Haltung, ganz und gar in ihre Lektüre vertieft. Er setzte ein Selbstporträt[105] ins Bild, stellte damit Bezüge her: zwischen Mutter und Sohn, zwischen der introvertierten Erwachsenen und dem fröhlich-spielerisch auf den Betrachter zu krabbelnden Kind, zwischen

Kultur und Natur, zwischen diszipliniertem und instinktivem Verhalten, zwischen der ›Schaffenden‹ und dem ›Werk‹ ...

Ursprünglich wollte Franz Marc auch im Sommer 1903 auf die Staffelalm gehen. Er hatte sich mit dem Senner Johann Müller angefreundet, der erwartete ihn: »Werther Herr Mark! Ich habe heute die Staffelalm bezogen wen Sie Lust und Liebe haben könen Sie mich besuchen auch eine Zeit dableiben nach belieben. Wierde mir sehr Lieb sein wen sie Ihren Aborat [der Apparat ist wahrscheinlich die Staffelei, möglicherweise aber auch ein Fotoapparat] mit nehmen wierden um hie und da ein schönes Bild zumachen wen gerade das Vieh schön bei Alm Hütte steht ...«[106]

Doch dann musste die Distanz größer sein zwischen den Brüdern Marc: Paul heiratete Helene Dennerlein, die Bildhauerstochter, die verheimlichte Liebe. »Ich weiß nicht, was in diesem Brief stehen wird; was ich Dir schreiben soll in diesen Tagen, die nun definitiv die neue Lebensordnung für Dich und damit für uns beide einleiten! Denn ich bin leider überzeugt, daß unsere Wege von nun an sich im besten Falle zuweilen oder auch häufig kreuzen werden, aber nie mehr nebeneinanderlaufen werden, wie sie es doch bisher gethan. ... Im übrigen weißt du, daß dich und Helene meine aufrichtigsten Wünsche jederzeit begleiten.«[107] Ein bemerkenswerter Glückwunsch zur Hochzeit von Bruder zu Bruder ... aus Frankreich! Am 19. Juli 1903, als Franz Marc diesen Brief schrieb, war er schon zwei Monate unterwegs. Friedrich Lauer, aus wohlhabender Familie, hatte seinen zweisprachigen Studienkollegen eingeladen.

Am 19. Mai waren die beiden jungen Herren mit dem Orient-Express in Paris eingetroffen und im *Grand Hôtel Quai de l'Opéra* abgestiegen. Natürlich gingen die beiden sofort in den Louvre zu den alten Meistern, natürlich waren sie von den Impressionisten in den Galerien beeindruckt. Natürlich war das nicht alles. Spaziergänge in den Gärten von Versailles, der Tanz der Isadora Duncan, Five O'Clock im Ritz, Pferderennen in Chantilly und Longchamps. Und: »Wir sind zum Boulevard hinuntergegangen, zum *Café Américain*«, schreibt er – auf französisch – an seine Eltern, »inmitten der großen Kokotten, die zum Teil amüsant, aber zugleich auch abstoßend waren. Sie setzen sich völlig ungeniert an die Tische der Herren. Man unterhält sich, man trinkt Champagner, man läßt sich ein wenig streicheln von diesen gepuderten Bestien. ... Dann wird *gezahlt*, und man entledigt sich ihrer ohne großes Getue. Wie kann man Geschmack finden an dieser

48

abscheulichen Art von Frauen – ich verstehe das nicht. Sie von weitem zu sehen oder einen Augenblick mit ihnen zu plaudern (als Neuling), ist dennoch interessant.« Und diese Nacht war noch nicht zu Ende: »Wir sind mit dem Wagen zu den Markthallen gefahren, wo alle Straßen voll von Karren sind, die während der Nacht Gemüse und Blumen nach Paris bringen. Es gibt dort ein kleines Restaurant, wo man Hummersuppe, heiße *Schokolade* etc. bekommt. Es gibt dort Musik und einen Sänger aus Südfrankreich! Wir blieben dort bis 5 Uhr, ganz entzückt von diesem originellen kleinen Lokal. Man tanzte und zankte sich dort abwechselnd. Dann haben wir uns einen Wagen genommen, der uns an das andere Ende des Bois de Boulogne brachte, – eine für uns herrliche, unvergeßliche Fahrt ... Im *Pré de Catelan* tranken wir Milch und teilten uns ein Erdbeerkörbchen auch wieder mit 2 Kokotten ...«[108]

Ob im *Pré de Catelan* oder der *Vacherie du Hameau* (wo die beiden Reisegefährten durchaus nicht nur heiße *Schokolade* oder Milch tranken): Franz Marc traf die siebzehnjährige Marie Debenne, in die er sich sozusagen zur Probe verliebte. Paris hatte ihn nachhaltig darauf aufmerksam gemacht, dass es im Leben für einen Dreiundzwanzigjährigen mehr Lernfelder gibt als die bisher von ihm beachteten.

Zu den Lektionen für den Anfänger gehörte auch der Brief Mme Debennes:
»Paris, den 28. Juli
Meine Herren,
ich bitte Sie um Verzeihung dafür, dass ich mir die Freiheit nehme, diesen Brief durch meine Tochter überbringen zu lassen. Ich lege Wert darauf, Ihnen für die große Güte zu danken, die Sie uns gegenüber während ihres Aufenthalts in Paris zeigten, den wir niemals vergessen werden, besonders meine lieben Kinder. ... Ihre Mütter sind glücklich, so gute Söhne zu haben und besonders so korrekte. Ich lege Wert darauf, dass Sie verstehen, dass Sie mir einen großen Dienst erwiesen haben, indem Sie mir den Geldschein ersetzten, den oh weh meine liebe Marie zerreißen musste und den ich vor meinem Sohn versteckt hatte. ... Ich bin tief gerührt durch Ihre Güte von heute Mittag, als Sie sagten, dass ich mir im Augenblick keine Sorgen machen solle wegen der Rückgabe Ihrer 100 F.« Und dann stürzte sich Mme Debenne in eine sehr verwickelte Geschichte über einen Schuldschein, den sie ihrer Herrschaft ausgestellt hatte und den diese einzuklagen drohte. So kompliziert, fehlerhaft und hochtrabend Mmes

Formulierungen waren, eins konnten die Adressaten deutlich herauslesen: sie hatten einen veritablen Bettelbrief in Händen. »Meine Herren, in dem Moment, als mein Kind zum Bahnhof gehen wollte, um Ihnen Auf Wiedersehen zu sagen, ist meine Herrschaft gekommen und hat mir gesagt, dass sie mich behalten will. Auch will sie den Vertrag verlängern, aber ich muss ihnen zurückgeben, was ich ihnen schulde 220 F. Ich flehe Sie an, mich zu retten und sie mir zu leihen.«[109] Der finanzielle Ausgang der Geschichte ist unbekannt, aber wir wissen, dass Franz Marc die junge Marie Debenne in sehr freundlicher Erinnerung behielt. Er bewahrte die hellblauen, roséfarbenen, tiefvioletten Briefchen und reizenden Bildpostkarten auf, die sie ihm noch schickte, und erzählte später Maria Marc von ihr als seiner ersten kleinen Liebe.

Von Marie zu Anne und Louise, von Paris in die Bretagne – über Chambord, Amboise, Tours, Angers, Nantes nach »Auray, einem großen Dorf, ganz dicht am Meer ... Alle tragen hier Tracht. ... Nirgends habe ich so schöne Mädchen gesehen, mit einer etwas wilden Ausstrahlung, aber kräftig und gesund, mit einem breiten und festen Schritt, als ob sie in einer Schlacht marschieren würden. ... Es ist prächtig [in einer kleinen Kutsche – Anm. d. Verf.] ... durch dieses melancholische und pittoreske alte Land zu reisen. Riesige Heideflächen bedeckt mit Büschen und Heidekraut. Es war leicht nebelig, was den melancholischen und ernsten Eindruck des Landes noch verstärkte. Schwarzes Vieh, klein und knochig, ohne zu mager zu sein, weidet auf der Heide, mit Schafen und weißen Pferden, von ihren Fohlen gefolgt, alles in völliger Freiheit! ... Austern. – Melone. – Makrelen. Kaltes Gericht: geräucherte Zunge und Schinken. – Salat von grünen Bohnen, mit sautiertem Fleisch, Geschnetzeltes: sehr zu empfehlen. Kalbsbraten mit Kartoffeln. – Erbsen. – Pflaumen mit Keksen. – Kaffee. ... Vor dem Mittagessen nahmen wir an einer Messe in der Kirche teil. Niemals hat mich eine Messe dermaßen berührt; die Kirche war voll von Bretonen, Frauen und Männern, alle in Tracht, ganz außergewöhnliche Typen. Die Trachten der Frauen erinnern an die der Japaner, ohne zu übertreiben ... selbstverständlich sehr wenig Farbe, viel Schwarz und Grau.«[110] Marc hatte neuerdings »einen Hang zu den Japanern«, schon in Paris durchstöberte er die Bestände der Bouquinisten und Läden nach den gerade modernen farbigen japanischen Holzschnitten, was er erwarb, wurde zum Grundstock seiner Sammlung, die er in den nächsten Jahren um Arbeiten aus China und Russland erweitern würde.[111]

Dinard, Trouville, St. Malo sind die nächsten Stationen, die Marcs Reisetagebuch verzeichnet: Am 23. August 1903 speisten die beiden jungen Herren im Bristol-Palace-Hotel am Strand von Paramé »völlig englisch und allererster Klasse«. Auch hier war das Essen auf »gewisse Art unvergeßlich ... Stellt Euch vor, zwei junge Deutsche, die auserlesenen Wein trinken, die sich nicht wie die anderen geben, die viel reden und lachen, die sich am wenigsten von allen genieren und stundenlang zwischen dem Strandpublikum, den Bars und den Ter-

Franz Marc und Friedrich Lauer in Paris (1903)

rassen der Hotels herumflanieren; vielleicht hat jemand bemerkt, daß wir Skizzenbücher in der Tasche haben, d. h. daß wir junge deutsche Künstler sind. – was für ein junges englisches Mädchen wirklich der Gipfel des Interessanten und Anziehenden ist.«[112] Viel mehr als ein apartes Accessoire scheint das Skizzenbuch für Franz Marc während seiner Frankreichreise nicht gewesen zu sein. Als er mit Lauer über Brüssel, Köln, Heidelberg am 26. September auf dem Weg nach München war, hatte er nicht so viele Bilder im Gepäck, wie seine Eltern erwartet hatten: die Tuschskizzen *Café chantant I* und *II*[113] und *[Park-]Landschaft mit Bäumen,* die Ölskizze *Kinder im Boot,* das Aquarell *Tanzende Fischer* ... keine großen Sachen. Bilder wie das des jungen Mädchens mit feuerrotem Haar gegen das tiefe, kräftige Blau des Meeres trug er nur in seiner Erinnerung nach Hause. Konkret brachte er eine bretonische Tracht mit, samt Gamaschen, besticktem Kragen, Filzhut, zweischnalligem Ledergürtel, Holzschuhen und Tabaksbeutel. Sie würde ihm gute Dienste leisten: Franz Marc hatte beschlossen, sich aus seiner selbstgewählten Isolation hinauszubegeben. In München würde er Künstlerfeste besuchen. Und: Er würde nicht mehr auf die Akademie gehen. Am dritten Tag nach seiner Rückkehr teilte er seinen Entschluss dem Bruder schriftlich mit.

Franz Marc suchte ein eigenes Atelier. Anfang 1904 konnte er es im Gartenhaus Kaulbachstraße 68 beziehen – als einer der um die tausend registrierten Maler und Bildhauer in diesem Teil Münchens. Er wohnte nun in der Nähe der Akademie, an der sein Vater einst gelehrt hatte und an der er selbst bis vor kurzem studierte. Einige Straßenzüge weiter weg, Schillerstraße Nr. 18, war er geboren. Er war Schwabinger!

Dass sich die Redaktionsräume der illustrierten Wochenschrift *Simplicissimus* im Haus Kaulbachstraße Nr. 91 befanden, hat Marc sicher gewusst. Ob und wie er jedoch die Nachbarin im Haus Nr. 63 wahrgenommen hat, ist leider nicht dokumentiert: Im November 1903, also kurz vor seinem Einzug, hatte Franziska Gräfin zu Reventlow[114] ihre Wohngemeinschaft mit Bogdan von Suchocki und Franz Hessel[115] und natürlich Rolf, ihrem Sohn, Vater ungenannt, aufgenommen. Die Reventlow war um die Jahrhundertwende eine der zentralen Figuren in Schwabing. Sie hatte unter vielen anderen Kontakte zu den »Enormen«, zum George-Kreis. Sie war, dergleichen war ihre Leidenschaft, die sie häufig zur Profession machte, seit etlichen Jahren die Geliebte von Ludwig Klages, sie kannte Alfred Schuler und Karl

Selbstbildnis Franz Marc (Tempera, 1904; vom Künstler zerstört)

Wolfskehl[116] (auch ihn näher). Dass Wolfskehl Jude war, brachte Schuler/Klages auf und Franziska Reventlow mit Stefan George, dem »Weihenstefan«, die Möglichkeit, 1904 sauber Stellung zu beziehen. Das ganze ging als Kosmiker-Streit in die überregionale Geschichte ein. Zu schade, dass nichts überliefert ist über die Einstellung des jungen Franz Marc zu dieser Nachbarschaft.

Er lernte um diese Zeit Anette Simon kennen, eine geborene von Eckardt, Malerin, Kopistin, Textilkünstlerin, Kunstschriftstellerin, Antiquitätenhändlerin, Ehefrau von Professor Richard Simon, Sanskritforscher. Mutter zweier Töchter. Sie war im Orient aufgewachsen, kannte die Kultur der Babylonier, Inder, Ägypter aus eigener Anschauung. Als Marc sie traf, war er ganz im Bann einer schweren Melancholie. Die Frankreichreise erwies sich, wie schon seine Militärzeit, als eine Zeit der Häutung. Doch der Franz Marc, der dieses Mal zum Vorschein kam, fühlte sich schutzlos, überempfindlich. Der Vierundzwanzigjährige wollte keiner Institution mehr – sei es Elternhaus, Kirche oder Schule – Einfluss auf sich geben. Die neun Jahre ältere Frau ließ sich ganz auf diesen schwermütigen Menschen ein. Ihr vertraute er sich an.

Anette Simon war klein, zierlich, dunkel. Ihre Beschäftigung mit alten künstlerischen Ausdrucksformen wie Weben (sie erfand einen Handwebstuhl), pompejanischer Wandmalerei, mittelalterlichen Handschriften (sie fertigte Kopien des Wessobrunner Gebets, der Jerusalemer Chronik und der Bamberger Apokalypse an und wurde in den zwanziger Jahren für diese Arbeiten in einschlägigen Kreisen bekannt) machte sie für den Romantiker Marc zu einer höchst begehrenswerten Frau. Im übrigen liebte sie ihn.

Wie die bald leidenschaftliche Beziehung zu dieser Frau Franz Marc in der emotionalen Krise, in der er sich befand, beeinflusste, ist schwer einzuschätzen. Anette zeigte sich außerordentlich verständnisvoll, versuchte, ihm innere Sicherheit zu geben – und verstärkte so vielleicht unbewusst seinen Hang zur Schwermut. Ganz sicher hat aber die Tatsache, dass sie eine verheiratete Frau und Mutter war, Franz belastet. Obwohl im Schwabing um die Jahrhundertwende (siehe Reventlow) solche Beziehungen keinesfalls ungewöhnlich, ja durch die Theoretiker und Praktiker der erotischen Bewegung durchaus abgesegnet waren – allen voran ist der einflussreiche, exzentrische, vielgeliebte Analytiker Otto Groß zu nennen, der die Freudschen Lehren zur Bedeutung der Sexualität lebensernst nahm und etwa ab 1906 das Schwabinger *Café Stefanie* in diesem Sinn zum Standort seiner psychotherapeutischen Praxis machte – nahm Franz Marc auch dieses Problem nicht leicht. Auch das, was Schwabing tratschte,[117] nämlich, dass die Simon-Ehe keine glückliche sei, machte es nicht besser. Auch nicht, was Franz dem Bruder Paul am 11. August 1904 versicherte: »H. Simon weiß alles und ist gegen mich nur umso liebenswürdiger geworden (Er läßt sich jetzt einen großen Bart stehen; warum? Frage einen Psychologen.) ... Maman schreibt sehr liebe Briefe an A..«[118] Seine Anette-Simon-Affäre widersprach allem, was man ihn gelehrt hatte. Nur durch seinen alten Lieblingsphilosophen Nietzsche sah er sein Handeln und sein Fühlen einigermaßen erklärt – intellektuell, versteht sich. Doch bemerkenswert ist: Suchte Marc bisher bei dem Philosophen Anleitung, so benutzte er dessen Lehren nun als Rechtfertigung für sein Handeln. Die Grenze zwischen Jugend und Erwachsensein war überschritten.

Zwei Porträts, die in dieser Zeit entstanden, sind Belege für die Krise, in der Franz Marc sich seit der Rückkehr aus Frankreich, nein, eigentlich schon seit der Loslösung vom Bruder befand.

Auf dem ersten stellte er sich in der Tracht eines bretonischen

Anette Simon am Schreibtisch
(Tuschpinselarbeit von Franz Marc, 1904)

Bauern dar. Oft hat er so die Schwabinger Künstlerfeste besucht. Dort konnte er überprüfen, ob seine Schwermut dem Ansturm von Fröhlichkeit und Lebensfreude trotzen würde. Getanzt wurde, was er besonders liebte, Verkleidung war angesagt, in der sich neues Verhalten wie ein neues Äußeres überstreifen ließ. Natürlich waren die meisten Bohemiens im Grunde kleine Bürger, gebunden in den Fesseln der Erziehung durch ihre Eltern, die sich allesamt mit den Zwängen des wilhelminischen, bismarckschen letzten Jahrhunderts hatten herumschlagen und meist arrangieren müssen. Franz Marcs Verhalten war zu dem dieser Generation der Söhne und Töchter konform, möglicherweise bis hin zu seiner Neigung zur inneren Rebellion und zu Depressionen. Er suchte auf den Künstlerfesten Kontakt zum Schwabinger Individualistenkollektiv. Tatsächlich weist der Hintergrund des Selbstporträts mit der Girlande und den weißblauen Schleifen auf ein solches Fest hin. Der Gast in bretonischer Bauerntracht schaut in den Raum hinein, wendet sich vom Betrachter ab. Allein seine Körpersprache zeigt ihn wach, stark, selbstbewusst.

Auf dem zweiten Bild wendet er sich dem Betrachter zu. Zwar ähnelt seine Haltung der des bretonischen Bauern, doch hier wirkt sie wie ein misslungener Versuch. Und aus dem Gesicht spricht »Terror, Verzweiflung, Weltschmerz und Furcht«[119]. Auch hier, wie im Porträt der Mutter, gibt es ein Bild im Bild. Es steht in starkem Kontrast zu der düsteren Figur seines Schöpfers: ein Blütenzweig ist dargestellt, dessen fragile Wirkung noch erhöht wird durch einen Schmetterling, der sich auf dem dunklen Rahmen niedergelassen hat. Dorthin kann der irritierte Blick sich retten. Franz Marc zerstörte dieses Bild. Es existiert davon nur noch eine Schwarzweißfotografie.

Außer den beiden Selbstporträts und einigen Zeichnungen[120] sowie dem Wachsmodell einer Schafgruppe entstanden in der ersten Zeit in der Kaulbachstraße siebzehn Illustrationen zu Gedichten von Fin-de-Siècle-Poeten wie Hans Bethge, Richard Dehmel, Carmen Sylva, Margarete Susmann neben arabischen und altbabylonischen Versen und Texten von einer alten Papyrusrolle, die die Freundin ausgewählt hatte. Die Blätter tragen Titel wie: *Trübes Lied, Nur ein Leben, Hoffnungslos, Grauer Vogel, Schweigen, Friedsames Gelände, Wo weilst Du nun?* ... und dokumentieren den Hang des Paares zur Verinnerlichung. Anette Simon waren diese vom Jugendstil geprägten Kohlezeichnungen und Aquarelle, die seltsam isoliert im Œuvre Marcs stehen, sehr wichtig. Sie gab sie postum als Faksimileband unter dem Titel *Stella Peregrina* heraus.[121]

Die künstlerische Ausbeute der ersten Zeit des selbständigen Arbeitens war wiederum vergleichsweise gering. Franz Marc versuchte sich nebenbei zu Erwerbszwecken[122] im Antiquitätenhandel, an gebrauchsgrafischen und kunstgewerblichen Entwürfen, beteiligte sich sogar, erfolglos, an Preisausschreiben. Ansonsten liebte er es, sich durch Kleidung und Haltung einen noblen Anstrich zu geben – und so in seinem Stammlokal, dem *Giselahof*, einzukehren, um das Mittagessen im Kreise »ganz einfacher Leute – Maurer«[123] einzunehmen. Tout Schwabing kannte den großgewachsenen, mittlerweile längst gutaussehenden Maler in der kurzen braunen pelzgefütterten Tuchjacke mit Schnurverzierung, dessen auffallend lange Koteletten so apart unter der hohen schwarzen Pelzmütze hervorschauten. Seine Eltern beobachteten all das mit Ungeduld und Unverständnis. (Allerdings: die Anette-Affäre hatte man dem leidenden Vater rücksichtsvoll verschwiegen[124] – dennoch schenkte Franz Anette zu Weihnachten 1904 sein von Wilhelm Marc 1884 gemaltes Brustbild in Medaillonform.) Zum Geburtstag des Sohnes am 8. Februar 1905 schrieb der nach wie vor kritische Vater: »Also 25 Jahre! Soweit hättst du es wenigstens geschafft!«[125]

Franz Marc brauchte und suchte neue Impulse. Vorübergehend arbeitete er nach dem Vorbild des Tiermalers Heinrich Zügel[126]. Doch Jean-Bloé Niestlé, den er 1904 kennengelernt hatte, gewann schließlich den stärkeren Einfluss: »... ein ganz weltscheuer, blutjunger französischer Tierzeichner von einer so genialen Melancholie, daß es einen krank macht, wenn man seine Sachen sieht. Er erinnert technisch ganz an die Japaner, nur noch ergreifender, noch innerlicher, und was das Wunderbare ist: noch genauer! Von einer zeichnerischen Vertiefung, die an's Unglaubliche streift. Jetzt hat er neben ungezählten Tierstudien einen großen Entwurf: einen zweimeterlangen Rahmen (Papier), auf dem er hundert Stare (vorüberfliegender Schwarm) malt. Man glaubt das Zwitschern und Flügelschlagen zu hören. Und keiner gleicht dem anderen! Jedes Tier hat seinen eigenen Ausdruck. Niestlé ist sehr arm[127] und fast unbekannt ...«[128] Da war er, der Impuls: geniale Melancholie, Vertiefung und als Träger dieser Stimmungen die Tierdarstellung. Die Suche Franz Marcs nach der ihm gemäßen künstlerischen Umsetzung begann.

Den Sommer 1905 verbrachte Franz wieder auf der Staffelalm bei Kochel. Er malte einen Zaun, Pferde, einen Heuwagen. Während seiner Aufenthalte dort dekorierte er nach und nach auch die Wände (erhalten: Hirsch mit Hirschkuh) und den großen Herd: Malen zum Spaß.

Und er suchte in diesem Jahr den Kontakt zur Dachauer Künstlerkolonie. Er lernte Adolf Hölzel kennen, der schon 1905 die *Komposition in Rot I* schuf, ein Werk aus der Frühzeit der abstrakten Malerei, auf dem landschaftliche und figürliche Elemente noch erkennbar sind.[129] Marc mochte ihn nicht besonders: »Letzthin war ich in Dachau und machte mit Hoelzel und einigen aus seiner Schule einen großen ›theoretischen Spaziergang‹. Ein ganz netter und auch geistvoller Mann, aber nichts für mich.«[130]

Die Pleinair-Arbeiten der Scholle-Leute, ihre flächige, aufgehellte, pastose Malweise studierte Franz Marc ebenfalls gründlich. Scholle-Künstler kannten sich von ihrer Arbeit für die 1896 gegründete stilbildende Zeitschrift *Jugend* oder für den im gleichen Jahr erstmals erschienenen *Simplicissimus*. Fritz Erler (1868–1940), Leo Putz (1869–1940), Angelo Jank (1868–1940), Max Feldbauer (1869–1948), Walter Püttner (1872–1953) und Walter Georgi (1871–1924)[131] – sie alle waren ambitionierte Anfang- bis Enddreißiger.

Und Franz Marc kam mit ihren weiblichen Trabanten zusammen! In diesem für ihn so wichtigen Jahr der Orientierung versuchte er, auch sein Liebesleben in eine neue Ordnung zu bringen, das heißt, sich von Anette Simon zu trennen. Von ihr lösen würde er sich noch lange nicht können.

Wieder waren es Frauen älter als er, die ihn anzogen: Marie Schnür, sechsunddreißig, Lehrerin an der Damen-Akademie des Künstlerinnen-Vereins mit einigen veröffentlichten Illustrationen in der *Jugend* als künstlerischem Guthaben und einer ausgeprägten Schwäche für Angelo Jank. Und eine Teilnehmerin ihrer Stillleben-Klasse, Maria Franck, neunundzwanzig, ebenfalls Jank-Verehrerin.

Franz Marc hatte Maria Franck bereits Anfang 1905 auf einem typischen Schwabinger Fest, der Bauernkirchweih beim Schwabinger Wirt, kurz gesehen – von schräg unten, er saß auf dem Boden und hatte eine Malerkollegin auf einem Knie sitzen, als sie vorbeikam. »Wer mag dieses blonde Mädel sein?«, das sei ihm durch den Kopf gegangen, erinnerte er sich später an diese Begegnung.[132]

Bald darauf sah er beide wieder: Marie Schnür lud ihn zu sich ein,

Maria Franck war auch da. Das Treffen war arrangiert, zumindest was Marcs Anwesenheit betraf: er sollte die Aufmerksamkeit einer jungen Kollegin, die auf dem Bauernball Interesse für ihn gezeigt hatte, von einem Mann ablenken, an dem der Schnür selbst gelegen war. Marc aber unterhielt sich fast nur mit Maria, die ihm, ohne den Namen zu nennen, von dem Mann erzählte, der ihr so viel Kummer machte. Er war fasziniert – und irritiert, fragte sich, wer solch unheilvollen Einfluss ausüben könne, dass die junge Frau vor ihm Dinge aussprach, die so gar nicht zu ihr passten ...

Doch zunächst war es die Schnür, der Franz die Nachfolge Anettes zugedacht hatte: »Liebes Fräulein, warum verhalten Sie sich denn gar so stumm und schweigsam. An Ihrer Reihe ist es, zu erzählen ...« Wünschenswerte Assoziationen knüpfte er an Bildbetrachtungen: »... es ist alles Seele und unsagbare Liebe ...«, »... voll Erregung und Glut, fast wie von dionysischem Taumel ergriffen ...« Marie Schnür antwortete »herzlich, hübsch«, Franz Marc drosselte sein Feuer also etwas: »Liebes Fräulein, heute verlebe ich einen stillen Nachmittag in Pasing und benutze die ruhigen Stunden, um Ihnen, liebes Fräulein, mit ein paar Zeilen ... zu danken. Wie gut und offen Sie zu erzählen verstehen! Ich stelle mir dabei noch Ihre Augen vor, dann habe ich meine ganze gute Freundin telle qu'elle est. Sie erlauben, daß ich eine Zigarre rauche, während ich an Sie schreibe, dann haben Sie auch mich, wie ich bin ...«[133] Da war also schon die Diskrepanz zwischen den Erwartungen des Mannes und denen der Frau. Gut also, nicht nur auf Marie Schnür zu setzen. Franz Marc behielt auch Maria Franck im Blick, und noch bevor das Jahr 1905 zu Ende ging, war – auch – sie seine Geliebte.

Statt das komplizierte Simon-Verhältnis zu lösen, hatte sich Franz Marc unversehens in Beziehungen zu drei Frauen manövriert. Eine anspruchsvolle Aufgabe für einen Fünfundzwanzigjährigen, sie würde ihn bis zum Äußersten fordern.

Das ihm liebste Bild aus dieser Zeit – vielleicht sein liebstes überhaupt? Es ist ein nur 13 x 16,5 cm großes Täfelchen, eine Ölmalerei, die einen toten Spatzen zeigt. »Das erstarrte Tier liegt mit dem Rücken auf einem weißen, in schmutziges Grau übergehenden Tuch vor dunklem graubraunem Grund. Diese gegenständlich und räumlich unbestimmte Dunkelfläche oben, in die Gefieder und Krallen hineinragen, vermittelt den Eindruck lastender Schwere und stummer

Hoffnungslosigkeit. Reine Farbe fehlt. Das Vögelchen ist aus denselben Tönen von Grauweiß und Braungrau gebildet wie seine Umgebung, lediglich am geschlossenen Auge ist ein Blauschimmer zu sehen, und der Schnabel zeigt ein Indischgelb. Mit diesem Minimum an farblichen Mitteln ist ein Höchstmaß an Ausdruckskraft erreicht. Obwohl die Studie mit fliegendem Pinsel heruntergemalt worden ist, hat ihr der Künstler durch Signatur und Jahreszahl den Charakter des Endgültigen gegeben.«[134] Franz Marc 1905: Der Meister des toten Spatzes.[135]

Auch hier ein Ansatz zur Legendenbildung: Marc habe den Vogel gepflegt, aber nicht am Leben halten können. Franz von Assisi grüßt freundlich von fern.

Teil III:

FRANZ UND MARIA

1906–1909

In das schwer durchschaubare Beziehungsgeflecht waren in den ersten Monaten des Jahres 1906 also eingebunden: Franz Marc, Anette Simon, Marie Schnür, Maria Franck und ...

... ein inoffiziell gehandelter sowie ein amtlich registrierter Vater eines Neugeborenen!

Von Anette Simon wollte und konnte Franz Marc noch nicht lassen – und sie nicht von ihm.

Was Marie Schnür nicht davon abhielt, mit Franz Marc nun heftig zu liebäugeln – und er mit ihr: »... ich habe Menschen wie Sie lieb. Und wenn es wahr ist, daß ich mir zu viel an Freundschaft- und Liebegeben zutraue, – welches Gefühl sagt Ihnen, daß *Sie* unter dies zu viel gehören?«[136]

Sein Einwand kam nicht von ungefähr, da ja zuletzt Maria Franck als Frau Nummer Drei und Vierte in diesem Bunde ein noch freies Plätzchen in seinem Herzen erobert hatte.

Marie Schnürs Sohn Klaus Stephan kam am 19. Februar 1906 in Paris zur Welt. Niemand in München sollte von Schwangerschaft und Niederkunft erfahren. Bald nach seiner Geburt wurde der Säugling nach Mitteldeutschland in fremde Hände gegeben. Ebenso wie die Schnür war der Erzeuger des Kindes auf äußerste Diskretion bedacht: Weder stand Angelo Jank, der stadtbekannte Münchner Kunstmaler und Schnür-Kollege an der Damen-Akademie des Künstlerinnen-Vereins, als Ehemann zur Verfügung, noch war er willens, seine außereheliche Vaterschaft zuzugeben.[137] Der Sohn eines Hoftheater-Bühnenbildners war bereits im Dezember 1904 auf Schloss Thüngen eine weitaus vorteilhaftere Verbindung eingegangen, indem er Anna Maria Luise Adelheid Franziska von Thüngen, der Tochter eines königlichen Kämmerers und Rittergutsbesitzers, das Jawort gegeben hatte.[138]

Da nimmt es nicht Wunder, dass auch Maria Franck vergebens auf eine Legitimation oder auch nur auf eine Fortsetzung ihrer Liaison mit Angelo Jank gehofft hatte.

Nun ja: Kein anderer als Angelo Jank kann der von ihr im Brief an Emmy Lehmann als »bedeutend« apostrophierte »Künstler und Mann« gewesen sein, an den sie seit 1904 (dem Jahr, an dessen Ausgang Jank dann eine andere heiratete) »eine Zuneigung fesselte, die mehr als Freundschaft war«.[139] Dessen Identität gab Maria aber erst in fortgeschrittenem Alter, unbeabsichtigt, preis. Denn da entschlüpfte ihr beim Verfassen ihrer Lebenserinnerungen ein nur in Kenntnis der ganzen Vorgeschichte verräterischer Satz – am Ende des die verwirrende und verworrene Männer/Frauen-Konstellation im Januar/Februar 1905 (unter Ausschluss Anette Simons) so wörtlich zusammenfassenden Gedächtnisprotokolls:

»Nach dem Bauernball fragte mich eine ältere Kollegin, ob es mich interessieren würde, den Marc näher kennen zu lernen, sie wollte ihn einladen. Wie ich später erfuhr hatte diese Einladung besondere Gründe – Eifersüchtelei ... Diese Malerin – es war Marie Schnür – wollte das Interesse, das Marc am Bauernball der jungen Kollegin M. O. entgegengebracht hatte, benutzen, diese von einem anderen Freund [Angelo Jank – Anm. d. Verf.], der in sie verliebt war [und von dem die Schnür bald ein Kind erwartete – Anm. d. Verf.], abzulenken. M. S. [Marie Schnür] lag besonders viel an diesem gemeinsamen Freund ... Wie schicksalhaft das Zusammensein an jenem Nachmittag werden sollte, hat keiner von uns geahnt. Schon das Resultat wurde ein ganz unerwartetes. Anstatt dass Marc seine Aufmerksamkeit der jungen Malerin schenkte, wie Schnür erhoffte, unterhielt er sich die ganze Zeit mit mir. Später erzählte er mir, dass er sich immer überlegt hätte, wer der Mann sei, unter dessen Einfluss ich stände ... Was hätte er gesagt, wenn er gewusst hätte, dass damals das Interesse von allen 3 Frauen [M. O., Marie Schnür und Maria Franck – Anm. der Verf.], mit denen er zusammen sass, um diesen Mann [Angelo Jank – Anm. d. Verf.] kreiste?«[140]

Damals hatte sich die Schnür nur verspekuliert. Danach aber kam sie in arge Bedrängnis. Ledigen berufstätigen Müttern drohten neben gesellschaftlicher und familiärer Ächtung berufliche Repressalien, wenn nicht gar Verlust der Existenzgrundlage.[141] Angelo Janks Absage im Ohr und gottlob noch in einem frühen Stadium schwanger, muss die Kunstlehrerin Marie Schnür mit der Ersatz-Mann/Vater-Suche begonnen haben. Der Gutgläubige, den sie fand, war August Gallinger (jenes Mitglied auch ihrer Schwabingclique, an den Maria Franck bekanntlich vor einiger Zeit nicht näher herangekommen war): Jahrgang 1871, mosaischen Glaubens, unverheiratet, Doktor der Philosophie, Medizinstudent kurz vorm Staatsexamen, Privatdozent mit Aufstiegschancen an der Ludwig-Maximilians-Universität, wohnhaft Leopoldstraße 77, mit großer Affinität zu Künstlerkreisen, korrekt vom Scheitel bis zur Sohle – aber auch, was Marie Schnür nicht einkalkuliert hatte, ein mitunter ziemlich halsstarriger Prinzipienreiter.[142]

Einer erfahrenen Frau ist es ein leichtes, einen unerfahrenen Mann so rechtzeitig zu verführen, dass sie ihm eine Vaterschaft unterschieben kann, um ihn so zur Heirat zu bewegen. Marie Schnürs erste Rechnung ging auf, Probleme gab es jedoch mit der zweiten.

Wäre Maria Franck zur Eignung Gallingers als Heiratskandidat befragt worden, hätte sie abraten müssen und vielleicht Marie Schnür über seine unüberwindliche Abneigung gegen den Ehestand aufgeklärt; die diesbezügliche Phobie ihres alten Bekannten bezeichnete sie jedenfalls als »Notwehr«[143]. Ergo stand Gallingers bedenkenloser Bereitschaft, sich amtlich als Vater eintragen zu lassen (auch zahlte er stets pünktlich die Alimente), seine strikte Weigerung, die Mutter ›seines‹ Kindes zu heiraten, gegenüber.

(1937 prozessierte der Musiklehrer Klaus Stephan Schnür in Tilsit gegen Prof. Dr. Gallinger, München. Im Oktober gleichen Jahres teilte ihm das Amtsgericht schriftlich mit: »Es wird festgestellt, daß der Beklagte nicht der Vater des Klägers ist.«[144] Der Beklagte Gallinger war jüdischer Abstammung, wie gesagt, »von allen Seiten«. In trotzigem Aufbegehren notierte er das auf einem der diskriminierenden Universitäts-Fragebögen. Mag sein, der Kläger Schnür hatte nur im Sinn, sich vom Ruch des ›Halbjuden‹ zu befreien. Mag sein, seine Mutter hatte aus diesem Grunde die ›Wahl‹vaterschaft eingestanden. Sicher ist: Richter des Nationalsozialismus bestanden in vergleichbaren Rechtsfällen auf eindeutigen Beweisen.

1935 hatte August Gallinger, um seiner Entlassung oder gar Deportation zu entgehen, eine Nichtjüdin geheiratet, mit der er keinen Tag länger als notwendig seine Wohnung teilte. Er verlor dennoch Amt und Würden und emigrierte allein nach Schweden, wo ein Freund ihn bis zum Kriegsende über Wasser hielt. Zurück in München kämpfte Gallinger, hochbetagt, erfolgreich um Rehabilitation und Wiederanerkennung seines Professorentitels. Den ihm von der Ludwig-Maximilians-Universität angebotenen Lehrauftrag lehnte er, nach einiger Bedenkzeit, ab.)[145]

Den Part, den August Gallinger nicht hatte übernehmen wollen, trug Marie Schnür 1906 einem anderen an: »Eines Tages klagte sie Marc ihr Leid, sie habe ein Kind von Jank ... und legte dem guten Franz nahe, ob er ihr nicht helfen wollte. In seiner Gutmütigkeit sagte er: ›Ja dees kön ma schon machen!‹ ... «[146]

Zuvor aber hatte Marie Schnür Franz Marc erklärt, sie dürfe ihr Söhnchen, nach dem sie sich ja so sehr sehne, von Rechts wegen nur als verheiratete Frau zu sich nehmen.

Aber etwas Zeit wollte er sich mit dieser Heirat dann doch noch lassen; die größte Herausforderung bis dahin und darüber hinaus würde sein: Maria Franck ihren neuen Platz zuzuweisen – ohne sie als Geliebte zu verlieren.

Über Anette Simons Vorrang hatte sie von Anfang an nicht hinwegsehen können: »Als ich eines Morgens in sein [Marcs] Atelier kam, sah ich – überrascht u. entsetzt – einen zierlichen, sehr eleganten Goldkäferschuh[147] auf seinem Schreibtisch stehen – Es war ein schrecklicher Anblick für mich ...« Mit Anette teilen musste Maria ihren Freund auch beim Künstlerball: »Mir stand das Herz still als ich ihn erblickte und an seiner Seite eine sehr pikante, interessante, hübsche Frau in einer fabelhaft eleganten Pariser Toilette ...« Zumindest bekam Maria ihren, separaten, Sitzplatz zugewiesen und das ihr zugeteilte Maß an Tänzen und Beachtung. »Aber das Dreieck war doch da ...« Selbst als sie im Abstand dreier Jahrzehnte auf diese Zeit ihres Lebens zurückblickte, sah Maria sich außerstande, das tatsächlich existierende Vierecksverhältnis einzugestehen, allerdings neigte sie zu biografischen Retuschen. Doch nicht nur deshalb fiel ihr spätes Urteil über das Verhalten Anette Simons so milde aus: »Sie war schwer verliebt in [Franz] aber gebildet – klug genug, um immer eine nette Form bei diesen Begegnungen zu finden.« [148] Mit anderen Worten: Die Rivalin mit den eindeutig älteren Rechten habe ihr stets ermöglicht, nach außen hin das Gesicht zu wahren.

1906 war Franz Marcs Atelier in der Kaulbachstraße 68 idealer Treffpunkt für Tête-à-têtes in wechselnder Besetzung, bot es doch den drei weiblichen Mitgliedern des Quartetts den Vorteil naher Wege. Anette Simon hatte im gleichen Straßenzug im Haus Nr. 87 ihr Zuhause, Maria Franck ein Zimmer in der Nr. 40 und Marie Schnür wohnte, wenige Gehminuten um ein paar Ecken, in der Schellingstraße 33.

Von ihrer Besuchspremiere beim Künstler Franz Marc war die Künstlerin Maria Franck nur mäßig begeistert: »Es gab an Malerei nichts besonderes zu sehen ...« Lediglich eine kleine Plastik machte ihr großen Eindruck: eine Gruppe von Schafen, in Wachs modelliert. »Welche Empfindung war in den liegenden Tieren; damals habe ich gewusst, wer so aussieht wie er – wer solche schönen, kraftvollen, ausdrucksvollen Hände hat ... der muss ein grosser Künstler werden ...«[149] (Was sie zu diesem Zeitpunkt noch nicht wissen konnte: Sowohl für die Ateliermiete als auch für sämtliche Arbeitsmaterialien kam Anette Simon auf.) Mehr noch als von Franz' Erscheinungsbild war Maria fasziniert von seinem Charisma, »ein unbeschreibliches Etwas, ... das mich ganz in seinen Bann zog«. Sie selbst war von ihrer Anziehungskraft gar nicht mehr überzeugt: »... ich empfand mich als reizlos, dick und unbedeutend.«[150]

Was Anette Simon ähnlich gesehen und für einen, ihren, Vorteil gehalten haben muss. Eine Scheidung vom ungeliebten Mann kam für die gesundheitlich schwer angeschlagene Mutter einer drei- und einer achtjährigen Tochter – noch – nicht in Frage und eine dauerhafte Verbindung mit dem nahezu mittellosen und im Vergleich zu ihr jugendlichen Geliebten ebensowenig. Mit einer mittlerweile stadtbekannten Liaison seiner Frau konnte wiederum ein Professor Richard Simon auf Dauer nicht einverstanden sein. Wenn die Trennung von Franz, irgendwann, schon unvermeidlich war, dann tat eine nicht sonderlich attraktive Nachfolgerin weniger weh. Wie vortrefflich Anette die Weichen in ihrem Sinne zu stellen wusste, wie sehr sie Franz noch immer in der Hand hatte und wie notwendig sie ihn vorerst brauchte, lässt ihr Brief vom 20. März 1906 an den »süßen Jungen« erahnen. Auf einleitendes Schwelgen in Erinnerungen: »In Gedanken liege ich oft und oft auf den Knien vor Dir, den Kopf auf Deinem Schoß«, folgt ihr gönnerhafter guter Rat: »Halt Dein Mädchen fest, das dich lieb hat und Dir so willenlos angehört ... Hab es lieb und halte es in Ehren«, dem sie die Warnung folgen ließ: »Franz, reiße darum mich nicht aus Deinem Herzen ... Nie war eine Frau *vor* mir und nie wird sie *nach* mir kommen, die Dich so aus tiefster Seele geliebt hätte, wie ich Dich liebe.«[151]

Sein Eheversprechen Maria Schnür gegenüber war ihr vom Geliebten wohl noch nicht gebeichtet worden.

Als am Gebirgsrand Tauwetter vorherrschte und als endlich auch dort die Blüten von Primeln, Anemonen und Leberblümchen den Frühling ankündigten, setzte sich Franz mit Maria aus München ab. Ihr Ziel war Kochel, wo begrünte Hügelketten vor steil aufsteigenden Kalksteinflanken von Benediktenwand, Rabenkopf, Jochberg, Herzogstand ... den See, das Moor und das eiszeitlich sanft gewellte Alpenvorland umfangen. Kochel, Franz' von Kindheit an vielgeliebter Ferien- und Zufluchtsort, war nunmehr ans Eisenbahnnetz angeschlossen und binnen Stundenfrist für Münchner erreichbar. Im *Hotel Post* bezog das Paar, unter Wahrung der guten Sitten nach außen hin, zwei Zimmer.

Jean-Bloé Niestlé war ein willkommener Gast. Vermutlich machte der junge Schweizer und Marc-Freund in diesem März des Jahres 1906 auch Maria Franck mit seiner Gefährtin, Marguerite Legros, Kunststudentin, Französin, bekannt. Die Männer durchstreiften gemeinsam das Loisach-Kochelsee-Moos, stets auf der Suche nach von beiden bevorzugten Tiermotiven, die entweder mit wenigen Strichen im Skizzenbuch oder fotografisch festgehalten wurden. Und die Frauen könnten in jener Zeit ihre lebenslange Zuneigung begründet haben.

Blieben Franz und Maria allein, arbeiteten, wanderten, redeten sie miteinander, wobei manches unausgesprochen blieb ...

Eine glückliche Zeit, wenngleich keine ganz ungetrübte. Glücklicher freilich, viel glücklicher, als die in Kochel im Juni, Juli, August ...

Dazwischen lag Franz Marcs Griechenlandfahrt.[152] Eigentlich eine Flucht. Für den von der Liebesbeziehung im Quadrat hoffnungslos überforderten jungen Mann war sie der Versuch, einer Depression zu entkommen. Im April hatte er die Reise gemeinsam mit Bruder Paul angetreten, der in griechischen Klöstern alte Handschriften sichten wollte. Während der promovierte Byzantinist mit dem Ergebnis seiner wissenschaftlichen Arbeit hoch zufrieden sein konnte, blieb die Griechenland-Ausbeute des Kunstmalers weit hinter dessen Erwartungen zurück. Nach anfänglich gesteigertem Wohlbefinden war Franz Marcs Stimmung erneut in »sinnbetörende« Lebensangst umgeschlagen: »Von mir kann ich nicht sagen, daß mich diese Reise beruhigt hat ... Die Wunde, die mir das Schicksal geschlagen, blutet und blutet ...«[153]

Er fühle es, er werde noch viele Tränen zwischen ihren »treuen guten Brüsten« weinen, wurde Maria Franck auf den von ihr erwarteten Liebesdienst vorbereitet[154] – wohingegen Marie Schnür zeitgleich erfuhr, wie »sehr sehr« er sich aufs Malen freue, »... mit Ihnen, nicht wahr?«[155]

Im Mai, das heißt unmittelbar nach seiner Rückkehr aus Griechenland, wollte er dann doch zunächst seine Befähigung zum allein arbeiten und zum allein sein auf die Probe stellen. Weder das eine noch das andere sollte ihm gelingen. Sein erstes SOS-Signal war für Maria

Franck bestimmt; die eilte zwar nach Kochel, war aber weder in der Verfassung noch willens, ausschließlich gute Miene zum fortgesetzten Verwirrspiel zu machen. Auf Streicheleinheiten und bußfreie Absolution eingestellt, fand Franz Marc einen gewissen Grad an Zurückhaltung und auf ihm ruhende vorwurfsvolle Blicke bald unerträglich: »Es liegt doch etwas Ernsthaftes, oft fast Feierliches und Beängstigendes darin, wenn zwei Menschen(seelen) so allein zusammen sind, sich gegenüber sitzen und in die Augen sehen«, beklagte er sich Mitte Juni bei Marie Schnür – und zitierte auch sie an den Alpenrand: »Ich fühle mich oft so fremd und verstört, so fern, so fern dieser ganzen Gegenwart ... Kommen Sie, kommen Sie! ... Ach kommen Sie bald!«[156] Dieser Hilferuf blieb gleichfalls nicht ungehört.

Wie zu erwarten, führte die Doppelbesetzung der Seelentrösterinnen-Rolle zu zusätzlichen Komplikationen.

»[Franz Marc] brauchte Menschen, an die er sich halten konnte, die ihn verstanden und ihm Liebe gaben. In dieser Situation schloß er sich enger an seine Kunstfreundin Schnür an ... Er geriet damals in die seltsamsten seelisch-menschlichen Konflikte.«[157] Diese Einschätzung entstammt der ersten umfassenden Franz-Marc-Monografie[158], 1936 kam sie auf den Buchmarkt (von dem sie wenig später auf Geheiß der nationalsozialistischen Machthaber wieder verschwand). Gut zu wissen ist, dass dem Autor Alois J. Schardt von der Künstler-Witwe Maria Marc kräftig in sein Werk hineingeredet worden war. Das Schnür-Kapitel wurde darin so knapp als möglich abgehandelt.

Dagegen sprechen zwei überlieferte Fotos und ein kleines, von Franz Marc gemaltes Ölbild ihre eigene Sprache.

Eine der Ablichtungen zeigt unbekleidete Frauen: Im Vordergrund Maria Franck, hellhäutig, vollschlank, vollbusig, breite Hüften, den Kopf leicht gesenkt, verstohlen ins Objektiv blinzelnd, Missmut und Missbehagen sind ihr anzusehen. Mit nur einer Schrittlänge Abstand tritt hinter ihr Marie Schnür aus dem schützenden Gesträuch, dunkler, kleiner, feingliedriger (erkennbare Spuren hatte die nur wenige Monate zurückliegende Schwangerschaft nicht hinterlassen), ohne ein Anzeichen von Unbehagen fixiert sie den Mann?, Franz Marc?, hinter der Kamera.

Auf dem anderen, ebenfalls im Sommer 1906 in Kochel aufgenommenen Lichtbild ist Franz Marc zu erkennen, korrekt in Hemd und Hose, dem Anschein nach voll aufs Zeichnen konzentriert und auf jenem abschüssigen Wiesenstück sitzend, das einmal als ›Thränenhügel‹ in die Marc/Franck-Annalen eingehen sollte. Vor ihm auf einer

Marie Schnür und Maria Franck

Franz Marc malt Marie Schnür am »Tränenhügel« (1906)

Decke ausgestreckt liegt sein Modell, Marie Schnür ist nackt, ihre Pose betont lasziv, und Provokation spricht aus dem Blick, den sie der Frau?, Maria Franck?, am Auslöser zuwirft.

Zwei Frauen am Berg ist der Titel von Franz Marcs nur eine Handspanne mal kaum zwei Handspannen kleiner Skizze in Öl – auch sie verräterisch und auch sie zu gleicher Zeit entstanden. Marie Schnür, in sitzender Position und bekleidet dieses Mal, beherrscht den Vordergrund, sie schaut sich mittels geringfügiger Drehung von Oberkörper und Kopf um nach Maria Franck, die seitlich hinter ihr im Grase lagert und ihren Kopf auf eine Art mit der linken Handfläche abstützt, die Augenkontakt verhindert.

Die Übertragung des Zwei-Frauen-am-Berg-Motivs auf Großformat wollte und wollte Franz Marc trotz wochenlangen Mühens nicht gelingen. Aber auch die Zerstörung der letzten Fassung des Gemäldes fiel ihm schwer, teils fingerdick war die Farbe den Sommer über auf der Leinwand angewachsen.[159] Nachdem er endlich die Frauen auf dem Bild hatte voneinander trennen können, entledigte er sich beider Teilstücke, indem er eines Marie und das andere Maria überließ, wobei letztere von dem schlimmen Verdacht nicht mehr loskam, aus dem von ihr nur zähneknirschend akzeptierten Zweckbündnis Marc/Schnür könne doch noch eine Liebesheirat werden.

Der Mann wählte als Ausweg aus dem Dilemma einen naheliegenden: Er stieg allein zur Staffelalm hinauf, erholte sich dort bis zum

Abtrieb des Viehs im Oktober, und zog dann, nach wie vor unliebsame Begegnungen fürchtend, für einige Monate ins elterliche Haus
am Münchner Stadtrand, wo Anette Simon ein auch von den alten
Marcs sehr gern gesehener Gast war. Als Chambre séparée für Zusammenkünfte mit Marie Schnür bot sich das Kaulbachstraßen-
atelier an, noch war es nicht aufgegeben. Und welches Arrangement
ermöglichte Franz Marc ungestörte Treffen mit Maria Franck? Ihr
hatte er im Vorort Planegg, Pasinger Straße 24 – unweit vom eigenen
Ausweichquartier – ein Zimmer gesucht, dessen Vermieterin Herren-
besuche duldete.

»Was machst Du, Liebe? Arbeiten?«, wollte Franz am 24. Oktober
von Maria wissen, die regelmäßig die Vormittagsklasse von Max Feldbauer besuchte, sich auch tapfer erneut unter die Schnür-Schülerin-
nen mischte und dennoch auf seine Anfrage hin eingestehen musste,
dass sie Mühe habe, sich aufs Malen zu konzentrieren.[160] Befindlich-
keitsstörungen, selbstverschuldete, bekam sie zur Antwort, »... klein-
liches Gejammer ... müßige Selbst- und Nächstenquälereien«, her-
vorgerufen durch »törichte Eifersucht«. Aus einem trägen, sich nicht
drehenden Menschen, auch das hielt er ihr vor, könne das bestwol-
lendste Schicksal, gleich dem fleißigsten Töpfer ohne Rad, nichts anderes backen und kneten als Pfuschwerk.[161]

Auf zunehmende Lieblosigkeit, sie nannte es »Launen und Unbere-
chenbarkeiten«,[162] reagierte Maria zunächst tief betroffen und mit
hilfloser Wut. Dann aber muss sie beschlossen haben, hauptsächlich
klug und nur noch notfalls emotional zu handeln, was bedeutete:
männlicher Eitelkeit schmeicheln, Verständnis für seine »Guttat«
heucheln, die Schnür zum Schein hofieren und dabei möglichst wenig aus den Augen lassen, sie zum Kaffee einladen, sie zu Einkaufs-
bummeln begleiten, gemeinsam mit ihr zu musizieren ... und derweil
die Zeit für sich arbeiten zu lassen ... und keinen Millimeter von Franz
abzurücken!

Am 11. November 1906 schrieb Maria an ihr »geliebtes Herz«:
»... Es soll auch kein Hauch von Erbitterung meine Seele streifen bei
dem Gedanken an das, was Du tun willst. Ich werde nur das Schöne
darin sehen und Dich um so tiefer und inniger lieben. Behalte Du
mich so lieb, wie Du mich jetzt hast mein Franzl – es ist das einzige,
woran ich tief innerlich hänge; ich habe Dich ja lieber als alles, alles,
was bisher in mein Leben trat.« Einen kleinen Seitenhieb, den Hinweis auf bewusste Täuschung nämlich, konnte sie ihm dennoch
nicht ersparen: »Nebenbei gesagt – ich meinte auch, Schnür gegen-

über nicht unrecht zu handeln, wenn ich nahm, was mein war vor ihrer Zeit, was ich mein geblieben glaubte, nach manchem, was du mir sagtest ... So habe ich aufgefaßt, was Du mir sagtest, als Du mir von Deiner Verheiratung gesprochen hast und in diesem Sinne habe ich versprochen, zu Dir zu kommen und Dich als ... Geliebten zu betrachten.«[163] Woraufhin ihr vor ihrer obligatorischen Dezember-Reise zu den Eltern ihre »Weihnachtsstunde« eingeräumt wurde.[164]

Doch gar so schnell wie erhofft ließ sich das Rad nicht zurückdrehen. In Abwesenheit der hartnäckigen Gegenspielerin gelang es Marie Schnür sogar Boden gut zu machen. »Schnürchen«, rechtfertigte sich Franz in einem Brief an Maria Francks Berliner Adresse, sei schuldlos an seiner indifferenten Härte, nur ihr gelänge es, ihn heiter zu stimmen, allein der Gedanke an die hübsche Gestalt und den »Schönheitsreichtum« seiner zukünftigen Frau täten ihm unendlich wohl.[165]

Aussagen zum Wie und Wann seines Sinneswandels – wenn auch nicht dem letzten im Kampf Schnür/Franck um Marc – verbietet die dürftige Quellenlage. Gewiss ist: Im dritten Monat des Jahres 1907 hatte sich das Blatt zu Maria Francks Gunsten gewendet. Ein Wermutstropfen aber blieb. Das unnachgiebig eingeforderte Eheversprechen. Mit dem Hinweis, nur wegen Klaus tue er äußerlich seine

Marie Schnür und Maria Franck
(Zwei Frauen am Berg, Farbskizze von Franz Marc, 1906)

Pflicht, warb Franz Marc um Verständnis für seine jetzt unmittelbar bevorstehende Hochzeit.[166]

Nur wegen Klaus? Das wäre nicht nötig gewesen. Ein Blick ins *Bürgerliche Gesetzbuch des Deutschen Reiches* hätte ihn nämlich eines Besseren belehrt:

Gemäß § 1707 hatte die Mutter eines unehelichen Kindes das uneingeschränkte Sorgerecht. Und im damals aktuellen Gesetzeskommentar steht geschrieben: »... auch wenn ein Dritter zum Vormund bestellt ist [was der Fall war[167] – Anm. d. Verf.], ruft das Gesetz [die Mutter des unehelich geborenen Kindes – Anm. d. Verf.] zur Mitwirkung auf dem Gebiete der Personenfürsorge auf, und zwar in weiterem Umfang als es die eheliche Mutter neben dem Vater an der Erziehung des Kindes teilhaben läßt.«[168] Letztgenanntes erklärt sich aus der damaligen Position von Ehemännern als ›Familienoberhaupt‹ und der damit verbundenen Rechtsstellung von Ehefrauen, die weitgehend der von Unmündigen gleich kam.

(Gewisse Parallelen zum Fall Marc/Schnür hat jener, den die Schwabinger Bohemienne Franziska zu Reventlow initiierte, indem sie den eigenen Partner Bogdan von Suchocki bewog, die auf gesellschaftliche Anerkennung erpichte ledige Mutter Helene von Basch zum Schutz vor übler Nachrede zu ehelichen. Suchockis gute Tat wurde – anders als bei Marc – mit Geld erkauft. Doch hatte auch das ein übles Nachspiel. Nachdem sich Suchocki von seiner Frau getrennt hatte, wurde er – was Marc wegen Gallinger erspart blieb – zur Zahlung von Alimenten verpflichtet, woraufhin er ins Ausland entfloh.)

Am 27. März des Jahres 1907 wurde aus Marie Schnür Marie Marc, allerdings hat von deren neuem Familiennamen niemand Gebrauch gemacht. Zum Zeitpunkt der standesamtlichen Trauung bemalte Maria Franck in ihrem Atelier einen Teller mit Blumen und Früchten sowie einer großen 3 umrahmt von dem Versprechen: *I bleib Dir*.[169]

Noch am Hochzeitstag bestieg der Hochzeiter in beklagenswertem nervlichen Zustand den Nachtzug nach Paris. Seinen Absprung von der Trauung in letzter Minute hatte die Schnür mit ihrer Versicherung unter Zeugen verhindert, er behalte die Freiheit, das Arrangement jederzeit zu beenden.[170] Unmittelbar vor seiner Abreise hatte Franz mit zittriger Hand auf die Rückseite einer Bildpostkarte an »Frl. Frank [sic!], München, Giselastr. 18/4 [Straßenname und Hausnummer hatte er wegen Unleserlichkeit durchstreichen und neu schreiben müssen – Anm. d. Verf.]« gekritzelt: »Innigsten [sic!] Grüße Dein Frz. 8 3/4 h abd.« Anderntags ging aus Paris ein Brief mit Klartext an Maria ab: »Die Karte von Botticelli [Motiv: *Geburt der Venus* – Anm. d. Verf.] schrieb ich in der Droschke, als ich nach dem Bahnhof fuhr – in größter Eile. Schnür hatte ich vorher nach Gauting[171] in den Zug gesetzt und den Händen Niestlés empfohlen. ... Nun lebe wohl, behalt mich lieb und laß Dich treu und vielmals küssen und streicheln ...«[172]

Paris half Franz Marc übers Schlimmste hinweg. Wie schon vier Jahre zuvor, bescherte ihm die französische Hauptstadt auch dieses Mal jene Freuden, die Welt- und Liebesschmerz – vorübergehend zumindest – vergessen machen. Und ausgedehnte Museumsbesuche führten den auch künstlerisch arg von Wankelmut Geplagten auf sicheres Terrain. Je mehr er sich in die Bilder von Sisley, Monet, Renoir vertiefte, desto weniger zweifelte er daran: Deren Handschrift war die seine nicht. »Gespannt wie ein Fiedelbogen« war er auf Vincent van Gogh und Paul Gauguin gewesen. Maria Franck, die mit Jubelbriefen aus der europäischen Kunstmetropole förmlich überschüttet wurde, musste auch das sofort erfahren: Er würde mit dem »Triumphgefühl« die Heimreise antreten können, dass in ihm »etwas stecke«, »das *alle* nicht haben ...«[173]

Wer von Haus aus über ein gerüttelt Maß an Pragmatismus verfügt, zeigt wenig Neigung zur Selbsttäuschung. Folglich ging auch Maria Franck davon aus: Geht ein Bräutigam ohne Braut auf Hochzeitsreise, so ist er noch lange kein freier Mann.

Außerdem war da ja noch Frau Simon.

Die kündigte dem frischgebackenen Ehemann unmittelbar nach seiner Ankunft in München »förmliches« Abschiednehmen an. Noch einmal wolle sie ihn küssen. Aus dem einen wurde ein zweites Stelldichein. »Verzeih vor allem, daß ich heute ungerufen zu Dir kam«, bat Anette Franz hernach – und versprach ihm zugleich, sich zukünftig mit »Streicheln zur Linderung der Qual« zufrieden zu geben.[174]

Maria wurde von Franz mit Worten getröstet: »... das Leben ist eine Parodie, eine teuflische Paraphrase, hinter der die Wahrheit, unser Traum steht. ... Kunst ist ja nichts als der Ausdruck unseres Traums. Je mehr wir uns ihr hingeben, desto mehr nähern wir uns der inneren Wirklichkeit der Dinge und unserem Traumleben, dem wahren Leben, das die Fratzen verachtet und nicht sieht. Verachte auch Du sie. Wir müssen Frieden gewinnen ...«[175] Maria hatte verstehen gelernt: »Ja mein Franz die Träume und das Leben – dazu wir Menschen aus ›Fleisch und Blut‹ und ›Seele‹, die wir nicht wissen, welches der Weg ist, den wir gehen sollten – der unserer Seele zum Heil verhilft ohne dem Körper zu schaden und umgekehrt.«[176]

Franz Marcs Heirat und Maria Francks schwere rheumatische Erkrankung fielen nicht zufällig zeitlich zusammen. Mit Schmerzen in den Händen hatte es begonnen. Bald tat ihr jede körperliche Bewegung weh, an Malen war lange nicht zu denken. Mit der Bemerkung »die Pfote ist noch sehr dick«[177] täuschte die Leidtragende Galgenhumor vor. Im Mai 1907 wurde sie zur Heißluftbehandlung in die Nymphenburger Klinik eingewiesen. Damit aber war ihr nicht zu helfen.

Exzessives Malen war – von Ortswechseln abgesehen – Franz Marcs Ventil bei massivem psychischen Druck. Auf den Tod seines Vaters am 26. Mai 1907 reagierte er mit regelrechter Arbeitswut.[178] Maria versuchte es mit Sarkasmus: »Das Leben ist schon wirklich saudumm und mein ganzes Studium ist ganz verfahren – immer wieder zersplittert und aufgehalten ... einen Sommer sinds die Nerven und den zweiten die Knochen«.[179] Marc riet zu Plakatentwürfen, das schone ihre Hände, und gleichzeitig riet er zu mehr Abstand vom akademischen Betrieb. Seinem neuen Selbstverständnis als Künstler entsprechend sollte die Freundin auf Lehrer wie Max Feldbauer oder Wilhelm von Diez und erst recht auf Marie Schnürs Instruktionen verzichten und ausschließlich ihn zu ihrem Mentor machen. Es war nicht sein erster Vorstoß in Richtung der von männlichen Künstlerpaar-Hälften gern favorisierten Vorherrschaft. Noch wurde sein Ansinnen mit einem geschickt kombinierten Ja-Aber pariert: »... ich will vor allen Dingen einmal allein arbeiten und sehen, wie weit ich bin. Dann kann ich mich erst entscheiden, wie ich meine Zeit einteile ... Vormittags mein Lieb, möchte ich schon bei Dir arbeiten – ich finde das gar nicht so unsinnig – im Gegenteil – d. h. natürlich in meinem Atelier arbeiten und Dich bitten zu korrigieren.« Auf ihre Unabhängigkeit als Malerin pochte Maria trotzdem wohl mehr pro forma. Dabei hatte Franz ab und an auch von ihr lernen können. Allerdings hörte er Behauptungen wie »Und doch hab' *ich Dir* das Kobaltblau beigebracht« nicht allzu gern, diese jedenfalls war Bestandteil einer heftigen Diskussion gewesen, die in beiderseitigem Gelächter endete.[180]

Prinzipiell war und blieb Maria Franck aufs gutbürgerliche Mann-Frau-Modell des ausgehenden 19. Jahrhunderts eingeschworen. In ihrem schriftlichen Nachlass findet sich beispielsweise nicht ein Hinweis auf ihr Interesse an den Emanzipationsbestrebungen kämpferischer Zeit- und Geschlechtsgenossinnen. Ebenso wenig stellte sie Franz Marcs künstlerische Vorrangstellung jemals ernsthaft in Frage. So forderte sie ihn einmal ganz unbefangen auf, Skizzen von ihr »ein wenig nachzuschustern«.[181]

Worauf sie allerdings unbedingt pochte, das war Respekt – unter Einschluss der Anerkennung individueller Kompetenzen. Sicherlich hatte ihr, das Lehrherren-Angebot betreffend, vor allem Marcs Von-oben-herab-Tonfall nicht gefallen, der auch in seiner Korrekturanweisung zu einer ihrer Vorlagen für Reklamezwecke durchklingt: »Arbeit Dein Plakat recht schön. Keine Striche, sondern Flecken. Versprich mir's.«[182]

Die Hoffnung auf Einstieg in die Werbebranche mussten sie gegen Jahresende begraben, keiner von Marias Entwürfen ließ sich in Berlin in bare Münze umsetzen.[183] Doch stand sie mit dieser Erfahrung nicht allein da. Auch Franz hatte bislang aus seiner Produktion so gut wie nichts zu Geld machen können. Seine Postkartenserie mit Tierdarstellungen kam über den Probedruck nicht hinaus, sein Tiermalbuch für Kinder stieß auf wenig Gegenliebe, den für 1908 vom Verlag der Münchner Lehrmittelhandlung eingeplanten *Web-Mustern für den Plessmannschen Handwebstuhl* – Idee und Text stammten von Anette Simon – sollte lediglich ein Achtungserfolg beschieden sein.[184]

Im Juni 1907 bezog Franz Marc ein Atelier in der Schellingstraße 33, Rückgebäude, Erdgeschoss. In einem der oberen Stockwerke bewohnten er und seine Frau zwei kleine Räume; schon vor ihrer Eheschließung war Marie Schnür dort als Untermieterin gemeldet.[185]

Für Maria Francks verständliches Problem mit *dieser* Zweisamkeit spricht die einen Monat später an sie gerichtete Versicherung: »Ich spreche mit S. [Schnür] ... gar nichts Intimes mehr; sie ist zwar noch immer etwas wie Butter so weich, aber ich esse die Semmel dieser Ehe lieber ganz trocken.« Und auch Franz' Einwand, zur Eifersucht habe sie gewiss keinen Anlass, solle sich damit auch nicht mehr quälen, etwas Zeit sei alles, was sie brauchten, lässt erkennen, wie wenig ihr sein praktiziertes Eheleben behagte.[186] Die Schnür solle »sich nur bald ihr Kindchen holen«, drängelte Maria auf Abkürzung des Procedere.[187]

Ihr schwante nichts Gutes:

War sie, Beteuerungen hin, Beteuerungen her, nicht doch nur Lückenbüßerin?

Warum nahm Franz die Schnür mit nach Indersdorf?

Warum wollte er selbst in der Freilicht-Malsaison auf die Gesellschaft der angeblich so ungeliebten Gattin nicht verzichten?

Warum verbrachte einen etwas längeren Spaziergang von Indersdorf entfernt, in Großinzemoos, Anette Simon ausgedehnte Sommerferien?

Immerhin fühlte sich Marc durch sein Aktmodell, das er exklusiv aus München nach Indersdorf hatte kommen lassen, an die ferne Geliebte erinnert (»fast von gleicher Hautfarbe wie Du, auch formal angängig; gute Brust, aber merkwürdig wabbelig in den Formen ...«[188]), die im Juli zuerst nach Berlin und bald darauf flankiert von Vater und Mutter zu Bruder Wilhelm auf dessen ostpreußisches Gut Szemblonen (eine Neuerwerbung) hatte reisen müssen, wo aus allem, was gesagt und gefragt wurde, Vorhaltungen und Vorwürfe herauszuhören waren. Überall schienen die alten Reizthemen zu lauern: das Finanzielle, die von Lebensjahr zu Lebensjahr schwieriger werdende Vermittelbarkeit auf dem Heiratsmarkt, der zweifelhafte Ruf von Schwabings Künstlerszene, der gute Ruf höherer Töchter und die fatalen Folgen seines Verlustes ...

Sie stimme gar nicht mehr mit den Ihren zusammen, klagte Maria Franz ihr Leid, fühle schmerzlich eine tiefe innere Kluft zwischen sich und den Eltern. Und wage sie es, der Mutter zu widersprechen, verschlechtere sich das Klima umso mehr. Weder Lob noch Tadel hörte Maria, nachdem sie sich aufgerafft und jüngst entstandene Stillleben im Familienkreis herumgezeigt hatte. Auch körperlich ging es ihr wieder »miserabel ... trotzdem ich dick und rund bin«.[189] Lediglich zur Bekämpfung des Übergewichts schien ein Kraut gewachsen, doch blieb die Wirkung des in *Simplicissimus*-Anzeigen angepriesenen »Entfettungstees« weit hinter Marias Erwartungen zurück.[190]

Ihre Eltern, vermutete Franz, hätten »Wind gekriegt ... über unser Aktmalen oder sonst was«.[191] Gottlob stand dem Wissen um besagtes »sonst was« auf der einen Seite nur eine schwache Ahnung davon auf der anderen gegenüber. Was Maria im Falle des Bekanntwerdens ihrer fotografisch dokumentierten Nacktauftritte von ihren Eltern wohl zu hören bekommen hätte? Oder wenn den Francks das eine oder andere Schriftstück aus dem Besitz der Tochter in die Finger gefallen wäre? Womöglich sogar jene, vorsichtshalber in diesem Juli in einem Briefumschlag an ihre ostpreußische Adresse gerichtete Bildpostkarte *Nixen einen Hirsch tränkend*[192], auf deren Blankoseite Franz Maria fragte: »Wann wirst du wohl wieder deinen weißen Hirsch tränken? Wann darf er wieder von deinem süßen linken Brüstchen trinken?«[193] Eine ganze Serie von künstlerisch mehr oder weniger wertvollen Druckwerken erotischer Observanz brachten sie im Verlauf des Jahres 1907 auf den Postweg – darunter die Darstellung des ungeniert mit Leda kopulierenden Schwans sowie, verbunden mit einem »Liebesgruß« von Franz' Hand, die eines Fauns mit erigiertem Penis angesichts einer vollbusigen und beleibten Blondine.[194] Unterdessen war Franz auch dazu übergegangen, manche seiner Briefe an Maria mit »Dein Franzl Rittersporn« zu unterzeichnen. Wahrscheinlich erst in den dreißiger Jahren markierte die Adressatin Textpassagen fragwürdigen Inhalts mit Rotstift, wohl um aus ihrer Sicht streng Vertrauliches von Publizierbarem zu trennen. Wenn möglich wurde Amouröses mittels Radiergummi im Schriftwechsel unleserlich gemacht.[195] Unangetastet blieb, erstaunlicherweise, Franz' Brief vom 19. Juli 1907, mit dem ihr die ihm trotz gegenteiliger Beteuerungen offenbar noch immer liebste weibliche Rangfolge ebenso unerwartet wie gnadenlos vor Augen geführt wurde:

»Ich weiß, ich hab Dich viel gequält; ich habe Dich durch mein ganzes Elend geschleift, bis ich Dich auch lieben und sehr lieben lernte. Aber jemanden quäle ich noch fürchterlicher, und das ist die arme S[chnür], Du brauchst nicht zu fürchten, daß ich mich auf einmal in Mitleid umkehre. Aber der Zustand mit ihr ist einfach fürchterlich; er gemahnt mich immer an einen Dostojewskyschen Roman. ... Gestern im tiefen Wald, bei silbernem Mondschein, schluchzte ich auf einmal so bitterlich in Anettes Schoß, (die alles weiß und die ich liebe, wie sie mich liebt). Ich weiß ja, ich darf es Dir sagen. Diesen fabelhaften Geist bann ich niemals mehr aus meinem Leben und wenn ich ihren süßen kleinen Schoß einmal küssen will, bist Du mir nicht gram, nicht wahr?«[196]

Jede weniger Hartnäckige und Nachsichtige hätte ihm daraufhin postwendend die Freundschaft aufgekündigt. Maria aber packte lediglich Anfang August überstürzt ihre Koffer. Sie müsse, hatte sie ihren Eltern klar gemacht, Ostpreußen sofort verlassen, um in Aibling ihr Rheuma zu kurieren. Das war allerdings nur die halbe Wahrheit. Ausschlaggebend für ihre Ortswahl war neben der angebotenen Moortherapie die relativ geringe Distanz zwischen Aibling und München. Denn nach München zurückzukehren hatten die Francks der einunddreißigjährigen Tochter unter Androhung finanzieller Konsequenzen strikt untersagt. Ein Verbot, das Maria natürlich ignorierte. Der erste Liebesakt nach langer Trennung, ihrem Gefühl nach eine »kurze süße Stunde«, hatte Franz das Letzte abverlangt: Eher wolle er ganz verzichten, so sein Fazit im nachhinein, als sich noch einmal so hetzen zu lassen – »Noch dazu von Anettes Atelier in Deines rauf in einem Atem ...«[197]

Und in Indersdorf harrte seiner noch die rechtmäßige Gattin. Man war auf dem Absprung nach Swinemünde.

Dieser Aufenthalt des Ehepaares Marc im September 1907 an der Ostsee sollte sich als Glücksfall erweisen. Für Maria Franck!

»Verwandtenreise«, hatte sie sich zuvor mokiert. Ihm sei das »entrevue« wirklich peinlich, gab Franz entschuldigend zurück, seine Frau habe ihn mit aller Gewalt ihrer Familie vorstellen wollen.[198] Das hätte die Schnür besser unterlassen: »Was da alles an Empfindungen für eine Frau abbröckelt, wenn man ihre vier Schwestern [»langweilig ... ungebildet«] dazu kennen lernt, ist ungeheuerlich. Diese verfluchten illusionsraubenden Ähnlichkeiten.«[199] Seine Schwiegermutter, fügte Franz Marc hinzu, hülle sich zumeist in Schweigen. Wobei sie nur dem Beispiel des Schwiegersohnes folgte, der in Swinemünde »bis zur Ungezogenheit einsilbig« wurde.[200]

Davon abgesehen mochte mittlerweile auch Franz Marc nicht mehr so recht an Marie Schnürs pure Mutterliebe glauben. Es schien, als habe seine Frau den ›Heiratsgrund‹ Klaus vollkommen vergessen. Der Kleine war nämlich selbst nach der Hochzeit – von einer Ausnahme abgesehen – da geblieben, wo seine Mutter ihn seit ihrer Rückkehr aus dem Geburtsort Paris gut aufgehoben wusste: bei seiner Pflegefamilie Freiligrath in Eisenach.[201]

Mitbestimmend für Marcs erneutes Umdenken könnte auch diese, erfreuliche, Erfahrung gewesen sein: Zweimal, vor und nach Swinemünde, hatten er und Schnür in Berlin Zwischenstation gemacht. Franz kannte Marias Heimatstadt und ihr ›Elternhaus‹ bislang nur vom Hörensagen. Jetzt aber war ihm der Weg zu dem Bankgebäude Hinter der Katholischen Kirche exakt beschrieben worden. Auf dessen prominente Umgebung, dessen pompöses Erscheinungsbild, die von der breiten Fensterfront ablesbaren erheblichen Ausmaße der Franckschen Wohnung reagierte er zunächst ein wenig verschreckt und dann, erwartungsgemäß, beeindruckt.[202]

Im Herbst des Jahres 1907 sah sich Marie Schnür am Ende ihrer Ehe. Am 8. Juli 1908 wurde sie von Franz Marc geschieden und rächte sich dafür, indem sie ihn vor Gericht des Ehebruchs bezichtigte, Frau Simon schonte und einzig Fräulein Franck als Ehebrecherin benannte. Im damals gültigen § 1312 des *Bürgerlichen Gesetzbuches des Deutschen Reiches, Viertes Buch Familienrecht*, Absatz *Eingehung der Ehe – Hindernisse* war nämlich festgelegt, dass »eine Ehe nicht geschlossen werden kann zwischen einem wegen Ehebruchs geschiedenen Ehegatten und demjenigen, mit welchem der geschiedene Ehegatte den Ehebruch begangen hat, wenn dieser Ehebruch in dem Scheidungsurtheil als Grund der Scheidung festgestellt ist.« Und genau das war nun geschehen, mit der juristischen Konsequenz: Franz Marc und Maria Franck durften einander nicht heiraten.

Über den Wert dieses Verbots ließe sich trefflich streiten, meinte

Franz Marc und Maria Franck (Im Hintergrund: Panther, ein Rind anspringend, Zeichnung Kohle auf Packpapier von Franz Marc für seinen Anatomieunterricht, 1908)

der Autor des Kommentars zum Gesetzestext und begründet seine Kritik mit der Frage: Was dem »sittlichen Empfinden« wohl mehr widerspreche: dass die Frau den Mann, mit dem sie die Ehe gebrochen habe, heirate, oder dass beide ihr »unsittliches Verhältnis in Form der wilden Ehe« fortsetzten? Das Problem muss vom Gesetzgeber ebenfalls erkannt worden sein, denn der hatte auch verfügt, dass in begründeten Ausnahmefällen von einer Strafaktion abgesehen werden *kann.*[203]

Ein staatlicher Dispens!?

Den zu erlangen, machten Franz und Maria sich glauben, dürfte doch so schwer nicht sein! Wer von den Tücken einer sogenannten Kann-Bestimmung nichts weiß, zieht sie auch nicht in Erwägung.

Auf die Idee, einen versierten(!) Anwalt zu engagieren, kam das Paar leider viel zu spät.

Etwas Positives aber hatte Franz' Scheidung: Im Briefwechsel mit Maria wie im richtigen Leben konnten endlich die Seiten und Stunden füllenden Herz-Schmerz-Dialoge durch vorerst Wichtigeres ersetzt werden, als da waren: die Kunst, die Geldnot, die Wohnortfrage.

Schon im Frühjahr 1908 hatte Maria Franck München den Rücken gekehrt. Von Mai bis November wetterte sie im sechzig Kilometer isaraufwärts gelegenen Lenggries den Scheidungs-Klatsch-und-Tratsch ab, Franz mit kurzen notwendigen Unterbrechungen von Anfang Juni bis zum Sommerende. Im Haus des Marc-Freundes und Staffelalm-Senners Johannes Müller hatten sie eine bäuerlich-romantische Ferienwohnung gemietet – mit zwei Schlafräumen, verbunden durch eine Tür, die tagsüber mit Rahmen und Leinwänden verstellt und abends, heimlich und leise, freigeräumt wurde ...

Marias Lenggries-Resümee, formuliert gegen Ende ihres langen Lebens: »Es war eine wunderbare Zeit.«[204]

Das an ihrem zweiunddreißigsten Geburtstag geschossene Foto zeigt einen entspannt in die Kamera lächelnden achtundzwanzigjährigen Franz Marc und eine Jubilarin, deren Miene Zufriedenheit widerspiegelt, gepaart mit nur einem winzigen Rest von Skepsis. Das Geschenk des Geliebten trägt sie im Haar, silberne Spangen; viele Aufnahmen dokumentieren, wie bevorzugt sie die ausgefallenen Schmuckstücke trug. Auf dem Frühstückstisch steckt in bauchiger Vase eine liebevoll zusammengestellte Mischung dessen, was Gärten und Wiesen an einem 12. Juni hergeben.

En plein air schuf Franz Marc 1908 in Lenggries die Bilder *Kleiner*

Weidenbusch mit Sonne, *Junges Bäumchen* und *Tannen am Wiesenhang*, welche Maria Francks *Junger Lärche* oder *Grüner Studie* bei weniger genauem Hinschauen »zum Verwechseln ähnlich« sehen.[205] Seine Begeisterung hatte auf sie abgefärbt.

Bei Schönwetter schleppten beide schon frühmorgens ihre Malutensilien bis zu einer stillen Lichtung außerhalb des Orts. Wochenlang malten sie am gleichen Fleck, jeder seinen Strauch oder sein Bäumchen. Für Franz, der mit »Liebe und Hingabe« gearbeitet habe, hätten die Motive nicht strahlend genug sein können, auch daran erinnerte sich Maria sehr viel später. Cadmium hellst und Kremser Weiss I seien damals von ihnen in »unheimlichen Mengen« auf Leinwände gepinselt worden, Pausen hätten sie nur zur Nahrungsaufnahme eingelegt, Mittagessen, Kaffee und Kuchen aus einem Wirtshaus herbeigeschafft und im Schatten der Staffeleien verzehrt.[206] Wie sehr dieser Malsommer für Marc Impulsgeber war und wie sehr er zugleich den Austausch mit noch anderen Gleichgesinnten vermisste, beschrieb wiederum retrospektiv seine Gefährtin: »... es entwickelte sich eine ungeheure Arbeitskraft in ihm – und er machte eine ungewöhnliche Schule durch; es half ihm kein Mensch dabei – kein Freund, kein Lehrer. Alle schüttelten ein wenig mitleidig und spöttisch den Kopf, u. es nahm ihn eigentlich keiner wirklich ernst. Er sagte oft selber mit einem schmerzlichen Humor – ob wir wohl zeit unseres Lebens so allein bleiben werden ...?« Wenigstens empfahl ihn ein alter Freund aus Akademiezeiten den Münchner Galeristen Thannhauser und Brakl, die daraufhin eher aus Gefälligkeit als aus Überzeugung ein paar Marc-Bilder in Kommission nahmen.[207]

Eine Dauerlösung konnte Lenggries nicht sein. Man sah sich gezwungen, nach etwas weniger Gefragtem, sprich Bezahlbarerem Ausschau zu halten. Denn: Lenggries, stöhnten Franz und Maria bald, sei zu teuer. Sommers wie winters strömten in das Gebirgsdorf Alpinisten und Touristen, was nicht ohne Wirkung auf die Lebenshaltungskosten bleiben konnte.

Marias Eltern hatten die für den Fall des Ungehorsams ihrer Tochter angekündigte Unterhaltskürzung wahr gemacht, zwischenzeitlich stand sie mit 127,50 Mark bei Franz in der Kreide, der hier und da von seiner Mutter einen Hundertmarkschein zugesteckt bekam. In Berlin, wohin Maria gezwungenermaßen über Weihnachten und Neujahr fuhr, wurde sie von ihrer Mutter aufgefordert, sich endlich eine bezahlte Arbeit zu suchen. Was Franz, im Prinzip, unterstützte.

Er schlug Anette Simon, die mittlerweile eine Werkstatt mit Atelier für Stickereien und Webarbeiten eingerichtet hatte, als Arbeitgeberin vor, woran Maria trotz geheuchelten Interesses niemals ernsthaft dachte. Die Rettung kam schließlich von Vater Franck, denn der vermochte Bitten seiner Erstgeborenen nur zeitlich begrenzt zu widerstehen.[208]

Franz Marc versuchte derweil sein Glück in München mit Plakaten, auf denen von ihm gezeichnete Skelette »in verschiedenen kühnen Bewegungen«[209] für seine Anatomiekurse werben sollten. Außerdem bot er sich etablierten Kollegen mit eigenen Privatschulen als Lehrer an. Man winkte ab: Dergleichen, wurde ihm beispielsweise vom bekannten Tiermaler Heinrich von Zügel beschieden, werde nicht einmal von Studenten der Veterinärmedizin nachgefragt.[210] Halb resignierend, halb wütend schrieb Franz an Maria: »Ich laufe herum, straßauf, straßab. ... Heut' schmier ich den Hausmeister der Akademie, daß er meinen Zettel irgendwo anmacht.« Acht Tage später hatte sich, auch das seine Worte, »noch kein einziger Krüppel gemeldet«.[211] Wobei es vorerst blieb. Als Marc 1910 endlich eine Handvoll Interessenten gefunden hatte, war auch das seiner Meinung nach kein Idealzustand: »Samstag ist wieder die Anatomie – Ein Greuel!!«[212] Auch erwies sich die ihm 1908 avisierte Anstellung in der Kunstschule Exter als leeres Versprechen.[213]

Und Maria blitzte mit einer Mappe von zehn farbigen Kinderbildern beim Leipziger Insel-Verlag ab. Die höfliche Formulierung der Begründung, meinte Franz, habe zumindest nichts Deprimierendes. Was als Zuspruch begann, endete mit der Mahnung, sich zukünftig weniger auf Bilder von Kindern und Bilder für Kinder und Bilder mit hineingearbeitetem Kinderspielzeug zu konzentrieren.[214] Wie aber soll sich eine Frau in Marias Alter Kinder so einfach aus dem Kopf schlagen, wenn sie sich nichts mehr herbeisehnt als eigene Kinder und wenn ihr auch das gerade mitgeteilt worden war: »Von Heirat keine Spur«.[215]

Die Wartezeit auf den Dispens drohte endlos lang zu werden – falls er für sie überhaupt in Betracht kam.

Von Trübsinn lenkt, davon war ja vor allem Franz Marc überzeugt, am besten Tapetenwechsel ab. Folglich wurde die Suche nach einer Wohnstatt auf dem Lande intensiviert. Im Januar 1909 hatte er das Kloster Wessobrunn besichtigt; wenn Atelier und Schlafzimmer auf einer Etage lägen, berichtete er Maria, genüge das ja für ihre leisen Sohlen.[216] Die Idee wurde dennoch verworfen.

Maria Franck in Sindelsdorf (um 1909)

Dass sie schließlich in eine an sich ziemlich unspektakuläre bäuerliche Streusiedlung zogen, war mehr Zufall als Kalkül. Was für Sindelsdorf sprach, war die Verbindung von altvertrauter ›malerischer‹ Umgebung mit niedrigen Preisen.

In ihrer Lebenszwischenbilanz skizzierte Maria die Anfänge ihres Landlebens so:

»Irgend jemand erwähnte Sindelsdorf – und man erinnerte sich, dass es ja das Dörfchen sei, das man vom Berg in Kochel ... liegen sah, als 1906 das grosse Bild mit den beiden Frauen gemalt wurde. ... Auf einem Winterausflug, dessen Weg auch über Sindelsdorf führte, blieb [Franz] dort hängen und mietete sofort eine Wohnung für den Sommer. Die eigenartige Landschaft – den Vorbergen vorgelagert – mit dem charaktervollen bergig-hügeligen Gelände – kam ihm sehr entgegen. Er ahnte auch, dass auf all den bergigen Wiesen im Sommer und Herbst das Vieh – die Pferde weiden würden und er war voller

Mut, Freude und Hoffnung ... Es war ein kalter, nasser, schneeiger Vorfrühlingstag, als wir von der Station Penzberg 1 Stunde zu Fuss nach Sindelsdorf zum ersten Mal pilgerten. F. M. trug einen ganz großen Rucksack – ich trug im Korbe die Katze und Russi[217], der Hund, lief mit uns. So zogen wir nass und frierend in die kalte und ungemütliche möblierte Wohnung ...« im Obergeschoss des Hauses von Schreinermeister Joseph Niggl.[218]

Tatsächlich hielt sich Marias Interesse an einem Dauerwohnsitz mit Fünfzig-Kilometer-Abstand nach München vorerst in Grenzen. Monatelang pendelte sie regelmäßig hin und her. Natürlich auch, um ihre Studien an der Damenakademie des Künstlerinnen-Vereins fortzusetzen. (Ihre Ateliers in Schwabing räumten beide erst im darauffolgenden Jahr.) Zwei weitere Gründe für ihr Zögern wären denkbar: Die Ausstattung der von den Niggls vermieteten, teilmöblierten Räume deckte sich kaum mit Marias Vorstellung von Ambiente. Und: Frau Simon war als Nebenbuhlerin noch immer nicht komplett ausgeschaltet. Franz jedenfalls meinte, als Maria zur Hochzeit ihres Bruders Wilhelm im September 1909 nach Berlin gefahren war, für sein »Sindelsdörfchen« – und nebenbei ein bisschen auch für sich – die Werbetrommel rühren zu müssen: »... nun muß ich Dir einen ordentlichen Brief schreiben, damit Du erfährst, wie sehr ich Dich liebhab ... Komme doch bald wieder! ... Ich geh jetzt so oft in Dein Zimmerchen, das noch ganz Deine Luft hält, einen weichen süßen Liebesgeruch ... Mein Vogelbeerbäumchen hab ich ganz tapfer weitergemalt; da droben ist es so wunderschön ... In der Ferne stampft das Kochler Zügle, das Karwendel blinkt herüber und das gute Sindelsdorf liegt brühwarm in der Sonne. Du mußt diese Gegend ... einmal so lieben wie ich.«[219]

Gegen letzte Ressentiments half endgültiges Abnabeln von Anette, gegen späte oder frühe Kälteeinbrüche kräftiges Einheizen und gegen Geschmackloses peu à peu herbeigeschafftes eigenes Interieur: eine Mischung aus gutbürgerlicher Staffage und extravaganten Raritäten, die Besucher staunen machte: »Marc war ein Mensch, der einen ausgesprochenen Sinn für den Wert von selbst den unbedeutendsten Gebrauchsgegenständen hatte. Er umgab sich mit gediegenen Dingen und kaufte lieber gar nichts als Billiges und im Material Schlechtes. So war jedes Ding, das man in die Hand nahm ein kleines Kunstwerk. Er hatte schöne, alte japanische und chinesische Sachen, liebte Steine über alles und hatte kleine Schalen voll damit in seinem Bücherschrank stehen, holte sie hervor, hielt sie vor das Licht und ließ sie durch die Finger gleiten.«[220]

An Neuanschaffungen war derzeit nicht zu denken. Man musste

sparen, wo man konnte. Oftmals blieben sie die Miete schuldig,[221] wie die Steuer für den weißen Sibirischen Schäferhund Russi und auch den Lohn für die trotz »arger Geldmisere« in Sindelsdorf beschäftigte Dienstmagd.

Zu Marcs ›Atelier‹ hatten sie einen zugigen Speicherraum erklärt, mit Teppich, Tisch und Diwan war dem ein Minimum an Gemütlichkeit abgerungen worden. An keinem anderen Platz, hielt Franz Marc einmal fest, habe er lieber und produktiver gearbeitet. Vorbeugemaßnahme gegen gelegentlich noch aufflackernde psychovegetative Labilität war sein von nun an extrem geregelter Tagesablauf: frühzeitiges Aufstehen, Malen bis pünktlich um zwölf warmes Essen auf den Tisch kam, danach erneutes Verschwinden auf dem Dachboden bis zum Tee, anschließend ein Spaziergang, abends Erledigung der Korrespondenz, lesen oder zeichnen bis zum Schlafengehen. Ständig, so kam es seinen Freunden später vor, musste er seine Hände in Bewegung halten: sie dekorierten Glastüren von Schränken, gravierten Türbeschläge, modellierten, schnitzten etwas Hübsches für die Niggl-Kinder ...

Und Maria Franck?

Talent lässt sich mit Genie nicht vergleichen.

Doch kam auch sie in Sindelsdorf, obgleich (oder weil?) Franz Marc mit Kritik nicht sparte, als Malerin ein gutes Stück voran, zeigte Mut zum freieren Umgang mit der Farbe, wagte einen entschiedeneren Pinselstrich, füllte Skizzenbuch um Skizzenbuch – jetzt auch mit Tierstudien. Dass ihr im ersten Sindelsdorfer Jahr vom Münchner Künstlerinnen-Verein ein Preis für den Entwurf eines Fächers zugesprochen worden war,[222] fand ihr zukünftig einziger Lehrherr sogar lobenswert.

1910 versprach – ließ man den Dispens-Ärger außer acht – ein ähnlich gutes wie das ausklingende Jahr zu werden.

Jean-Bloé Niestlé hatte seinen Umzug von Gauting nach Sindelsdorf[223] angekündigt und versprochen, seine Freundin Marguerite Legros als Verstärkung für die Freundin des Freundes mitzubringen. Hochgestimmt schrieb Franz seiner Maria am 29. Dezember nach Berlin hinterher: »Im Januar muß noch viel geschehen. Anfang Febr. ist die Ausstellung [von Franz Marcs Bildern in München bei Brakl – Anm. d. Verf.]. Dir wünsch ich nun ein recht schönes Neujahr, ich werde morgen auf das Wohl Deiner Seele, Deines Leibes, Deines Haares, Deiner Hände und alles was dein und mein ist, trinken.«[224]

1910–1913

»... der schwere Sylvestersuff hat mich wieder vollkommen auf die
Beine gebracht, wirklich.«[225] Maria wird Franz' Botschaft über das
Resultat des im Münchner Ratskeller mit dem Bruder, einigen alten
Künstlerkumpanen und seinem vermutlich ersten und einzigen Pri-
vatschüler Esslinger verbrachten Jahreswechsels gefreut haben. Doch
der Brief markiert mehr als den beherzten Beginn eines neuen Jahres:
es geht darin um neue Menschen, neue Mentoren, Kollegen, Förde-
rer.

Die – oft zu schön geschriebene – Künstlerfreundschaft zwischen
Franz Marc und August Macke ist legendär, sie steht im Kontext der
Öffnung Marcs für Beziehungen zu ausgewählten Berufsgenossen
und des gleichzeitigen Eintauchens in die Sindelsdorfer Abgeschie-
denheit. Am 6. Januar 1910 begegneten sich die beiden zum ersten
Mal.[226] Marc war fast dreißig, Macke gerade dreiundzwanzig geworden. »Ich halte es für einen wirklichen Glücksfall, endlich einmal
Kollegen von so innerlicher, künstlerischer Gesinnung getroffen zu
haben – rarissime [sic!]«[227] Über das Kennenlernen der beiden Maler
kursieren unterschiedliche Versionen: Nach der ersten ging August
Macke in Begleitung seines Cousins Helmuth Macke und Bernhard
Koehlers jun., des Cousins seiner Frau und zugleich Sohn seines Mä-
zens Bernhard Koehler sen., zu Franz Joseph Brakl, dem Opernsän-
ger/Kunsthändler. Dort entdeckte Helmuth Macke »hinter einem
Schrank« eine gerahmte Lithografie von Franz Marc, Pferde im
Walde, die sie so begeisterten, dass sie den Künstler kennen lernen
wollten.[228] Die »drei ziemlich eleganten«, »mehr als vermögenden«,
»sehr jungen Herren«, »keine Spur von Bohème, das Gegenteil,
Tip-top«, so Marcs (in bezug aufs Vermögen der Mackes nicht korrek-
ter) erster Eindruck, standen an jenem Dreikönigstag vor der Tür
seines Ateliers in der Schellingstraße. In der zweiten Version notierte
Koehler jun. das Café Odeon als Treffpunkt. Sie seien zwar in die
Schellingstraße gegangen, hätten den furchteinflößend auf der Tür-
schwelle liegenden Russi überwunden und einen kurzen Blick auf die
große anatomische Zeichnung[229] auf Packpapier *Panther, einen Stier
anspringend* und das kleine Bildchen vom *Toten Spatz* werfen können,

aber nur Marguerite Legros angetroffen, die sie zu Marcs Lieblingslokal schickte mit der Beschreibung eines großen schönen Mannes, dunkelhaarig mit sonorer Stimme ...[230]

Wie auch immer: Marcs Arbeiten und seine Persönlichkeit faszinierten Macke. Auch er hatte – nach nur zweijährigem Studium an der Königlichen Kunstakademie und Abendkursen an der Kunstgewerbeschule in Düsseldorf – sich für das freie Arbeiten entschieden. Er war, wie Marc, Nietzscheaner, Neuromantiker. Er hatte sich in der Pariser und der Berliner Kunst- und Künstlerszene umgetan. Nun interessierte ihn München. Und Marc war ein kenntnisreicher Führer durch seine Stadt. So öffnete sich vor den beiden auch eines Tages der Vorhang zum Nebenzimmer in Heinrich Kratzers (so das schlichte Pseudonym des russischen Ritters von Prohoretzki ...[231]) Tabakladen in der Türkenstraße 68, und Macke staunte, was dieser dort an japanischer Kleinkunst zusammengetragen hatte: Specksteinfiguren, Porzellane, Bronzen, Holzschnitte. »Mit pfiffigem Lächeln führte er die auserwählten Besucher und Kenner in dieses kleine Reich, kredenzte mit Anmut und Gastlichkeit aus zarten Schalen den Sakhe und holte zuletzt seine besonderen Kostbarkeiten, eigentlich nur für männliche Blicke bestimmt, hervor, die feinsten erotischen Blätter. Marc hat ihm manchen Kunden zugeführt und auf diese Weise immer ein wenig verdient.«[232]

Macke lud Marc zu sich ein, der darum bat, »seine Kollegin« Fräulein Franck mitbringen zu dürfen. Der vereinbarte Besuchstag war der 22. Januar, ein prächtiger Wintertag, es hatte zuvor ununterbrochen geschneit, bei strahlender Sonne holten die Macke-Cousins das Paar am Bahnhof ab. Der achtzehnjährige Helmuth Macke hatte, wie August Macke übrigens auch, ohne Abschluss die Schule verlassen,[233] um auf die Kunstgewerbeschule in Krefeld zu gehen. 1909 war er zu August und Elisabeth nach Tegernsee gekommen. Sie hatten ihm gleich sein ganzes Geld (18 Mark) abgenommen, weil sie völlig abgebrannt waren. Um den Jahreswechsel 1909/10 zogen alle Mackes um in das Haus des Schreiners Staudacher. Sie hatten sich mit ihren Hausgenossen in der Villa Brand, ihren langjährigen Freunden aus Düsseldorfer Zeiten, Wilhelm und Liese Schmidtbonn, buchstäblich verkracht: der Malerhaushalt war dem Dichterhaushalt zu laut gewesen.[234]

Wovon Franz und Maria überrascht wurden: Frau Macke begrüßte sie sichtbar schwanger. Weit weg vom heimischen Bonn wartete das Ehepaar – am 5. Oktober 1909 hatte Macke die ein Jahr jüngere Elisabeth Gerhardt heiraten ›müssen‹ – ›die verfrühte‹ Geburt seines ersten Kindes ab. Also keine »Jungg'selln-Bohème-Wirtschaft«, so Franz Marcs höchstmögliches Lob. Elisabeth Macke beobachtete derweil mit gleichem Wohlwollen die Ankunft Marias: »Ich sehe sie noch vor mir: breit und üppig, warm eingehüllt, über die Ohren Shawl und Mütze gezogen, mit hohen braunen Schnürstiefeln. Sie war ganz blond, mit etwas slawisch breiten Gesichtszügen und hellen Augen. Als sie sich aus ihren warmen Umhüllungen herausschälte, sah man erst das wundervolle, dicke, goldblonde Haar, das sie in einem schweren Knoten aufgesteckt trug.« Und: »Es wurde gegessen, Kaffee getrunken und dann, die Hauptsache, wurden Bilder hervorgeholt und gezeigt. Ich sehe noch den Franz im Ohrensessel sitzen, Maria auf der Lehne, er nur mühsam sein Erstaunen verbergend über die Arbeiten, die August ihm zeigte.«[235] August und Elisabeth waren beeindruckt.

Franz und Maria ebenfalls. Doch fast mehr noch als durch seine Bilder faszinierte der Jüngere den Älteren durch sein unbekümmertes Herangehen an malerische Probleme: »Meine tausend Schritte, die ich zu jedem Bild brauche, sind doch kein Vorzug, wie ich mir früher törichterweise einbildete.«[236] So Marcs Fazit.

Das »Dreikönigstreffen« trug Franz und Maria neben der Bekanntschaft mit August, Elisabeth und Helmuth Macke auch den Kontakt zu den Koehlers ein. Bernhard Koehler sen. war ein wirtschaftlich erfolgreicher Industrieller, der aus den Gewinnen seiner Berliner Mechanischen Werkstätten seine Sammelleidenschaft finanzierte: Bis etwa 1890 interessierte er sich für Bildnisminiaturen, Stickereien, Porzellane, danach kamen Gemälde hinzu.[237] 1907 hatte er sich von seiner Nichte Elisabeth davon überzeugen lassen, dass ihr So-gut-wie-Verlobter[238] einen Sponsor beispielsweise für Studienreisen nach Paris verdiene. Schon im Januar 1910 besuchte er – auf Drängen seines Sohnes, der selbst bereits dessen Lithografie *Pferde in der Sonne* und eine Bronzeskulptur *Zwei Pferde* gekauft hatte – Franz Marc in seinem Atelier. Auch Koehler sen. entdeckte sofort das Bildchen vom toten Spatzen und wollte es haben. Marc zögerte, doch als Koehler ihm einen Hundertmarkschein dafür bot, konnte er nicht ablehnen: so illiquide war der junge Maler, dass er den gerade erworbenen Schein gleich wechseln musste, um mit seinem neuen Kunden per Straßenbahn in die Stadt fahren zu können. Für die Café-, Varieté-, American-Bar-Rechnungen, die an diesem Tag noch anfielen, kam

*Bernhard Koehler mit Elisabeth Gerhardt und August Macke
im Grunewald in Berlin (1908)*

dann glücklicherweise Koehler allein auf. Im Juli 1910[239] würde der großzügige Mäzen sich entschließen, eine Idee Franz Marcs aufzugreifen und damit zur Konsolidierung auch dieses Künstlerhaushalts beizutragen: »Ihren Wunsch und Vorschlag, gegen ein bestimmtes Einkommen von monatlich 200 Mark in Ruhe zu arbeiten, ohne sich um den Verkauf der gefertigten Arbeiten bekümmern zu brauchen, finde ich begreiflich, und ich bin gern bereit, ihn zu erfüllen. Ich gebe mich dabei der Hoffnung hin, daß das Verhältnis zueinander nicht durch den etwas geschäftlichen Beigeschmack, den es durch die Übernahme der von Ihnen in der Zeit gefertigten Arbeiten meinerseits erhält, getrübt werden kann. Ich komme mir plötzlich dabei wie ein Kunsthändler vor und werde es nun auch wohl werden, denn wenn Sie auch nicht in solcher Menge arbeiten werden, wie es ein

Brakl voraussetzt, so werden es doch immerhin eine Anzahl Bilder werden, die ich allein nicht alle behalten kann und so werde ich es wohl versuchen müssen, hier und da eins zu verkaufen ... Etwas Gutes hat ja diese Art Ihres Vorschlages für sich; ich habe es nicht eilig, die Bilder zu Geld zu machen und kann es abwarten, bis eine genügende Anzahl für eine Kollektivausstellung zusammen ist ... Hat sich dann Ihr Name durch Ihre Kunst einen Klang erworben und die Leute verlangen nach Ihren Bildern, dann werden Sie auch schon ohne eine derartige Hilfe meinerseits arbeiten können ... Um Ihnen vorläufig eine bestimmte Ruhe in der leidigen Verkaufsfrage zu sichern, möchte ich Ihnen zwei Jahre in dieser Weise zusammenzuwirken vorschlagen. Ich lasse Ihnen monatlich durch meine Geschäftskasse 200 Mark zugehen und sie senden mir das, was sie fertiggestellt haben in beliebigen Zwischenräumen zu.«[240] Doch Franz Marc war nicht nur Maler, er liebte es auch, Geschäfte zu machen. Statt sich über die »Ruhe in der leidigen Verkaufsfrage« zu freuen, versuchte er, über die Konditionen zu verhandeln. Genauer: über die Schwachstelle der vorgeschlagenen Abmachung, über die Preise, die für die Bilder, die Koehler bekommen sollte, anzusetzen wären, und damit über die dem Sammler beim Verkauf eventuell zufallenden Gewinne. Dieser reagierte empfindlich: »Ich hatte Ihren Wunsch für ein Gehalt von 2.000 bis 2.500 Mark zu arbeiten so aufgefaßt, daß Sie eine zeitlang vollständig ungezwungen arbeiten wollten, ohne überhaupt an Verkauf etc. denken zu müssen, wollten nur malen und wieder verwerfen wenn nicht nach Wunsch und so die Leinwand bearbeiten, bis Ihnen das Bild genügt. Da Sie nun doch mit dem Kunsthändler rechnen, so ist es besser, ich kaufe mir nach Gefallen Bilder. Lassen wir also meine Korrespondenz in dieser Angelegenheit als ungeschehen ansehen.«[241] Franz Marc akzeptierte dankend und bedingungslos die monatlichen Zuwendungen.

Was noch im Januar 1910 bei Brakl hinterm Schrank verborgen war, konnte schon im Februar umstandslos betrachtet werden: in Franz Marcs erster öffentlicher Ausstellung. Brakl hatte sich zur Präsentation von gut vierzig Bildern in zwei Räumen der oberen Etage seines gerade prächtig renovierten Hauses in der Goethestraße 64 überreden lassen. Dem Debütanten hatten seine Kontakte zur Scholle geholfen, aus deren Kreis Auftragnehmer für Wandmalereien in der Brakl-Villa stammten. Marcs Skulpturen gefielen dem Hausherrn nicht, sie mußten draußen bleiben. Koehler bewies nun, dass er nicht nur zu finanzieller, sondern auch zu idealler Unterstützung bereit war. Beim

92

Hängen war er dabei und zeigte dem verblüfften Galeristen, dass hinter dem unbekannten Künstler schon ein bekannter Sammler stand, der auch dafür sorgte, dass schnell an einigen Bildern das Zettelchen »verkauft« klebte. Die gezeigten Öl- und Temperaarbeiten – die eine Hälfte Landschaften und Naturstudien, die andere Tierdarstellungen und Frauenakte – waren »... in einem pleinairistischen Stil gehalten ... die Gegenstandstreue blieb gewahrt«.[242] Wohlwollend reagierte daher die Presse auf die Werke des »hoffnungsvollen Nachwuchses«. Und die konservative Ausstellungspolitik des Galeristen! Franz Marc hatte das Plakat zur Ausstellung selbst lithografiert. Schriftzeilen in klarer Type begrenzten das Bildfeld mit zwei Katzen. (Die Entscheidung für die Katzen ist bezeichnend, denn das interessanteste, weil für Franz Marcs Arbeit neuartigste Bild, das bei Brakl zu sehen war, zeigt zwei Katzen auf einem roten Tuch: reine Farben, Komplementärkontraste, pastoser Auftrag, alles in allem ein wenig an van Gogh erinnernd. Koehler kaufte es.) Franz und Maria registrierten auf ihren Gängen durch München aufgeregt jeden Anschlag.[243]

Finanziell war der Ertrag der Ausstellung unbedeutend, doch sie brachte Franz Marc in Kontakt mit Reinhard Piper. Es begann eine für beide wichtige und wechselvolle Beziehung. 1904 hatte der damals knapp fünfundzwanzigjährige Piper seinen progressiven Verlag gegründet. Er war mit *Freß=Sauff=&Venuslieder des Schäfers Dafnis* zu einer Mark pro Exemplar in einer Auflage von mutigen 10000 Stück gestartet: dieser im Stil barocker Lyrik gehaltene Gedichtband von Arno Holz wurde ein großer Publikumserfolg, der die nachfolgenden ehrgeizigen Projekte trug. Piper wählte für sich aus Marcs Ausstellungsbeiträgen eine farbige Lithografie mit zwei Pferden aus. »Die Verkäufe waren so gering, daß auch der kleinste dem Künstler auffallen mußte. Er besuchte mich daraufhin im Verlag.«[244]

Reinhard Piper hatte eine Passion für Malerei – und er versuchte, sie ökonomisch erfolgreich umzusetzen. Den Kunstpapst der Jahrhundertwende, Julius Meier-Graefe, hatte er bereits als Autor gewonnen. Auch Franz Marc, der Maler, konnte ihm nützlich sein. Und umgekehrt. Auf Anregung des Verlegers formulierte Marc seine Arbeitsziele:»Ich suche einen guten, reichen Stil, in dem wenigstens ein Teil dessen, was wir modernen Maler zu sagen haben werden, restlos aufgehen kann. Und das wäre vielleicht ein Empfinden für den organischen *Rhythmus* aller Dinge, ein pantheistisches Sichhineinfühlen in das Zittern und Rinnen des Blutes in der Natur, in den Bäumen, in den Tieren, in der Luft. ... die jüngsten Franzosen sind in einem wundervollen Wettlauf nach diesem Ziel begriffen. Nur gehen sie, sonderbarerweise, dem natürlichsten Vorwurf für diese Kunst, sorgfältig aus dem Wege: dem *Tierbild*. Ich sehe kein glücklicheres Mittel zur ›*Animalisierung* der Kunst‹ als das Tierbild.«[245] Ein Exemplar der von Meier-Graefe herausgegebenen Van-Gogh-Monografie, Pipers Geschenk, erneuerte Marcs seit 1907 bestehende Verehrung dieses Meisters: »Eben sitzt abendlich die Sindelsdorfer Kolonie über Ihren van Gogh gebeugt und freut sich Ihres hübschen Buches.«[246] Pipers Auftrag, für die in der gleichen Reihe erschienene Cézanne-Monografie dessen *Badende Frauen vor einem Zelt* als Titelblatt für den Druck umzusetzen, führte Marc zur intensiven Auseinandersetzung mit den Bildern auch dieses Künstlers und zu einer Serie von Werken, durch die er versuchte, die Eignung des Menschenbildes, d. h. der Aktdarstellung in der Natur, für seine künstlerischen Absichten zu überprüfen.

Auch auf Marias Denkanstöße reagierte Franz in der Regel hocherfreut, doch er achtete darauf, dass das für ihn akzeptablere Lehrer/Schülerin-Verhältnis möglichst nicht umgekehrt wurde. So beanspruchte er das letzte Wort darüber, wie was zu beurteilen sei. Dass beispielsweise die Reproduktionen von Gemälden Gauguins und van Goghs in einem Exemplar der Zeitschrift *Kunst und Künstler*, die Maria ihm Anfang des Jahres aus Berlin geschickt hatte, weitaus wichtiger seien, als die mitgelieferte theoretische Unterfütterung der malerischen Leistung – das musste doch betont werden.

Der von Franz Marc so zurückhaltend bewertete Informationsvorsprung Maria Francks in kunsttheoretischer Hinsicht resultierte, neben ihrer gründlichen künstlerischen Ausbildung, nicht zuletzt aus ihrer Kenntnis auch der aktuellen Berliner Szene. Während ihres zweiwöchigen Aufenthalts bei den Eltern im April 1910 hatte sie beispielsweise die Frühjahrsausstellung der Berliner Sezession[247] besucht: »wunderbare Hodler«. Und eine Manet-Ausstellung in Cassirers Galerie: »blödsinnig voll«. Vor allem war sie bei Koehlers. »Die Sammlung hat viele schöne Sachen – von modernen aber – außer den Franzosen – wenig mir unbekanntes, ich feierte freudiges Wiedersehen mit verschiedenen Bildern ... Von Franzosen begeisterte mich Cézanne – nur ein wunderbarer Monet – fast der schönste, den ich kenne; van Gogh – Gauguin ... u.s.f. – schön – schön ... Von August Macke ... außerordentlich talentvolle Sachen; ich halte ihn für begabter als Helmuth.« Und: » ... dann Franz Marc, der mir zwischen den anderen u. im Vergleich mit diesen – außerordentlich gefiel. Aber Spaß beiseite – wirklich, Du hängst mit d. Rehen zwischen Feldbauer und Püttner ... Russi hängt über einer Tapetentür – Tapete sehr feiner brauner Ton – paßt famos.«[248]

Maria urteilte tatsächlich als Expertin. Ihr geschultes Auge erkannte Stärken und Schwächen im Werk anderer, ihr zunehmend persönlich bekannter Maler. Und natürlich besah sie auch ihre eigenen künstlerischen Arbeiten mit selbstkritischem Blick auf die Qualitätsunterschiede. Pfingsten 1910 malte sie, nach etlichen farbigen Vorstudien, *Kathi im Wagen*: das Bildnis eines blonden, blauäugigen Kleinkindes. Am 13. April hatte Elisabeth Macke ihr erstes Kind geboren, Maria Franck beschäftigte diese Tatsache sehr. Auch sie wünschte sich ja ein Kind. War das nicht eine hoch zu bewertende Möglichkeit, sich »im Werk« zu verwirklichen? Mindestens ebenbürtig der Malerei? Wäre nicht Sindelsdorf ein idealer Ort, ein Kind aufzuziehen? Während Maria ihren Berlinbesuch absolvierte, hatte Franz mit der endgültigen Übersiedlung aufs Land begonnen. Nach wenigen gemeinsamen Hauptstadttagen – Marias Briefe hatten ihn schließlich hingelockt – waren beide Anfang Mai nach Hause gekommen: nach Sindelsdorf. Beglückt registrierte Maria, dass Franz ihr Zimmer mit Sträußen von Weißdorn, wilder Kirsche und Schlüsselblumen als Willkommensgruß geschmückt hatte.[249] Im Juli 1910 konnten beide Münchner Ateliers aufgegeben werden.[250] Den Eltern Franck (Die Mutter der immerhin mittlerweile Vierunddreißigjährigen hatte brieflich lebhaften Anteil genommen, mit der Vermieterin, Frau Niggl, korrespondiert und dem »Mietzenkind« übermittelt, der von Franz und Maria betreute Affe dürfe ruhig mitkommen.[251]) konnte bald die gemeinsame Häuslichkeit auf dem Lande vorgeführt werden. Sie schienen davon auszugehen, das Ehepaar Marc zu besuchen. »Ihr telegrafiert uns doch, wenn der Akt auf dem Standesamt vollzogen ist. Wenn wir Euch auch nicht nochmals unsere Glückwünsche senden können, so wissen wir doch, daß Ihr Euer Ziel erreicht habt.«[252] Der »Akt auf dem Standesamt« sollte eigentlich zwischen 10 und 12 Uhr am 10. Juni 1910 stattfinden. Die Brautmutter schickte Myrte von einem Bäumchen, das sie zu diesem Zweck gehegt hatte, der Brautbruder seine Glückwünsche. Ob die verhinderten Eheleute das Herz hatten, schon während des Besuchs der Eltern im Juli/August den Hochzeitsfehlversuch zu beichten? Ob sie selbst davon überrascht wurden, dass sie noch immer nicht heiraten konnten, durften? Wegen des Einspruchs von Marie Marc geb. Schnür, die, entgegen aller Absprachen, halsstarrig Maria Franck als Ehebrecherin benannte und für die Heirat mit Franz unmöglich machte. Und so ein Dispens-verfahren erzwang und damit Franz und Maria noch auf Jahre hin-aus schwer belasten würde! Jedenfalls ging »das Familienkonzil in Sindelsdorf ... glücklich vorüber, wir haben Euren Rat wörtlich be-folgt und sind famos dabei gefahren. Vor der gewinnenden Einfach-heit unserer Sitten verstummten die Eltern, – die edle Geradheit des zurückgezogenen Niestlé tat das ihre dazu. Es geht doch nichts über echt germanische Treuherzigkeit, embrassez-vous – in Schönheit.« Gegenüber August Macke, dem Empfänger dieser Zeilen, titelte Franz Marc weiterhin völlig korrekt: »Frl. Franck ist ein paar Tage in Tölz mit ihren Eltern.«[253] Sophie Marc hatte sich als Sindelsdorf-Besuche-rin angesagt.

Vahine nannte Franz Maria zeitweise. Das war nach seinem Idol Gau-guin in Tahiti die Frau, mit der man Tisch und Bett teilte ...[254]

Seine *Vahine*-Maria notierte zum wichtigsten Ereignis überhaupt im Leben des Malers Franz Marc, das ebenfalls in dieses so vieles ent-scheidende Jahr 1910 fiel: »Der größte Impuls kam ihm jedoch durch die Begegnung mit den Bildern der ›Neuen Künstlervereinigung München‹, NKVM, deren Mittelpunkt Kandinsky war. Es war, als ob starke, bisher durch Hemmungen zurückgehaltene Kräfte plötzlich durch diesen Anstoß in ihm frei wurden. Durch das Erleben der Kan-dinsky'schen Bilder fiel es ihm wie Schuppen von den Augen ...«[255] Wassily Kandinsky und Gabriele Münter, Alexej von Jawlensky und Marianne von Werefkin, diese beiden Paare mit gemeinsamer Mur-nauer Vergangenheit in den Malsommern 1908/09, hatten die Idee gehabt, am 10. Mai 1909 war die Gründung der NKVM ins Vereinsre-gister eingetragen worden. Die Maler Adolf Erbslöh, Alexander Ka-noldt, Paul Baum, Wladimir von Bechtejeff, Erma Bossi, Emmy Dres-ler, Robert Eckert, Moyssey Kogan, Alfred Kubin, Karl Hofer, Carla Pohle, der Tänzer Alexander Sacharoff (der Alexej von Jawlensky zu mehreren berühmten Bildern Modell stand), die Kunstliebhaber Oscar Wittenstein (Freund und Verwandter Erbslöhs) und Heinz Schnabel, aber auch Pierre Girieud, Henry Le Fauconnier – früher oder später tauchten sie im Mitgliederverzeichnis der NKVM auf. Kandinsky wurde erster, Jawlensky zweiter Vorsitzender. Vom 1. bis 15. Dezember 1909 fand die erste Ausstellung der Vereinigung in Heinrich Thannhausers neuen Galerie Moderne Kunst in der Theati-nerstaße 7 statt. Hugo von Tschudi, der für die Avantgarde so wich-

Alexej von Jawlensky, Marianne von Werefkin, André von Jawlensky und Gabriele Münter in Murnau (1908)

tige neue Direktor der Pinakotheken,[256] hatte den Galeristen überzeugen können, der dann einen furchtbaren Verriss einstecken musste. Auch die zweite Ausstellung (unter Beteiligung von Georges Braque, André Derain, Kees van Dongen, Henri Le Fauconnier, Pablo Picasso ...) stellte Thannhauser auf eine schwere Probe – er klagte, er müsse nach jeder täglichen Schließung die Bilder abtrocknen, da das Publikum sie angespuckt habe – und trug ihm scharfe Kritik ein: »Diese absurde Ausstellung zu erklären, gibt es nur zwei Möglichkeiten: entweder man nimmt an, daß die Mehrzahl der Mitglieder und Gäste der Vereinigung unheilbar irrsinnig ist, oder aber, daß man es mit schamlosen Bluffern zu tun hat, denen das Sensationsbedürfnis unserer Zeit nicht unbekannt ist und die die Konjunktur zu nutzen versuchen ...«[257] So der populistische Kommentar Maximilian K. Rohes in den *Münchner Neuesten Nachrichten*. Doch Feuilletonbeiträge empfanden die Aussteller als eine Sache, die Reaktionen des Publikums als eine andere, und da beide Äußerungen in die gleiche Richtung gingen, als eine schmerzhaftere. Wie wohltuend, was dagegen ein Künstler schrieb: »Gegenüber der allgemeinen Ablehnung, die die ›Neue Künstlervereinigung‹ in München erfährt, ist es vielleicht angebracht, auch eine andere Stimme und Meinung laut werden zu lassen. – An etwas stößt sich hier das Publikum augenscheinlich: es sucht Staffeleikunst und wird nervös und zweiflerisch, wenn es kaum ein reines Staffeleibild von gewohntem Stil in dieser Ausstellung findet. Bei allen Bildern ist noch ein Plus im Spiel, das ihm die reine Freude nimmt, aber jedesmal den Hauptwert des Werkes ausmacht ... Die Art, wie das Münchner Publikum die Ausstellung abthut, hat etwas Erheiterndes. Man benimmt sich, wie wenn es vereinzelte Auswüchse kranker Gehirne seien, während es schlichte und herbe Anfänge auf einem noch unbebauten Lande sind. Weiß man nicht, daß an allen Enden Europas heute der gleiche, neuschaffende Geist tätig ist, trotzig und bewußt?«[258] Franz Marc hatte sich zu Wort gemeldet. Er hatte einen Artikel verfasst und ihn an Reinhard Piper geschickt, der übermittelte ihn Thannhauser und dieser wiederum gab ihn an die NMKV weiter. »Ich bin jetzt in eifriger Korrespondenz mit Erbslöh, dem ›Schriftführer‹ der Vereinigung. Meine Kritik wird den Katalogen ... in Mannheim, Hagen, Berlin, Leipzig und Dresden vorgedruckt«,[259] und: » ... ich bin schon etwas vorwärts gekommen mit meinen Sachen.«

Was Marc für Macke so zurückhaltend umschrieb, waren seine eigenen Anfänge auf unbebautem Land. »Ich brauche Dich«,[260] hatte der Ältere dem Jüngeren noch bekannt. Der mochte die Qualität des Wandels, der sich da angebahnt hatte, geahnt haben, denn in seinem Konter trumpfte er ein wenig auf: Er habe neuerdings allen Grund, »in explosionssicheren Räumen zu arbeiten. Es kommt viel aus mir heraus, viel besseres, als Ihr saht. ... Diese Woche war ich in München und lernte dort bei Thannhauser die ganze neue Künstlervereinigung kennen, Jawlensky – Kandinsky etc. Für München sind die Leute sehr, sehr gut.«[261]

Das waren sie tatsächlich – nicht nur für München!

Und sie waren begeistert von Franz Marc, von seiner Kunst und seinem Eintreten für ihre Kunst. Für Marc konkretisierte sich im Umgang mit der NMKV seine steigende Unzufriedenheit mit seinen Arbeiten, in denen er zunehmend die Tendenz zum Ornamentalen, Dekorativen erkannte und noch mehr die Widersprüchlichkeit einer Darstellung, die sich in der Form immer weiter vom realen Vorbild entfernte, bei gleichzeitigem fortgesetzten Bemühen um natürliche Farben.

Die Diskussion ums Dekorative führte Marc vor allem mit Adolf Erbslöh[262]. Bei ihm und seiner Frau Adeline, beide stammten aus wohlhabenden Barmer Familien, war er bald häufig in München zu Gast.
Er lernte unter anderen Alexander Kanoldt durch sie kennen, den
Sohn eines angesehenen Karlsruher Landschaftsmalers. Franz
Marc bedeuteten diese Kontakte viel, auch und gerade gesellschaftlich: »... höchst distinguiert. Einfach vornehm.«

Und erst Alexej von Jawlensky (bei dem Erbslöh und Kanoldt Privat-
stunden nahmen) und seine Lebensgefährtin Marianne von Werefkin! Was dieses russische Paar anging, vor allem die Werefkin, das
war mehr als distinguiert und vornehm. Sie hatte einen General zum
Vater und eine künstlerisch ambitionierte Mutter, beide Elternteile
stammten aus aristokratischen, dem Zarenhof nahestehenden Familien. Bildung und künstlerische Ausbildung Marianne von Werefkins
waren erstklassig, sie galt als ›russischer Rembrandt‹, auch noch
nachdem eine Schußverletzung ihre rechte[263] Hand verkrüppelte. Als
sie den vier Jahre jüngeren Alexej von Jawlensky traf, war sie einunddreißig. Sie erkannte sein Talent als das überragende an und ver-
nachlässigte ihre eigene künstlerische Entwicklung, nicht zuletzt,
um ihn fördern zu können.[264] 1896 hatten Jawlensky, Werefkin und
Helene Neznakomava Russland verlassen und waren nach München
übergesiedelt. Seitdem wohnten sie, eine Ménage à trois, in der Giselastraße 23: die Neznakomava war als Werefkins Dienstmädchen Jawlenskys Geliebte und Mutter seines Sohnes geworden. »Sie hatten
ein seltsames Milieu, ein Durcheinander von altmodischen Möbeln,
künstlerischen Dingen, orientalischen Teppichen, Stickereien und
Fotografien von Ahnen. ... [Marianne von Werefkin] war eine ungemein temperamentvolle, starke Persönlichkeit, voll revolutionären
Geistes gegen alles Laue und Ängstliche. Wir sahen sie zuerst, als wir
in Jawlenskys Atelier eintraten, sie kehrte uns den Rücken zu, eine
schmale, hochgewachsene Gestalt mit knallroter Bluse, einem dunklen Rock und schwarzem Lackgürtel, im Haar eine breite Taftschleife.
Man glaubte, ein junges Mädchen stünde da. Als sie sich umdrehte,
sah man das vom Leben geprägte, ausdrucksvolle Gesicht einer alternden Frau, die, wenn sie in Begeisterung geriet, mit ihrer rechten
Hand, an der der Mittelfinger fehlte –, drohend in der Luft herum
gestikulierte. ... sie hatte wohl auch die Geldmittel, die zu dem
unbekümmerten Künstlerleben nötig waren, aber sie hatte auch die
Herrschaft im Hause, sie bestimmte, und nach ihrem Willen mußte
alles geschehen. ... In einem kleinen Nebenzimmer lebte Hélène, eine

junge, hübsche Person, die still und unbemerkt den Haushalt versorgte, die alltäglichen Arbeiten verrichtete, aber nie mit am Tisch saß, wenn Gäste anwesend waren. In dem kleinen Zimmer standen ein Feldbett, eine Nähmaschine, ein Kinderpult, und es waren viele bunte Kinderzeichnungen mit Reißnägeln an der Wand befestigt. Der kleine André, damals sechs Jahre alt, der ›Neffe‹ von Jawlensky, in Wahrheit sein und Hélènes Sohn, hatte sie gemalt, Jawlensky zeigte sie uns in Abwesenheit des Jungen mit großem Stolz, aber ein wenig lag immer ein Geheimnis über diesen drei Menschen. Jawlensky selbst war ein ungemein sympathischer Mensch voll Güte und Zartheit, ein vollendeter Kavalier ...«[265] »Marianna ... war eine außerordentliche Frau, die über eine innere Welt verfügte, fern des Alltäglichen und der gesellschaftlichen Konventionen, was sich am Zusammenleben mit Jawlensky zeigte. Durch Erziehung einem mondänen Milieu verbunden, pflegte sie die entsprechenden Verbindungen. ... In ihrem rosafarbenen Salon oder in dem benachbarten großen Raum, der als Schlafzimmer oder Atelier diente, empfing sie fast alle Berühmtheiten, die auf der Durchreise waren. Es war dort, wo ich Pawlowa, Nijinsky, Diaghilev und selbst Eleonora Duse traf. Die ausgesprochen intellektuelle und künstlerische Atmosphäre dieses Hauses, geschaffen durch die überragende Klugheit Werefkins und die glänzenden Gaben Jawlenskys, zog talentierte Menschen an.«[266] Elisabeth Macke und das NKVM-Mitglied Wladimir von Bechtejeff schrieben über das Künstlerpaar Jawlensky/Werefkin – und schrieben fast nur über die Werefkin. Sie war, wenngleich tatsächlich künstlerisch nicht an Jawlensky heranreichend, die beeindruckendere, inspirierende Persönlichkeit.

Auch für Franz Marc. »Die Deutschen begehen fast alle den Fehler, das Licht für Farbe zu nehmen, während die Farbe etwas anderes ist und mit Licht, d. h. Beleuchtung, überhaupt nichts zu tun hat.« Während er, in einen alten Mantel gehüllt, an den Füßen Strohschuhe gegen die eisige Kälte, auf dem Sindelsdorfer Dachboden Pferdeleiber in Gelb und Rot und Violett malte – die Schweife in Grün und Blau, ging ihm Werefkins Bemerkung nicht aus dem Kopf: »Der Satz ... ist sehr tiefsinnig und trifft, glaube ich, in der ganzen Frage den Nagel auf den Kopf ...« Er sei »sehr arbeitsam«, schrieb er, »und kaue unablässig an meinem System der Komplementärfarben, der einzige Weg, aus meiner ›Beliebigkeit der Farbe‹ herauszukommen. Ich fühle übrigens, daß es mir mit jedem Tag mehr gelingt. Ich bin auch froh, daß ich es in solcher Abgeschiedenheit tue, ohne Kollegen etc., es kommt für mich dabei sicher etwas Selbständigeres und Originelleres heraus, wie es auch früher der Fall war mit meinen Kompositionen und früheren Farbideen. Letztere sind aber nun wirklich abgetan. Ein Sprung zurück wäre mir ganz unmöglich, wohl aber habe ich das bestimmte Gefühl, daß ich nach den Arbeiten dieses Herbstes und Winters, die manchmal etwas dekorativ ausfallen, wieder auf viel malerische Ideen komme. Aber dafür muß man über die Farbe viel mehr wissen und nicht so planlos Beleuchtung fummeln ...«[267] Franz gab seine inneren Monologe regelmäßig für ausgewählte Adressaten frei, allen voran für Maria, die im Dezember 1910 wieder einmal nach Berlin zu den Eltern gereist war. Auch August Macke, der mit Frau und Kind im Haus der in Bonn lebenden Schwiegermutter eine Wohnung bezogen hatte, wurde brieflich eingeweiht: »Ich werde Dir nun meine Theorie von Blau, Gelb und Rot auseinandersetzen«, so Marc am 12. Dezember, »*Blau* ist das *männliche* Prinzip, herb und geistig. *Gelb* das *weibliche* Prinzip, sanft, heiter und sinnlich. *Rot* die Materie, brutal und schwer und stets die Farbe, die von den anderen beiden bekämpft und überwunden werden muß! Mischst Du z. B. das ernste, geistige Blau mit Rot, dann steigerst Du das Blau bis zur unerträglichen Trauer, und das versöhnende Gelb, die Komplementärfarbe zu Violett, wird unerläßlich. (Das Weib als Trösterin, nicht als Liebende!) Mischst Du Rot und Gelb zu Orange, so gibst Du dem weiblichen Gelb eine ›megärenhafte‹, sinnliche Gewalt, daß das kühle, geistige Blau wiederum unerläßlich wird, der Mann, und zwar stellt sich das Blau sofort und automatisch neben Orange, die Farben lieben sich, Blau und Orange, ein durchaus festlicher Klang ...« Dem von Macke angesprochenen (und im übrigen seit der Romantik, der beide anhingen, virulenten) Cross-Over Malerei/Musik stand Marc 1910 noch skeptisch gegenüber: »Nicht daß ich nicht überzeugt wäre, daß ganze gesetzmäßige Beziehungen und Analogien zwischen beiden beständen ...; aber ich denke, die musikalische, theoretische Technik, z. B. Kontrapunkt, ist von den Menschen speziell für das musikalische Schaffen gemacht, die aufsteigenden und absteigenden Melodien sind ein so durchaus musikalischer Begriff, fast ›Instrumentalbegriff‹ (soweit unsere Stimme ja auch ›Instrument‹ ist), daß die Anwendbarkeit auf Malerei doch etwas vage ist und sich praktisch nicht recht über geheimnisvoll gefühlte Analogien erhebt. ... Daß ich nicht so ganz musikalisch mitdenke, liegt aber auch sicher daran, daß ich nicht an der Hand einer Partitur die Technik und Komposition eines Musikstückes nachprüfen kann, überhaupt musiktechnisch so traurig ungebildet bin, daß ich gar nicht wage, da mitzureden.«[268]

Bald würde er sich, unter dem Einfluß Wassily Kandinskys und Arnold Schönbergs, mit der Musik näher beschäftigen wollen. Und schließlich dankbar und erleichtert anerkennen, dass Maria seine fehlende Kompetenz in dieser Kunst mühelos ausglich. Und auch anderes beherrschte sie besser als er: das Rechnen! Der briefliche Hilferuf ging quer durch Deutschland. Sie sollte den Entwurf eines Pferdebildes im Format 58 x 79 umrechnen: »195 entspricht den 58 der Skizze ... Bitte so bald wie möglich.«[269]

Ihr erneuter Berlinaufenthalt kostete Marcs *Vahine* jedoch vor allem Energien im Kampf um ihre Eigenständigkeit und gegen das Höhere-Tochter-Ideal der Eltern – bei gleichzeitiger Berücksichtigung der Tatsache, dass sie allzeit eine dankbare Tochter war und das auch vorläufig bleiben musste, wollte sie auf die väterlichen Transferzahlungen nicht verzichten. Was von ihr erwartet wurde: Nicht vor Erteilung des Dispenses (eine Entscheidung war nach Meinung der beiden noch in diesem Jahr zu erwarten) sollte Maria zu Franz nach Sindelsdorf zurückkehren. Doch der Dispens wurde abgelehnt. Franz war außer sich und musste sich doch auf schriftliche Appelle beschränken: »Mein bestes, einziges Lieb, nach dem gestrigen, eiligen, traurigen Brief will ich dir heute nochmals – in Ruhe kann ich nicht sagen – schreiben. Ich bin noch so maßlos aufgeregt; ich hab nicht geschlafen u. kann kaum was rechtes essen, immer wälze ich die Gedanken in mir herum. Dazu gesellt sich die starke Angst, du könntest am Ende nicht die Willenskraft haben, deren unsre Liebe jetzt wirklich bedarf, wenn sie nicht schmählich in dieser verdammten Sackgasse enden soll.« Und: »Bekommst du kein Geld, so verdienen wir's allein; du wirst sehen, daß ich es kann. ... Du liebes, liebes Wesen, komm zu mir, dem Du gehörst!« Und: »Mein Lieb, ich habe Dich noch nie so geliebt wie in diesem Sommer u. Herbst u. am meisten in diesen trüben Tagen. ... Wirst Du kommen?«[270]

Dennoch: Den Tagen ohne Maria gewann Franz durchaus auch Angenehmes nach Junggesellenart ab. Mit August Macke tauschte er ausgelassen ›Furzbriefe‹ und Gedanken über ›japanische erotische Blätter‹ und verabredete den Besuch Helmuth Mackes in Sindelsdorf für Anfang 1911. Mitte Dezember machte Franz sich auf den Weg nach München, in die Theresienstraße 12, Wohnung von Dr. Paul und Helene Marc. Bei Bruder und Schwägerin würde er die kommenden Feiertage verbringen. Unter seinen Weihnachtsgeschenken, die nach Berlin und Bonn gingen, waren in diesem Jahr eigene Bronzearbeiten: eine wunderschöne Gürtelschließe (Motiv Löwin, von Pfeil durchbohrt) und Schlüssellochbeschläge (Akt mit Schlange oder Panther, ein Pferd schlagend).

Franz reiste seinen Geschenken (für Maria verbunden mit zärtlichen Worten gab es noch ein Buch über Beethoven, eine bemalte Figur aus Böhmen, eine kleine Steinskulptur ...) hinterher nach Berlin, Mitte Januar war er wieder in Sindelsdorf: »Die Eltern haben mich dringend zu dieser Reise eingeladen [und das Reisegeld bezahlt – Anm. d. Verf.], um ihrer Tochter eine Freude zu machen und benahmen sich äußerst freundlich und nett ... «[271], schrieb er erleichtert an Macke, er hatte »Peinlichkeiten« befürchtet. Doch Maria hatte in ihren Kampf die Variante ›Blinddarmreizung‹ eingebracht, eine Liege- und Hungerkur sollte die Operation abwenden. Dann war allgemein von »Unterleibsproblemen« die Rede und vom therapeutischen Einsatz von Salzbädern und Ausspülungen, später von Heißluftbehandlungen. Der erhebliche nervlich bedingte Anteil der Beschwerden konnte mit Franz' Hilfe gemildert werden. Er selbst hatte in Berlin vor allem von dreierlei profitiert: von seinem Besuch bei Koehler, der vor allem vorteilhaft für seine finanzielle Lage war, von seinen Recherchen im Völkerkundemuseum, die ihm Respekt, Bewunderung, ja »Erschütterung« vor den Werken »primitiver Völker« abnötigten, und von den Stunden mit Maria, mit deren Hilfe er ein Erlebnis verarbeitete, das ihm einen »starken Ruck gegeben« hatte: ein Kammermusikabend mit Werken von Arnold Schönberg. »Zwei Quartette, Klavierstücke und Lieder. Es war das einzige Konzert, das ich diesen Winter besuchte, ich roch den Braten und bewog die Vereinigung, mitzukommen ... Das Publikum benahm sich pöbelhaft wie Schulfratzen, niesste und räusperte sich unter Kichern und Stuhlrücken ... Schönberg geht von dem Prinzip aus, daß die Begriffe Konsonanz und Dissonanz überhaupt nicht existieren. Eine sogenannte Dissonanz ist nur eine weiter auseinanderliegende Konsonanz. – Eine Idee, die mich heute beim Malen unaufhörlich beschäftigt und die ich in der Malerei so anwende: Es ist durchaus nicht erforderlich, daß man die Komplementärfarben wie im Prisma nebeneinander auftauchen läßt, sondern man kann sie so weit man will ›auseinanderlegen‹. Die partiellen Dissonanzen, die dadurch entstehen, werden in der Erscheinung des ganzen Bildes wieder aufgehoben, wirken konsonant (harmonisch), sofern sie in ihrer Ausbreitung und Stärkegehalt komplementär sind ... Schönberg scheint, wie die Vereinigung, von der unaufhaltsamen Auflösung der europäischen Kunst- und Harmoniegesetze überzeugt ...« August Macke mußte, natürlich, von diesen Überlegungen erfahren. »Ich hab mit Maria viel über die musikalischen Dinge beraten, zeigte ihr auch Deinen Brief; sie kann sich unter Deinen Analogien von Farben und Tönen nichts denken; sie hat sehr andere Ideen darüber, die sie jetzt in ihrem Klausnerleben etwas ordnen und befestigen will. Sie verfolgte anfangs die Idee, die Tonarten (und deren Mischung) mit den Tönen zu vergleichen, kam aber dabei auch zu keinen *praktischen* Resultaten, auf die es doch ankommt. Sie vergleicht aber viel und sehr glücklich moll und dur mit Bildern, moll – warm und dur – kalt, aber nicht so sehr auf die Farbe anzuwenden, als auf die Haltung eines ganzen Bildes ...« Eine weitere Passage in diesem Brief läßt besonders aufhorchen: »Nach dem Konzert tranken wir mit Kandinsky, Jawlensky, Münter und Werefkin einige Fläschlein im Ratskeller. Werefkin liess sich eine Artischocke servieren. Helmuth, der diese Blüte nicht kannte, frug ganz unschuldig, ob dies ein Lotos sei, – tableau!« [272] Endlich: die Giselisten Jawlensky und Werefkin und die Sindelsdorfer Marc und Macke saßen mit Kandinsky und Münter an einem Tisch im Ratskeller ... bei einigen Fläschlein und einer spektakulären Artischocke. Tableau! Ohne Maria, leider! Sie war ja in Berlin. Franz lernte Wassily Kandinsky und Gabriele Münter in ihrer Abwesenheit kennen.[273]

Jawlensky und Kandinsky, zwei von zweitausend Schwabinger Russen. Beide hatten 1897 den Unterricht im Atelier des legendären Anton Ažbé aufgenommen. Sie hatten in der holzverkleideten ehemaligen kleinen Villa eines russischen Fürsten in der Georgenstraße 16, deren obere, über eine Art Hühnerleiter erreichbare ›Etage‹ Ažbé bewohnte, inmitten seiner Schülerinnen und Schüler die Auftritte des kleinen, rotblonden, spitzbärtigen Mannes erwartet: zwei Wintersemester lang Ažbé im pelzgefütterten knöchellangen schwarzen Mantel mit Pelzkragen und hoher Pelzmütze im überfüllten überheizten Erdgeschoss und zwei Sommersemester lang Ažbé im gelbgrünen Hut und gleichfarbigen leichten Mantel überm grauen Anzug unter Bäumen im Garten oder auf der überdachten Veranda vor dem Haus. ›So nämlich‹ und ›Schmieren's nur fest‹ waren die Standardformeln seiner Korrekturen, denen er durch Gestikulieren mit seiner Zigarre Nachdruck verlieh. Der breite Pinselstrich, der beherzte Umgang mit der unvermischten Farbe, die Plastizität der Darstellung waren seine Lehrziele. »... begabt, klug, streng und über alle Grenzen gütig«, »fragte nicht, ob ein Schüler bezahlen konnte, und wußte auch nie, wer Schulgeld bezahlt hatte und wer nicht. Solange Geld für die Modelle und für Kognak in seiner Nachttischschublade lag, war die Buchführung in Ordnung.«[274] Wassily Kandinsky, dem Schreiber dieser Zeilen, konnte weder die bohemehafte Atmosphäre im Atelier noch der immer mehr durch seine Trunksucht gezeichnete Ažbé[275] so ganz behagen.[276]

Kandinsky, einziger Sohn wohlhabender Eltern, beim Vater (die Eltern hatten sich scheiden lassen) aufgewachsen, in Sprachen (u. a. Deutsch und Französisch) und Musik (Klavier und Cello) geschult, hatte Jura und Volkswirtschaftslehre studiert und nach dem Ersten Staatsexamen mit einer Dissertation über die Gesetzmäßigkeit von Arbeitslöhnen promoviert. Einen Ruf an die Universität Dorpat lehnte er ab. Der Dreißigjährige beschloss mit finanzieller Unterstützung des Vaters den Berufswechsel und die Umsiedlung mit seiner Ehefrau Anna nach München. Im Juni 1897 bezog das Paar, nach einem guten halben Jahr in möblierten Zimmern, eine Wohnung in der Giselastraße 28, ganz in der Nähe Jawlenskys und Werefkins Nr. 23. (Die beiden waren einige Monate früher in München angekommen.) Es ist eine hübsche Geschichte, dass der Anblick von Monets Gemälde *Heuhaufen in der Sonne bei Giverny* ausschlaggebend war für den radikalen Neubeginn. Und Richard Wagners *Lohengrin*. Nach Ažbé wählte Kandinsky 1900 den arrivierten, distanzierten, sachlichen Grandseigneur Franz Stuck zu seinem Lehrer, die ihm adäquatere Persönlichkeit. Doch Stuck lehnte zunächst ab, ihn zu unterrichten. Zuerst ein Jahr Zeichenklasse in der Akademie empfahl er! Zwar nahm Kandinsky diesen Rat nicht an und arbeitete alleine, doch Stuck-Schüler wurde er dennoch. 1901 zählte Kandinsky selbst zu den Gründern der Phalanx, einer Malschule und eines Gremiums, das Ausstellungen initiierte und organisierte; eine Arbeit mit Öffentlichkeitswirkung. 1902 wurde die fünfundzwanzigjährige Gabriele Münter seine Schülerin und bald darauf seine Lebensgefährtin. Sie hatte zuvor, nach Düsseldorfer Studienjahren, in München unter anderem Kopfzeichnen bei Angelo Jank gelernt, dessen Aktklasse in der Damen-Akademie besucht. Ihre Lehrjahre mit Kandinsky verbrachte sie vor allem auf Reisen: 1904 Amsterdam, im Winter 1904/05 Nordafrika, 1905 im Sommer Dresden (vermutlich in diesem Jahr erste Kontakte zu Brücke-Mitgliedern), 1906/07 Paris, 1907 Berlin. Zusammen besuchten sie dort Vorträge des charismatischen Rudolf Steiner, und Kandinsky ließ sich von Max Reinhardts Theater zu einem eigenen Bühnenstück *Der gelbe Klang* inspirieren[277]. Am 1. Oktober 1909 gab Gabriele Münter ihr Zimmer in der Pension *Bellevue* auf, und

künftig lautete beider Wohnsitz Ainmillerstraße 36 (Rückgebäude).[278] Anna Kandinsky war bis dahin zwar unter dieser Adresse
gemeldet, Wassily hatte sich jedoch schon seit 1904 von ihr zu trennen begonnen – halbherzig. Und damit eine komplizierte, beiden
Frauen bewusste Dreiecksbeziehung aufgebaut. Im Juni 1908 hatten
Münter und Kandinsky auf einer Radtour Murnau entdeckt und Werefkin und Jawlensky von einem gemeinsamen Malaufenthalt dort
überzeugen können, denn der 1700 Einwohner zählende Marktflecken hatte vergleichbaren Orten im bayerischen Alpenvorland
zweierlei voraus: die gute Bahnverbindung nach München und das
konsequent durch bewusst eingesetzte Fassadenfarben gestaltete
Ortsbild[279], ein ständiges Fest für Augenmenschen. Im März 1909 war
Kandinsky Vorsitzender der NMKV geworden, im Juni zog das Paar
Münter/Kandinsky erneut aufs Land nach Murnau, und zwar in ein
gemietetes Haus außerhalb des Ortes. Es wurde ihr Haus. Am 21. August 1909 ließ Fräulein Gabriele Münter sich als Eigentümerin der
von den Einheimischen so genannten ›Russenvilla‹ eintragen, für sie
ein Pfund, mit dem sie im Kampf um den Mann Kandinsky künftig zu
wuchern gedachte, für ihn ein bitter nötiges Refugium. Kandinsky
quälte sich seit mehreren Jahren mit einer Farbentheorie, er hatte
Aphorismen vom *Geistigen in der Kunst* verfasst, zwei Verleger fanden
sie stilistisch zu kompliziert für den Druck, für Piper waren sie immerhin der Überarbeitung wert. Kandinsky fühlte sich »ganz einsam«,
»von Spott und Haß umgeben«, von Kollegen, der Presse und dem
Publikum zum »Pfuscher, Betrüger und Wahnsinnigen« gestempelt.
»Der erste, der ihm die Hand reicht, ist Franz Marc.«[280]

»Fabelhafte Menschen. Kandinsky übertrifft alle, auch Jawlensky an
persönlichem Reiz; ich war völlig gefangen von diesem feinen innerlich vornehmen Menschen, und äußerlich patent bis in die Finger-
spitzen. Daß *den* die kleine Münter, die mir *sehr* gefiel, ›glühend‹ liebt,
das kann ich ganz begreifen. Sie wollen mich und Helmuth nun alle
in Sindelsdorf besuchen ... Ach, wie freue ich mich, später mit Dir mit
diesen Menschen zu verkehren, Du wirst Dich sofort wohlfühlen,
auch mit Münter, glaube ich.«[281]

»... ein Kreis von Künstlern und vornehmen Menschen, wie wir ihn
uns besser nicht wünschen könnten.«[282] Konkret bezog sich diese Bemerkung auf Jawlensky, Werefkin und Erbslöh und deren in jeder
Hinsicht erfolgreichen Besuch in Sindelsdorf am 4. Februar 1911. Der
Männerhaushalt Franz Marc/Helmuth Macke hatte sich in Bestform

Wassily Kandinsky bei der Arbeit im Murnauer Garten (1910)

präsentiert: Während Franz die NKVM-Delegation im Schlitten vom Penzberger Bahnhof abholte und zum Essen in den Gasthof Eberl ausführte, legte Helmuth letzte Hand an den Kaffeetisch: »rote Tischdecke mit blauen Tassen und alles ziemlich sauber und aufgeräumt«[283]. Maria, immer noch in Berlin festsitzend, sollte alles genau wissen, angefangen von der Würdigung der Zigarren, die sie vorausschauend für einen solchen Anlass geschickt hatte, bis hin zu der Begeisterung für die Bilder, die auf dem eiskalten Speicher zu besichtigen waren. Auch ihre Werke waren begutachtet worden: talentiert, interessant, aber leider nicht völlig mit rein künstlerischen Mitteln gemacht, zu sehr von Gegenständen, zu wenig von Farben, Flecken, festen Formen und Linien hergeleitet ... Die Malerin, die sich gerade bemühte, von »Schwächen« und »Nervosität« loszukommen, warf das, obwohl sie das Urteil als »lehrreich« bezeichnete und »mächtige« Freude aufs Weiterarbeiten signalisierte, zurück. Die nette Karte, die Erbslöh an jenem Februarartag die Runde machen ließ, um unter seiner die Unterschriften von »Marianne v. Werefkin«, »A. v. Jawlensky«, »Helmuth Macke, der sich nach besten Kräften bestrebt hat, Ihre Hausfrauenehre hoch zu halten« und »herzlich Fz. Marc« zu versammeln,[284] änderte daran nichts.

Die Werefkin, Jawlensky und Erbslöh sorgten umgehend für die Beförderung Marcs zum dritten Vorsitzenden der NKVM – eine für ihn offenbar extra geschaffene Position. Er versuchte, ihr vor allem durchs Suchen und Finden von Sponsoren gerecht zu werden. Seine Bekanntschaft mit Koehler war in dieser Hinsicht Kapital, das er einbringen konnte, und auch ein ganz alter Bekannter würde ihm bald in den Sinn kommen: Friedrich Lauer hatte zwischenzeitlich von seiner Mutter 24 Millionen geerbt, jener Lauer, mit dem er einst seine Frankreichreise gemacht und den nun Anette Simon »ganz stark in der Hand«[285] hatte. Eine zweifache Möglichkeit des Zugriffs auf Mann und Geld!

Am 10. Januar erst hatte Kandinsky sein Amt als erster Vorsitzender niedergelegt: wegen prinzipieller Verschiedenheit seiner Grundansichten von denen der Mehrzahl der Mitglieder. Am 10. Februar pilgerte Marc ins nahe Murnau zu Münter und Kandinsky. Wieder war er überwältigt von dessen »starken, reinen, feurigen Farben«[286]. Marias Brief, in dem sie auf seinen Vergleich Schönbergscher Musik mit Malerei, von Tönen mit Farben einging und seiner Auslegung vom Aufheben partieller Dissonanzen in der Gesamtschau widersprach, ja Schönbergs Klänge als nicht auseinanderdividierbar, sondern als ein trübes Gemisch bezeichnete, steckte noch in seiner Tasche. Er sprach darüber und stellte überrascht fest, dass Kandinsky ganz ihrer Meinung war. »Sehen Sie, ich komme noch nicht ohne die ›schönen, reinen‹ Farben aus; ich male noch, gegen meinen Willen, in alten Farbharmonien, um die es mir doch nicht im geringsten zu tun ist. Schönberg hat diesen großen Schritt über mich hinaus gemacht. Ich möchte absolut schmutzig malen, dann erst werden meine Gedanken ganz das ausdrücken, was sie sollen.«[287] Für Franz Marc stand jedenfalls fest: »... ein Klavier müssen wir haben.«

Woher es kommen sollte? Natürlich von Marias Eltern. Als Geschenk zur Hochzeit. War eine bayerische nicht möglich, wurde eine englische ins Auge gefasst. Maria besorgte vorsichtshalber in Berlin die dafür nötigen Papiere. Doch zunächst bestand noch einmal die Chance für einen Dispens und damit für die Zustimmung der Eltern Franck zur Reise der Tochter zurück in das ›g'schlamperte Verhältnis‹: am 4. April um halb elf sollte sie mit Franz nach München zum Amtgericht Mariahilfplatz kommen. Die Reise wurde der fast Fünfunddreißigjährigen genehmigt, der Dispens jedoch erneut abschlägig beschieden. Irgendwelche Strategien, die sich Franz und Maria zurechtgelegt, wie das Abstreiten eines normalen Ehelebens mit Marie und des Ehebruchs mit Maria und wenn man damit nicht durchkäme, das Angebot an Marie, sie zu schonen als Gegenleistung für ihre Aussage und wenn man damit nicht durchkäme, zuzugeben, dass sie schon vor der Schnür-Heirat ein intimes Verhältnis hatten und er die Schnür nur wegen der finanziellen Absicherung (sie hatte immerhin ein regelmäßiges Einkommen) geheiratet hätte und wenn man damit nicht durchkäme, als Motiv für den Ehebruch sein Unglücklichsein anzugeben, hatten nichts genutzt. [288]

Also England. London!

»Verehrte Freundin, wir nahen uns heute hilfesuchend, – was denken Sie wohl, was wir brauchen? Irgend einen deutsch oder französisch parlierenden Menschen in – London, der uns dort in Wohnungsfragen und bei Verhandlungen vor dem Standesamte(!) etwas helfen könnte. Erlassen Sie uns im Moment die lange Erklärung, warum wir partout in London heiraten; wir kommen auf der Rückreise über Bonn zurück, dann plaudern wir einiges aus der Schule des Lebens.«[289]

Der Brief an Elisabeth Macke erbrachte den Kontakt zur Cousine Augusts, Helena, und die Adresse des Railway Hotels: 1, Station Road im Londoner Vorort Anerly, wo die Heiratswilligen »campierten«. Die Plaudereien aus der Schule des Lebens hat Maria Marc in einer autobiografischen Skizze festgehalten: »... bei einem ersten Besuche auf dem Standesamt wurde uns versprochen einen Bescheid zukommen zu lassen, wenn die Verheiratung stattfinden konnte. Statt dieses Bescheids erhielten wir eine Absage und erfuhren, [unleserlich] damals von seiten Deutschlands [unleserlich] war, die Ehen nicht mehr zu schliessen. Franz Marc's Geduld war nun zu Ende – ohne mir etwas zu sagen ging er aufs nächste Postamt und verschickte nach allen Seiten Telegramme unserer glücklichen Verheiratung und ließ daraufhin die Vermählungsanzeigen in Deutschland verschicken. [Die dort schon fix und fertig gedruckt vorlagen! Franz Marc hatte seinem Bruder am 1. 6. 1911 aus London den Text vorgegeben: Franz Marc/ Marie Marc/ geb. Franck/ Vermählte/ München/ Sindelsdorf/ Juni 1911. Am 13. 7. 1911 startete er die Versendung: »Nun laß bitte die Karten los.«[290] – Anm. d. Verf.] Was wir damit taten, war uns unklar – darüber belehrte uns dann nach unserer Rückkehr unser Anwalt in München[291], der uns klar machte, wie gefährlich solch eine Sache sei. Er versprach uns aber sofort Schritte zu tun, um die Heirat in Deutschland zu erwirken. Da er Verbindungen hatte, ist es uns [unleserlich] gelungen, den Dispens zu erhalten und wir konnten dann endlich richtig verheiratet leben. So war die ewig lange Warterei vorbei. – Wenn sich auch dadurch nichts an unserem Zusammenleben änderte, so war es doch eine Beruhigung und unser Leben war nun nach allen Richtungen gesichert. Das war doch auch vor allem für mich notwendig geworden, denn ich habe oftmals schwer unter diesen Unklarheiten gelitten.«[292] Es sollte noch fast zwei Jahre dauern, bis das, was zeitweise einer Boulevardkomödie mit hohem Gefühlsaufwand und in jeder Szene wechselnden Konstellationen der Mitwirkenden Maria Franck, Franz Marc, Anette Simon, Marie Schnür, Angelo Jank, August Gallinger stark ähnelte, zum schlichten Ende geführt werden konnte.

Bonn 1911: das ›Ehepaar‹ Marc nahm die Gratulationen des Ehepaars Macke entgegen. Auch Helene Franck schrieb dorthin an ihre Tochter »Maria Marc«: »Endlich seid ihr am Ziel Eurer Wünsche angelangt und für's Leben vereint.«[293] Nach Besuchen der Kunstfreunde in Köln, des Folkwang-Museums in Hagen und einer Marc-Ausstellung im Barmer Kunstverein, vielem Reden und Malen fuhren Maria und Franz mit dem Schiff den Rhein hinauf nach Mainz und dann weiter nach Frankfurt, wo sie Georg Swarzensky, den Direktor des Städelschen Kunstinstituts, und den Kunsthändler Ludwig Schames besuchten. Dann wieder in die kleine Künstlerkolonie Sindelsdorf: neben Marc mit Franck (im Obergeschoß des Schreinerhauses Niggl), Niestlé mit Legros (1910 im Obergeschoß des Bäckerhauses Lautenbacher), Helmuth Macke, und ab Oktober mit ihm in einer Dreizimmerwohnung Heinrich Campendonk, was zu ständigen Sticheleien und

110

Reibereien führte. »Unglaublich, was der für einen Mist zusammenbaut. Er könnte fast Schollemitglied werden.« Und: »... er störte mich in meiner Arbeit durch Faulenzen und überflüssiges Reden.« Maria fand etwas mehr Gnade vor den strengen Augen Heinrich Campendonks: »Frau Marc [sic!] ist zwar dick, aber doch Künstlerin.« Der mäkelige Rheinländer würde ab April 1912 eine neue Zielscheibe für seine spitzen Bemerkungen haben: seine Freundin Adda Deichmann, auch sie malte, kam nach Sindelsdorf. Da hatte Helmuth Macke längst das Handtuch geworfen und (Ende Januar 1912) den Ort verlassen.[294] Die Kontakte zu Malern wie Jawlensky, Kandinsky und nicht zuletzt natürlich Marc hatten ihn eher gelähmt als weitergebracht: »Wir haben sehr viel Besuch von München und der äußeren und inneren Anregung viel zuviel.«[295] Der Zwanzigjährige hatte sich zunächst wohlgefühlt bei den Marcs, er war stolz gewesen, dass sein Reibekuchenrezept so großen Anklang gefunden hatte und deren Idee, einen Schinken an langer Kette von der Decke baumeln zu lassen, von dem jeder sich abschneiden durfte, hatte ihn begeistern können.[296]

Ahnte sein Cousin, dass sich in der Sindelsdorfer Gemeinschaft Synergieeffekte in Sachen Kunst nicht zwangsläufig ergaben? August

Maria Franck, Franz Marc (mit Russi) und Helmuth Macke in Sindelsdorf

Macke hatte erwogen, sich dorthin eine Weile von den Anforderungen der Düsseldorf/Köln/Bonner Kunstszene zurückzuziehen, den Plan aber dann fallen gelassen.[297] Obwohl eine neue Süddeutschland-Informantin aufgetaucht war! »Anfang August kam, mit viel Geschrei und Reklame durch ihren Bruder angekündigt, Fräulein Münter nach Bonn, eine kleine, schmächtige, äußerlich unscheinbare Person, die sehr temperamentvoll und begeistert von der Vereinigung ... erzählte ... Sie war des öfteren bei uns, und August war sehr angetan, ja begeistert von ihr; sie nicht minder von ihm.«[298] Da blitzte Eifersucht auf. *Das* unscheinbare vierunddreißigjährige Fräulein Münter schien der attraktiven Frau Macke, dreiundzwanzig, als Malerkollegin ihres Mannes diesen Gefühlsaufwand wert zu sein. Fräulein Münter hingegen, es musste auf eine inzwischen acht Jahre zurückliegende ›Kallmünzer Verlobung‹[299] zurückblicken (und würde auch nach der im Herbst 1911 rechtskräftigen Scheidung Kandinskys nicht dessen Ehefrau werden), verglich sich mit Frau Marc, kein Jahr älter als sie selbst, aber verheiratet ... Und Maria? Sie wusste, wie verheiratet sie wirklich war – und dass sie sich künstlerisch mit Gabriele Münter nicht messen konnte, war ihr mittlerweile auch klar geworden. Mit welchen Empfindungen mag sie wohl im August den Hochzeitsgratulationsbrief des Fräulein von Werefkin gelesen haben, *das* mit dem Geliebten (zu dessen Gunsten es seine Karriere als Malerin unterbrochen hatte) und mit dessen Geliebter/ihrer Haushälterin und beider Kind in einer Wohnung lebte.

Doch während es den Frauen meist gelang, ihre Gefühle als persönliche Probleme zu sehen und unter Kontrolle zu halten, hatten die Männer bald das Schlachtfeld abgesteckt und als sach-, will sagen kunstbezogen definiert: Es ging um die ›Vereinigung‹. Im April hatten sich die Mitglieder der NKVM gerade noch darauf einigen können, Protest gegen Carl Vinnen anzumelden, der sich aus seiner Worpsweder Malerbeschaulichkeit heraus gegen die Präsenz ausländischer, französischer Kunst vor allem, in Deutschland im Allgemeinen und die Ankaufspolitik deutscher Museen im Besonderen wandte. Auslöser war der Ankauf von van Goghs *Mohnfeld* durch die Bremer Kunsthalle gewesen. Wortführer des Protests: Franz Marc. Doch oberhalb des sehr niedrigen Vinnen-Niveaus waren die Unterschiede im Kunstverständnis groß. Schon im August ahnte Marc den Ausgang. Er hoffte, August Macke für die Vereinigung zu gewinnen und versuchte es mit einem Brief, der nichts weniger als motivierend war: »Ich sehe mit Kandinsky klar voraus, daß die nächste Jury (im

Spätherbst) eine schauderhafte Auseinandersetzung geben wird und jetzt oder das nächstemal dann eine Spaltung respektive Austritt der einen oder anderen Partei ...«[300] »Die Würfel sind gefallen«, der Bruder Paul Marc sollte es aus erster Hand erfahren, »Kandinsky und ich sind nach wirklich schauderhaften und aufregenden Szenen aus dem Verein ausgetreten ... Nun heißt's zu zweit weiterkämpfen! Die ›Redaktion des Blauen Reiters‹ wird jetzt der Ausgangspunkt von neuen Ausstellungen.«[301]

Doch bevor der Blaue Reiter richtig zum Thema werden konnte, musste die NMKV sozusagen erledigt werden. »Du sollst einer der ersten sein, der die Veruneinigung der Vereinigung erfährt«, Maria Franck schrieb August Macke am 3. Dezember 1911, einen Tag nach dem Eklat sozusagen als Franz' Sprachrohr, sie selbst war nicht dabei: »Ich will versuchen, Dir so kurz wie möglich den ›Gang der Handlung‹ dieser Tragikomödie zu schildern ... Donnerstag war Vorbesichtigung der Bilder für die Dezember-Ausstellung [die dritte NKVM-Ausstellung]. Freitag Jury.[302]

Donnerstag entspann sich ein anscheinend harmloser Streit über den Sinn der Jury; auf einer Seite Jawlensky, Werefkin, Franz (Kandinsky war nicht dabei) gegen Erbslöh, Kanoldt, Wittenstein etc., die nicht verstehen konnten, daß es sich bei der Jury nicht darum handeln kann, Bilder zu korrigieren, oder gar dem Künstler durch Ablehnung oder Annahme den Weg, den er gehen soll, vorzuschreiben, vielmehr höchstens, sich gegen ein Mitglied zu wenden, dessen Kunst aufhört, ernste ehrliche Wege zu gehen (Kitsch), eventuell noch Rücksichten auf Raummangel der jeweiligen Ausstellungen in Frage kommen könnten. Mittags erklärte Erbslöh den plötzlichen Austritt der Baronin (Werefkin) aus der Vereinigung mit der Begründung, daß es ihr unmöglich sei, einem Verein anzugehören und sich wohl und frei darin zu fühlen, in dem ihre klaren selbstverständlichen Tendenzen nicht verstanden würden – im Gegenteil so borniete Ansichten herrschten, die nie begreifen, um was es sich in der Kunst handelt. Erbslöh schien sich dabei beruhigen zu wollen und über den Fall zur Tagesordnung übergehen zu wollen, wogegen Franz und Kandinsky protestierten und sofort zur Baronin gingen und ihr erklärten, daß auch sie sofort austreten würden, wenn sie nicht bleibe und dann auch Jawlensky folgen müßte. Um das zu verhindern (weil es die Auflösung des Vereins bedeutet hätte), faßte sie den Beschluß, einzutreten mit der Bedingung vollständiger Juryfreiheit sämtlicher Werke. Dieser Bedingung entgegen trat sie aber wieder ein. – doch für Franz und Kandinsky ein völlig unbegreiflicher Schritt: Der Antrag der Juryfreiheit fiel infolgedessen und die Jury begann. ... Das war Samstag. An diesem Morgen erhielt Kandinsky einen Brief von ihr mit der Bitte, ›sich über nichts zu wundern – und *alles*, was sich ereignen würde, *stillschweigend* hinzunehmen und volles Vertrauen zu ihr zu haben.‹ – Du kannst Dir die Spannung denken, es war ja das reine Theater. Aber nun kommt der tolle und aufregende Teil. – Die maßlos erregten Sitzungen Freitag früh – Freitag nachmittag waren schon vergangen und nun kamen Samstag früh – Samstag nachmittag.

Erinnere Dich aber erst mal nebenbei der Frage, die Franz an dem Sonntag, an dem wir alle bei Jawlensky waren, an die Baronin richtete, was eigentlich der Paragraph in den Statuten bedeuten soll, der sich um die vier Quadratmeter für juryfreie Bilder kümmert. Die Baronin erklärte, er sei aufgestellt, ganz im Anfang – von *Kandinsky* –, der sich gegen zu viel und zu große Bilder des früheren Mitgliedes Palmié wehren wollte. Aber es hätte niemals jemand darauf Bezug genommen. Franz könne also unbesorgt sein – jeder habe *zwei juryfreie* Werke.

Nun Samstag früh – Jury: alphabetisch Bechtejeff – Erbslöh etc. alles angenommen – *Kandinsky*: er wollte juryfrei das große wunderbare neue Bild *Das jüngste Gericht*! Die Frage taucht auf: wie groß?? Über 4 Quadratmeter!!! Ist gegen die von Kandinsky selbst aufgestellten Statuten, fällt infolgedessen *unter die Jury* – das Bild muß geholt werden – wird juriert und ...... fällt *durch*. Großes Schweigen – dann steht Franz auf und erklärt – er tritt aus, weil er eine Majorität, welche einen solchen Urteilsfehler begeht, für *nicht kompetent* hält etc. etc. etc., worauf er heftig von der Baronin auf seinen Sitz zurückgezogen wird, die sagt: ›Nicht so schnell, Marc, erst hat Kandinsky das Recht, die Frage zu stellen, ‚warum' man das Bild ablehnt.‹ Kandinsky wird gerufen und erklärt sich dazu bereit. Peinliches Schweigen – dann stottert Erbslöh leichenblaß, es könne auch nach dem Alphabet gehen. (Bitte stelle Dir das plastisch vor, jetzt mußte jeder, der abgelehnt hat, die Hand aufheben), also Bechtejeff ist der erste. Der steht grün in einer Ecke und brummt endlich: ›Ich verstöße es nicht‹, worauf die Baronin antwortet: ›Das ist kein Grund, ein Bild abzulehnen‹, und dann hält sie eine wirklich wunderbare geistvolle Rede, die schließt mit einem emphatischen Händedruck mit Kandinsky, dem sie gratuliert zu einem solchen wundervollen Werk. Franz war hingerissen (ihm hing ja schon das Maul schief vom Reden), die anderen waren alle furchtbar aufgeregt. Es wurde weiter examiniert – Erbslöh hielt es in gewundener Rede für Kunstgewerbe – Kanoldt fauchte wütend, nachdem er von Marc für inkompetent erklärt wäre, hätte er keine Veranlassung, sich zu äußern; die Doktoren Wittenstein, Schnabel etc. wurden nicht gefragt, weil Kandinsky gesagt hatte, daß ihn nur die Urteile der Maler interessierten, diejenigen der Doktoren wären ihm gleichgültig. Stell Dir das mal alles vor. – Es gab noch die verschiedensten Zwischenszenen. Dr. Schnabel sprang der Baronin beinah in's Gesicht und schrie und brüllte sie an, bis ihn die Drohung einer Ohrfeige von Kandinsky in den Hintergrund drängte – vielleicht waren es auch die bereits aufgestreiften Ärmel von Franz. Erbslöh suchte und fand ein erlösendes Wort, indem er eine Nachjury in acht Tagen vorschlug; er versprach ›jeden Tag hinaufzugehen und das Bild zu prüfen, um sich klar zu werden‹. Dr. Schnabel erklärte ›nein‹, von der Möglichkeit einer Nachjury stände nichts in den Statuten, und Franz sagte, das hätte ja alles keinen Sinn, bei der bestehenden Kluft zwischen den Parteien würde nach acht Tagen auch nichts erzielt. Er beantragte eine außerordentliche Generalversammlung zur Änderung der Statuten, also *biegen* oder *brechen*. Diese tagte Samstag nachmittag. -

Die Anträge Kandinsky, Franz, Münter, Jawlensky, Werefkin wurden natürlich überstimmt. Franz wollte noch einmal einlenken und fragte ruhig Erbslöh, wie es sich mit der Komposition der vorigen Ausstellung verhalten hatte – er hätte das Bild anfangs abgelehnt und später sehr bewundert. Erbslöh antwortete: ›Ich habe eben meine Meinung in dem Jahr wieder geändert‹. (Nebenbei gesagt war das Bild im vorigen Jahr nur fünf cm kleiner).

Franz stellte nun den Antrag: ›Diesmal *alle Bilder juryfrei*‹, mit der Bemerkung im Katalog, daß der Versuch der Juryfreiheit gemacht sei etc. – er wurde überstimmt.

Franz stellte den Antrag – alles bleibt beim alten bis auf die *nie* beachtete Bemerkung der vier Quadratmeter, die gestrichen werden sollte. Erbslöh gab zu, daß noch nie ein Mensch diese vier Quadratmeter beachtet hätte – bei der Abstimmung stimmte er trotzdem gegen den Antrag, der nun auch durchfiel.

Daraufhin erklärten Kandinsky, Münter, Franz ihren Austritt und gingen fort. Die Gegenpartei hatte ihren Willen, aber die Baronin sagte, als die drei fort waren: ›So, meine Herren, jetzt verlieren wir die beiden würdigsten Mitglieder, dazu ein wundervolles Bild, und wir selbst werden bald Schlafmützen auf dem Kopf haben.‹ Daß Jawlensky und die Baronin nicht mit austraten, hat persönliche, menschlich vollauf begreifliche Gründe, die wir respektieren. Sie haben sich vollkommen solidarisch mit unseren Ansichten erklärt und die Baronin, die noch abends zu Kandinsky kam, ließ keinen Zweifel darüber, daß sie die Zukunft der Vereinigung für völlig verloren hält.

Es waren schrecklich aufregende Tage – denk mal *wie* deutsch da geredet wurde. Kandinsky tat mir so leid; in solch einem Augenblick wird einem der Wert des Menschen so voll bewußt und man vergißt alle, alle kleinlichen Ärger und Meinungsverschiedenheiten endgültig. Er hat die Vereinigung gemacht; er hat die anderen – im Vertrauen auf Jawlensky – dazu genommen und nun benehmen sich diese jungen Kerle ... derartig *gemein.* Vor einem Bilde, das wohl das merkwürdigste ist, was je gemalt wurde und das jeden Menschen, der künstlerisch fühlt, packen und ergreifen *muß.* Es ist das schönste Bild, das Kandinsky geschaffen hat. Aber das weißt Du ja alles selbst!

Nun werden Ausstellungen von der Redaktion des Blauen Reiters gemacht; Du hörst bald näheres – halte Dich bereit.«[303]

Nun also der Blaue Reiter. Die Wege, die er nehmen sollte, waren längst abgesteckt. Der Vorwurf, die Vereinigung sei verdächtig leicht, verdächtig schnell aufgegeben worden (sie starb leise etwa ein Jahr später am Profilverlust und dem Austritt weiterer Mitglieder[304]), lag in der Luft, der *Blauer-Reiter-Almanach* war längst beschlossene Sache: Am 19. Juni 1911 begann Wassily Kandinsky einen Brief an den ›Hochzeits‹reisenden Franz Marc mit Freude-, Genuss- und Nutzenswünschen, empfahl den Besuch des in Bonn lebenden Münter-Bruders Carl, freute sich über die gelungene Intervention in Sachen Vinnen, krittelte am Vereinslokal der NKVM herum (zu viele weiße Zettel zwischen den Bildern, überhaupt zuviel an den Wänden, und dann das weiße Tischtuch! – alles in allem »direkt *ungesund*«) und kam endlich zur Sache: »Nun! Ich habe einen neuen Plan. Piper muß Verlag besorgen und wir beide `.... die Redakteure sein. Eine Art Almanach (Jahres=) mit Reproduktionen und Artikeln (und *Chronik*!! d. h. Berichte über Ausstellungen = Kritik auch von *Künstlern* geschrieben.) nur von Künstlern stammend. In dem Buch muß sich das ganze Jahr spiegeln, und eine Kette zur Vergangenheit und ein Strahl in die Zukunft müßten in diesem Spiegel das volle Leben geben. Bezahlt werden die Autoren eventuell nicht ... Allmählich kriegen wir Litteraten [sic!] und Musiker. Das Buch kann ›Die Kette‹ heißen oder auch anders.«[305] Es wurde, welch ein Geniestreich, welch glückliche Verquickung von Produktphilosophie und Prägnanz, eine andere Bezeichnung gefunden, eine, die bis heute nichts an Faszination eingebüßt hat: »Den Namen ›Der Blaue Reiter‹ erfanden wir am Kaffeetisch in der Gartenlaube in Sindelsdorf; beide liebten wir Blau,

Marc – Pferde, ich – Reiter. So kam der Name von selbst.«[306] Kandinsky, der ein Jahr zuvor sein erstes abstraktes Aquarell gemalt hatte, suchte verzweifelt und umsichtig zugleich nach Verbündeten für Sonderwege in der Kunst. Zielsicher hatte er Franz Marc als geeigneten Mitstreiter erkannt. Und paßte vorzüglich in dessen altes Verhaltensmuster: Nutznießer eines Mentors! Es folgten ›Redaktionssitzungen‹ in Sindelsdorf und Murnau, aufgelockert durch gemeinsame Glasbilderfabrikation[307], dem Interesse dieser Avantgarde an lokaler Volkskunst entsprechend, das sich wenig später im Almanach des Blauen Reiters niederschlagen sollte. »wir kommen heute gegen abend zu fuß«, telegrafierte »mark« [sic!] am 13. September von Sindelsdorf nach Murnau. Maria war, wie die Münter auch, selbstverständlich dabei. Doch eine Gruppe war und wurde der Blaue Reiter nie, »wie es oft irrtümlich geschrieben wird«, stellte Kandinsky 1935 rückblickend klar. »Marc und ich nahmen das, was uns richtig erschien, was wir frei wählten ohne sich um irgendwelche Meinungen und Wünsche zu kümmern. So beschlossen wir, unseren ›Blauen Reiter‹ auf eine ›diktatorische‹ Art zu leiten. Die ›Diktatoren‹ waren selbstverständlich Franz Marc und ich.«[308] Die Gegenüberstellung von »Künstler«kunst, Volkskunst, Kinderkunst, von bildender Kunst, Musik, Theater schwebte den Redakteuren vor, von »Paris bis Moskau und von Berlin bis Mailand sollte sich der Bogen spannen«[309]. Im September gab es konkrete Vorstellungen über die Themen im Inhaltsverzeichnis, Briefe waren verschickt worden, um Beiträger zu gewinnen. Kandinsky arbeitete am Holzschnitt fürs Titelblatt. Im November hatte Marc einen Textbeitrag unter dem Titel *Die ›Wilden‹ Deutschlands* fertig, in dem er u. a. die Programmorientierung der NKVM, ihre Suche nach ›Synthese‹ den Intentionen der Dresdner Brücke und der Berliner Neuen Sezession gegenüberstellte. Noch vor Erscheinen des Almanachs sollte eine erste Ausstellung stattfinden, seit Anfang November(!) waren drei Räume in der Galerie Thannhauser dafür gesichert. Präsentiert wurden ab 16. November Werke von Henri Rousseau, Albert Bloch, David und Wladimir Burljuk, Heinrich Campendonk, Robert Delaunay, Elisabeth Epstein, Eugen von Kahler, Wassily Kandinsky, August Macke, Franz Marc, Gabriele Münter, Jean-Bloé Niestlé und Arnold Schönberg. Man hatte also in fieberhafter Eile vor allem auf Werke (noch) befreundeter Künstler zurückgegriffen. (Beispielsweise auf Bilder des seit 1909 in München lebenden aus Böhmen stammenden amerikanischen Malers Albert Bloch. Ihn hätte Kandinsky in der NKVM-Ausstellung gern dabeigehabt, doch er war als Nichtmitglied abgelehnt worden.) Denn: Gleichzeitig fand im Oberlichtsaal der Galerie Thannhauser die 3. Ausstellung der NKVM statt, unter Beteiligung von Erma Bossi, Wladimir von Bechtejeff, Adolf Erbslöh, Pierre Girieud, Alexej von Jawlensky, Alexander Kanoldt, Moyssey Kogan und Marianne von Werefkin! Als am 1. Januar 1912 die »Erste Ausstellung der Redaktion des Blauen Reiters« schloss, waren die Initiatoren hoch zufrieden: Sehr gut standen sie da im Vergleich zur NKVM, selbst Erbslöh fand lobende Worte. Außerdem waren in drei Tagen sechs Bilder verkauft worden!

Im vergangenen Jahr 1911 hatten sich für Maria Franck und Franz Marc die Tendenzen von 1910 fortgesetzt. Die Hindernisse für ihre Eheschließung hatten sie noch immer nicht beseitigen können, der Versuch einer englischen Heirat war kläglich gescheitert. Doch die Bindung zwischen den beiden war stabiler geworden. Dabei gab es sicher eine positive Wechselwirkung zur künstlerischen Entwicklung von Franz, die ihn zunehmend sicherer und ruhiger machte, je weiter er auf dem Weg zum eigenständigen Ausdruck fortschritt: Nach Überwindung der allzu gefälligen Formen hatte er zum spektakulären Einsatz der Farbe gefunden. Nach Versuchen, die reine Farbe pointillistisch auf die Leinwand zu bringen und so einen noch annähernd naturalistischen Eindruck zu erzielen, hatte er sich für die vollständige Hinwendung zur »Wesensfarbe« entschieden. Er hatte den Umgang mit dem Cloisonnismus, dem Einschließen der Farbflächen durch Begrenzungslinien, gelernt. Er hatte, dem Zeitgeist entsprechend, die ›Synthese‹ versucht, das »Umformen der Erscheinungen der realen Welt in das Bild unter Einbezug auch der Eindrücke der ›inneren Welt‹ des Künstlers«[310]. Er hatte sich abgemüht, seiner Vision von Einfühlung in das Wesen der Tiere möglichst nahe zu kommen. Er hatte Skulpturen geschaffen und Bilder. Er hatte Rehe im Schnee, Hunde im Schnee, Affen, Füchse und immer wieder Pferde gemalt: rote und blaue. Er hatte versucht, sie vor der Natur zu malen, auf ganz großer Leinwand. Niggl, Schreiner und Vermieter der Sindelsdorfer Wohnung, hatte ihm ein Gehäuse verfertigt, in das er das Bild in Arbeit auf der Weide einschließen und so den Hin- und Hertransport sparen konnte. Er hatte mehrere Fassungen mehrerer Bilder zerschnitten, hatte Leinwandfragmente nur noch zur Abdichtung des Speicherdachs, unter dem er sein Atelier hatte, wert befunden.[311] Er hatte lithografiert und Skulpturen geschaffen. Er hatte Ausstellungen gehabt, beispielsweise in München und Barmen. Er war vom 3. Vorsitzenden der NKVM zum Koredakteur des Blauen Reiters aufgestiegen. Er hatte begonnen, Aufsätze und Artikel zu publizieren, mit denen er sich in die Kunstdiskussion einschaltete. Und nicht zuletzt: Er konnte seine Bilder verkaufen. Für die *Badenden Frauen* bekam er 1911 beispielsweise 500, für die *Weidenden Pferde* 200 Mark.

Und Maria? Sie hatte die Genugtuung, dass ihr Können als Pianistin und ihre Kennerschaft in Musik und Malerei gefragt waren. Und sonst? Es gab interessante Kontakte, interessante Entwicklungen für sie. Aus zweiter Hand. Frau musste sich bescheiden. Es hatte Kämpfe gekostet. Längst nicht alle waren ausgestanden: Ihre Kinderlosigkeit belastete Maria sehr, auf alle möglichen Therapieversuche hatte sie sich eingelassen – im Gegensatz zu Franz, der sich offenbar als nicht behandlungsbedürftig empfand. Nun schickte Lisbeth Macke die »besten Wünsche ins neue Jahr hinüber, besonders innige für Maria, daß sie unterm nächsten Weihnachtsbaum ein Christkindchen in Windeln gewickelt liegen hat.«[312] Doch Marias Antwort – aus Berlin, wo sie mit Franz die Feiertage bei ihren Eltern verbrachte, kinderlos und uneingeschränkt bewegungsfähig – hatte es in sich: »Wir[!] besuchen am Dienstag Pechstein.«[313]

Franz Marc, der Kunstmanager, suchte Kontakte zur Brücke. Während der Arbeit an seinem Beitrag für den Almanach hatte er sich ja schon mit der Gruppe beschäftigt. Sie war am 7. Juni 1905 von vier Architekturstudenten der Dresdner Technischen Hochschule mit fundierter zeichnerischer Ausbildung – Ernst Ludwig Kirchner, Fritz Bleyl, Erich Heckel und Karl Schmidt (der sich dann Schmidt-Rottluff nannte) – gegründet worden. Das selbstbewusste Programm der allesamt Anfang der achtziger Jahre Geborenen war ein Fanal gegen die bürgerliche Gesinnung, wie sie der wilhelminische Obrigkeitsstaat favorisierte: »Mit dem Glauben an die Entwicklung, an eine neue Generation der Schaffenden wie der Genießenden rufen wir alle Jugend zusammen, und als Jugend, die die Zukunft trägt, wollen wir uns Arm- und Lebensfreiheit verschaffen gegenüber den wohlangesessenen älteren Kräften. Jeder gehört zu uns, der unmittelbar und unverfälscht das wiedergibt, was ihn zum Schaffen drängt.« Auch die Brücke-Maler hatten ihren Nietzsche gelesen, japanische Holzschnitte und Jugendstilgrafik, die Plastiken afrikanischer und ozeanischer Künstler sowie die französischen Nachimpressionisten studiert. Van Gogh war ihr Gott. Die ›Wilden‹ Dresdens malten erst in Wohnungen (z. B. die legendären ›Viertelstundenakte‹[314]), dann in Ateliers. Später gingen sie hinaus und malten vor der Natur: »Wir Malersleute [zogen] frühmorgens mit unseren Geräten schwer bepackt los, hinter uns die Modelle mit Taschen voller Fressalien und Getränke. Wir lebten in absoluter Harmonie, arbeiteten und badeten. Fehlte als Gegenpol ein männliches Modell, so sprang einer von uns dreien in die Bresche ... Bei jedem von uns entstanden viele Skizzen, Zeichnungen und Bilder. Nur einmal erschraken wir höllisch, und zwar verdankten wir das dem Ortsgendarm. Ohne daß wir es ahnten, war er uns nachgeschlichen. Er fragte uns, was wir hier trieben. Nun, wir waren platt. Schnell huschten die beiden Mädchen in ihre Bademäntel, und wir standen vor ihm, nach seiner Meinung ertappt bei gröblicher Versündigung gegen die Sittlichkeit. Es nutzte nichts, ihm klarmachen zu wollen, daß das Aktmalen unsere berufsmäßig ausgeübte Arbeit sei und daß nicht nur wir, sondern auch die Malklassen der Königlich Sächsischen Akademie nackte Menschen in Gottes freier Natur zum Studium benötigten.«[315] Pechstein, Heckel und Kirchner an den Moritzburger Teichen! Und in den Ateliers! Ein Besucher beispielsweise Kirchners hätte sich leicht in einer geheimnisvollen Höhle wähnen können, mit exotisch bemalten Textilien ausgeschlagen und von Gegenständen angefüllt, die Schale, Hocker, Stuhl oder auch Skulptur sein konnten. Zahlreiche erotische Darstellungen hätte er entdecken und die Bekanntschaft der schwarzen Artisten des Zirkus Schumann machen können, die hier dem Maler Modell standen.

Ernst Ludwig Kirchner mit Erna Schilling in seinem Berliner Atelier
(um 1912)

Die Brücke-Gruppe war fleißig. Sie organisierte und beschickte Wanderausstellungen, warb aktive Mitglieder (z. B. im zweiten Jahr Emil Nolde, Cuno Amiet und Max Pechstein, später Otto Mueller; Feininger, Munch und Matisse lehnten ab, Nolde und Bleyl traten 1907 wieder aus) und passive (das heißt die »Genießenden« für vorerst 12 Mark Beitrag p. a.), gab Jahresmappen heraus. 1910 war die Gruppe in Berlin der Neuen Sezession beigetreten,[316] einer Gründung der Künstler, deren Werke die erst gut zehn Jahre alte Berliner Sezession nicht ausstellen wollte. Auch in der Hauptstadt prallten also die Kunstfronten hart aufeinander. Das musste den Bayern Franz Marc interessieren, er nutzte seine Aufenthalte bei der »preußischen« Verwandtschaft zum Testen der Erweiterungsmöglichkeiten seines Netzwerks. Max Pechstein und Otto Mueller wohnten seit 1908 in Berlin, Ende 1911 waren Ernst Ludwig Kirchner, Karl Schmidt-Rottluff und Erich Heckel hingezogen. Sie hatten versucht, ihre Dresdner Lebensform mitzunehmen in die Metropole, die mehr Nähe zu den Kunstmärkten und damit bessere Absatzchancen versprach. Doch sie bekamen Probleme mit den geänderten Arbeitsbedingungen. Wenn nach Kirchners Auffassung »die sinnliche Lust am Gesehenen der Ursprung aller bildenden Kunst von Anfang an«[317] war, so hatten sie durch den Tausch der Dresdner Atelierhöhlen und Moritzburger Freilichtplätze gegen die brutalen Großstadtszenerien die heikle Balance zwischen ihren Eindrücken und der Umsetzung in ihren Werken gestört.

Franz Marc hatte durch seinen Rückzug in die Sindelsdorfer Idylle und auf die »völlig vergeistigte und entmaterialisierte Innerlichkeit der Empfindung« als künstlerischen Impuls und Aussage derartige Brüche aus seinem Leben heraushalten können. Dennoch übten die jungen »Wilden« eine große Anziehungskraft auf ihn aus. Und als ausgewiesener Avantgardekünstler mit besten Kontakten war er ihnen willkommen. Schon am 4. Dezember des Vorjahres, also zwei Tage nach der turbulenten NKVM-Sitzung, die zu beider Austritt führte, hatten er und Kandinsky sich um die Mitgliedschaft in der Neuen Berliner Sezession bemüht und sie schließlich angeboten bekommen und angenommen, allerdings nach harten Verhandlungen: Franz Marc forderte auch hier, den Künstlern ihre Individualität zu belassen und das Diktat irgendeines Programms, unter das sie sich beugen und dessen Einhaltung Juryrechte absichern sollten, strikt abzulehnen. Und: Die Interessen des Blauen Reiters hatten denen der Neuen Sezession vorzugehen.

Am 2. Januar 1912 traf Marc nicht nur Pechstein, sondern auch

Kirchner und am 7. Nolde. Fast täglich schickte er begeisterte Post-karten-Kurzberichte von Berlin nach Murnau mit dem vorläufigen – vielsagenden! – Fazit (am 8. Januar): »Es sind schon Kerle, wenn wir auch ihren Geruch nicht lieben sollten«. Am 10. Januar war Zeit für einen Brief: »Mueller ist mir als Mensch riesig sympathisch, hat eine reizende Frau, die ein paar fabelhafte Terrakotten gemacht hat. Er selbst ist scheu und liebenswürdig zugleich, – ich glaube ›er ist ein Träumer stets und hängt am Weibe‹, seine Sachen sind weich, oft furchtbar unsicher und manchmal wunderschön.«[318]

Und etwa drei Wochen später würde Marc Kandinsky über den Heckel-Besuch (nebenan wohnte Helmuth Macke, er machte in Berlin sein ›Einjähriges‹) wissen lassen: »Gestern waren wir bei Heckel und seiner Freundin, der – Tänzerin Sidi Riha [auch Siddi, aber eigentlich Milda Frieda Georgi – Anm. d. Verf.]; als wir weggingen, hatten wir beide das Gefühl, bei zwei Kindern gewesen zu sein. In einer ärmlichen Dachkammer sitzt die kleine Tänzerin in einem hellblauen Samtkleid, mit wunderschönen Silberspangen, die Heckel ihr angefertigt hat. Maria brach sofort auf ihrem von bemalten Latten zusammengenagelten Stuhl zusammen; wir beide kamen uns überhaupt wie ungeschlachte Bären dort vor. Die Kunst Heckels ist sehr versteckt, mit einem sehr frommen, tiefen Sinn, der mehr das feine Echo, oder besser gesagt, der Gegenklang dessen ist, was man ganz zuerst vor der Leinwand spürt; er schreckt ab, um einen nachher besser zu fassen.«[319]

Was für ein Unterschied zu dem gediegen-alpenländischen Touch, den sich vor allem der Blaue Reiter Kandinsky gegeben hatte: Er liebte es in Murnau volkstümlich. Er trug knielange Lederhosen mit Paspeln, Applikationen, Lederverschnürung und Hosenträgern, dazu Weste, Janker, Trachtenhut, handgestrickte Lofel[320] umspannten seine Waden, die bloßen Füße steckten in Schuhen ähnlich Sandalen. Das alles zum feinen Hemd mit Krawatte. So kam er den Berg herab ins Städtchen. So arbeitete er im ›ländlichen‹ Garten, den er mit der Münter zusammen (»Sie ist so niedlich hier, wenn sie bayrisch geht.«[321]) angelegt hatte. So bewegte er sich in den Stuben, die genau so wenig den Stuben der Murnauer glichen, wie seine und ihre Kleidung den bäuerlichen Gewändern oder das Haus mit seinem ungewöhnlichen Dach über weiß-gelbem Mauerwerk mit Holzverkleidung, Holzveranda, Holzloggia und Fensterläden in weiß-blau dem in Murnau Üblichen entsprach. Drinnen gab es zwar von einheimischen Handwerkern gefertigte einfache Möbel, die die beiden nach Art der

Gegend in leuchtenden Farben bemalt hatten, doch die Pferde, die hier über Schränke und sogar über die Treppenwange galoppierten, waren unverkennbar Kandinsky-Pferde.[322] So wie das rote Pferd, das Franz Marc auf den Sindelsdorfer Speisenschrank gemalt hatte, eben ein typisches Marc-Pferd war. Doch das Ambiente, das sich die Blauen Reiter, jeder für sich, im Alpenvorland geschaffen hatten, war bürgerlich-saturiert gegen die vitale Mischung aus Arbeits- und Wohnräumen, Arbeits- und Freundschaftsbeziehungen der Brücke-Künstler. Marc vergaß in Berlin überm Staunen allerdings nie, das Profil seiner ›Unternehmung‹ zu schärfen: »Wir Blauen Reiter reiten mit unseren Ideen allein besser.«[323] Das schloss Kooperation nicht aus.

Denn genau genommen ging es bei den Besuchen bei Pechsteins, Kirchners, Muellers, Heckels oder auch Schönbergs, die er meist mit Maria absolvierte (Marc vergaß auch nie, die Frauen an der Seite seiner Kollegen genau – vergleichend? – zu betrachten[324]), nicht nur ums Kennenlernen dieser Künstlerpersönlichkeiten. Es ging immer auch um die Präsentation des Blauen Reiters in Berlin und damit um einen wichtigen Absatzmarkt.[325] Als Mittler kam nach Lage der Dinge nur Paul Cassirer, Kunsthändler und Verleger in Frage. 1898 hatte er (mit seinem 1901 wieder ausgeschiedenen Vetter Bruno) einen Kunstsalon und damit Künstlern der Moderne und des (französischen) Impressionismus die Möglichkeit eröffnet, Käufer für ihre Werke zu finden. Wilhelm II. hatte es geahnt: »Statt die Ideale zu pflegen, die den sich ›abmühenden Klassen‹ die Möglichkeit bieten würden, ›sich aus ihren sonstigen Gedankenkreisen heraus- und emporzuarbeiten‹, würde die neue Kunst ›in den Rinnstein niedersteigen‹, sich der Presse bedienen, ›Konnexionen‹ ausnutzen und sich marktschreierisch gebärden« – wo doch jeder Mensch, mochte er noch so einfach sein, ein Gefühl für das, was häßlich oder schön ist, hatte ...[326] Potentielle Käufer der Bilder der heute Klassischen Moderne müssen damals ein etwas anderes Gefühl für Schönheit gehabt haben, als Wilhelm II. es im Hinterkopf hatte, und so wählte Franz Marc – er kannte die Bedingungen des Kunsthandels genau – folgerichtig Cassirer als »Konnexion« aus. Doch der wehrte sich »mit Händen und Füßen«. Zwar lud er Marc zum Diner ein, fuhr mit ihm nach Dresden, aber als Franz und Maria Ende Januar Berlin verließen, war es zu keiner Vereinbarung gekommen. Da machte am letzten Februartag Herwarth Walden das Angebot, die Ausstellung des Blauen Reiters auf eigene Kosten von Köln, wohin sie von München aus gegangen war, nach Berlin kommen zu lassen! Bisher war Walden (eigentlich Georg Levin, den neuen Namen hatte ihm seine Frau Else

Lasker-Schüler gegeben) als Musiker, Komponist, Kunsthändler und Herausgeber der Avantgarde-Zeitschrift *Der Sturm* hervorgetreten. Nun konnte er sich auch als Galerist der Expressionisten etablieren, als Cassirers Gegenpol. Franz Marc hatte seinen Zugang zur Berliner Kunstszene gefunden.

Doch Kollege Macke sorgte in diesen erfolgreichen Tagen für einen heftigen Dämpfer. Er hatte im Kölner Gereonsclub die Blauer-Reiter-Ausstellung gesehen. Dieser Club war nach dem Gereonshaus (eher ein Häuserblock in der Gereonstraße 18–31, in unmittelbarer Nachbarschaft des Erzbischöflichen Palais) benannt, wo Olga Oppenheimer im V. Stock, Zimmer 198, ihr Atelier hatte, in dem sie auch Mal- und Zeichenunterricht gab. Mit ihrer Kommilitonin aus Studienjahren in München und Dachau, Emmy Worringer, und dem Maler Franz M. Jansen initiierte sie dort monatlich wechselnde Ausstellungen und Vortrags- oder Leseabende. Mitglieder und Sponsoren (Bernhard Koehler zum Beispiel) trugen den Verein. Die Familie Worringer sorgte für Getränke, Gebäck und für programmatische Einmischungen. Die Mutter, klein, lebhaft, temperamentvoll, brachte ihre Erfahrungen ein, die sie durch die Bewirtschaftung des vornehmen Restaurants im Kölner Zoologischen Garten erworben hatte, und ein Sohn, der bekannte Kunsthistoriker Dr. Wilhelm Worringer, Universität Bonn, seine wissenschaftliche Reputation. Alles zusammen eine Mischung, die in der rheinischen Kunstszene Gewicht hatte.[327] Von dem, was der Münchner Freund in den Clubräumen zeigte, mochte August sich nicht begeistern lassen. »Von Deinen Sachen war ich ziemlich enttäuscht«, kanzelte er Franz brieflich ab. »Ich hatte bei allem ein Gefühl des Unfertigen, des Gewollten und nicht ganz gekonnten.« Und überhaupt: »Ich denke gerade darüber nach, daß der Blaue Reiter mich nicht reproduziert. Bis jetzt war ich davon überzeugt, daß andere wichtiger seien. Ich werde auch nicht leicht dazu zu bewegen sein, etwas herzugeben. ... Eigenliebe, Pantoffelheldentum und Blindheit spielen bei dem Blauen Reiter eine große Rolle. Die großen Worte vom Beginn des großen Geistigen klingen mir immer wieder in den Ohren. Kandinsky mag das persönlich sagen und vieles andere von Umwälzung. Mir ist das besonders nach dieser Ausstellung unsympathisch. ... Campendonk ... zierlich dekorativ ... Schönberg ... unsympathisch ... Bloch ... schwach.«[328] Oje!

Die Eigenliebe ging auf sein Konto, das wusste Marc wohl und versuchte diesen Eindruck in seiner sorgfältig formulierten Antwort zu zerstreuen. Der Vorwurf des Pantoffelheldentums, er bezog sich auf

Kandinsky, der seiner Münter Ausstellungsraum für fünf Bilder verschafft hatte (von Macke waren nur drei gezeigt worden), hatte allerdings Maria sehr belustigt, denn noch im vergangenen Herbst waren ihr »dieselben Worte vom Mund weggeschossen« worden. Was Macke besonders schmerzte, war der Blick auf den geplanten Almanach: Niemand hatte signalisiert, dass Werke von ihm darin reproduziert werden sollten, dafür aber solche der »beiden Damen des Vorstands«. Auf seinen Vorschlag hatte zwar »die liebe Maria ... sich mit viel Größe« zurückgezogen, aber die liebe Gabriele (August mochte sie nun gar nicht mehr, nannte sie »Motte«) beanspruchte ungerührt ihren Platz. »Und jetzt noch der Schönberg! Der hat mich direkt in Wut versetzt, diese grünäugigen Wasserbrötchen mit Astralblick.«[329] August und Elisabeth Macke hatten im Oktober die Blauer-Reiter-Redakteure besucht. Sie hatten im Murnauer Russenhaus viel Spaß gehabt. In Sindelsdorf hatten sie auf dem Speicher die wunderbare *Gelbe Kuh* gesehen, ein Bild, das später auf der Ausstellung gezeigt wurde, und Macke hatte seine Staffelei direkt daneben aufgebaut und arbeitete an seinem *Sturm*, in dem er die Form der springenden Kuh aufgriff – auch ein Beitrag zur ersten Blauer-Reiter-Ausstellung. Kandinsky hatte zur gleichen Zeit ebenfalls eine gelbe Kuh in Arbeit. Alles deutete auf Einigkeit hin. Aber die Sollbruchstellen waren schon ausgemacht. Und nun hing Macke in aufreibenden Vorbereitungen zur Sonderbund-Ausstellung, in seiner Reisekasse war Ebbe, ein Berlinaufenthalt, wie Freund Franz ihn so offensichtlich genoss, zur Zeit nicht drin, da lagen die Nerven blank. Da ging schon mal ein solcher Brief nach Sindelsdorf.

Und auch die Münter schrieb. Sie versuchte, ihre Ungeschicklichkeiten und Unhöflichkeiten den Mackes gegenüber als »Barockheiten« herunterzuspielen, erreichte jedoch einen längst über die Münter/Kandinskyschen Desiderien sehr verärgerten Marc: er bezeichnete sie als »Frauenziefer«, als »typische alte Jungfer schlimmster und dümmster Sorte«. Sie warf ihm vor, er behandle sie »wie einen Stuhl«.[330] »Wir sehen aber voraus«, so Maria an die Mackes, »daß auch wohl der Franz nicht mehr lange blau reiten wird, da es sich viel weniger um den Blauen Reiter als vielmehr um den persönlichen Verkehr mit Kandinsky gehandelt hat, der ihn so freute.«[331] Weil zu allem Überfluss Kandinsky geschrieben hatte? Er hatte die Einbandgestaltung der Luxusausgabe des Almanachs (die zusätzliche ganzseitige farbige Abbildungen enthielt) Marc übertragen und fühlte sich nun »gezwungen«, »unmaskiert zu sagen«, dass er dessen »Entwurf nicht gut« fand.[332] Und außerdem habe Marc sich der Münter gegenüber »merkwürdig« verhalten ...

Zwar ebbte die Verstimmung zwischen Sindelsdorf und Bonn – im gemeinsamen Blick auf die Münter und den mehr hinter und neben als vor ihr stehenden Kandinsky – wieder ab, doch Macke blieb leicht erregbar, Marc im Ton verbindlich, aber in der Sache unnachgiebig, beide Frauen bemühten sich um Einigkeit.

Schließlich besann man sich auch in Sindelsdorf und Murnau auf die Vorteile praktizierter Solidarität. Nicht allein wegen des Austauschs von Erdbeer- und Pflücksalatpflanzen für die kommende Gartensaison! Es ging 1912 um eine andere Art von Ernte:

– Vom 12. Februar bis zum 18. März präsentierte der Blaue Reiter in der Münchner Kunsthandlung Goltz seine zweite Ausstellung.

– Die erste Ausstellung ging auf Wanderschaft: im Anschluss an Köln und Berlin nach Bremen, Hagen, Frankfurt am Main, Hamburg, Rotterdam, Amsterdam, Barmen, Wien, Prag, Budapest, Königsberg, Oslo, Lund, Helsingfors, Stockholm, Trondheim, Göteborg.

– Die Eröffnungsausstellung der Sturm-Galerie Herwarth Waldens fand unter Beteiligung des Blauen Reiters vom 12. März bis zum 10. April in Berlin statt.

– Die Sonderbundausstellung wurde vom 25. Mai bis zum 30. September in Köln gezeigt. Blauer-Reiter-Künstler waren (allerdings nach ihrem Empfinden mit zu wenigen und schlecht platzierten Werken) dabei.

– Im Mai erschien endlich der *Almanach der Blaue Reiter* im Reinhold Piper Verlag in München.[333]

In Berlin stellten die NKVM-Mitglieder Jawlensky und Werefkin mit aus (im Almanach wird nichts von ihnen veröffentlicht werden!), in München die Brücke-Leute. Neben anderen waren dort neu vertreten: Paul Klee und Louis René Moilliet[334] (beide seit ihrer Schulzeit in Bern miteinander befreundet und durch Elisabeth mit August Macke bekannt, der 1911/12 den Kontakt zu Kandinsky/Marc vermittelt hatte) und Maria Franck-Marc, Sindelsdorf! Unter den mehr als dreihundert grafischen Arbeiten, die Hans Goltz als »2. Ausstellung der Redaktion Der Blaue Reiter Schwarz-Weiß« präsentierte, befanden sich auch drei ihrer Werke: eins hieß *Tanzende Schafe*[335], war skurril, originell, 1908 im Rahmen der Serie von Illustrationen für ein Kinderbuch geschaffen und Jean-Bloé Niestlé, dem Freund und Tiermaler, gewidmet. Damals hatte Franz Maria sehr ermuntern müssen, eine Veröffentlichung anzustreben. Die Ablehnung des Insel-Verlages hatte sie dennoch schwer getroffen. 1912 waren ihre Skrupel in bezug auf die Zurschaustellung ihrer Werke nicht geringer geworden. Kein Wunder, bei der fortgesetzten Konfrontation mit Jawlenskys, Kandinskys, Mackes, Marcs, Münters, Werefkins ... »Sonst gehen unsere Tage halt so im gleichen Gleise dahin – Franz arbeitet sehr viel, und ich male so für mich und probiere allerhand. An Ausstellen und ›Mittun‹ denke ich überhaupt nicht mehr – am liebsten nähme ich meine Kinderblätter aus der Schwarz-Weiß-Kollektion, die im Juni in Köln sein soll, auch heraus; aber ich will nicht gar so wichtig damit tun – schließlich ist's ja wurscht. Ich hab jetzt allerhand Ideen für mich, und es macht mir große Freude, beim Malen es auszuprobieren.«[336] Maria hatte sich zu dieser Zurückhaltung entschlossen, da ihre praktische künstlerische Kompetenz allenfalls in der Musik, keinesfalls in der Malerei das Niveau ihres Umfelds erreichte. So positionierte sie sich mehr als Kennerin denn als Könnerin, mehr als Repräsentantin denn als Produzentin in der Unternehmung Marc. Franz' Muse, Haushälterin oder gar Protegé zu sein, kam für Maria nicht in Frage. Im übrigen gab es immer wieder Geld aus ihrer Familie: 500 Mark betrug zunächst Philipp Francks Garantie für den Almanach, die dann zum Zuschuss wurde (neben 2890 Mark, mit denen sich Koehler – ebenfalls Marc-Kontakt! – an den die Einnahmen übersteigenden Kosten von 3390 Mark beteiligte).[337]

Maria nutzte die Musik als Kontaktmittel zu den Klees. Lily war Pianistin, wie Moilliets Frau Hélène. Doch dieses Paar lebte nun in der Schweiz. Die Klees wohnten in München (Ainmillerstraße 32, die Kandinsky-Münter-Wohnung befand sich seit 1908 im übernächsten Haus!), also in Reichweite, Maria konnte Klavierstunden bei Frau Klee nehmen.

Franz und Maria waren 1912 bemerkenswert mobil. Nach München ins Konzert, zu Einladungen (auch Hanna und Karl Wolfskehl werden als Gastgeber erwähnt), zu Streifzügen durch Antiquitätenläden, zu allem, was die Malerei fordert und fördert. Im Juli mag es ihnen besonders bewusst geworden sein: Während sie zu einer zehntägigen Fußwanderung über Kochel, Walchensee, Mittenwald, Scharnitz, Lafatscherjoch, Innsbruck aufbrachen, hatte Kandinsky eine Leistenbruchoperation durchzustehen. Anette Simon, längst Marias und Franz' Freundin, klagte wieder einmal brieflich ihre körperlichen und seelischen Leiden. Elisabeth Macke erkannte, dass sie zum zweiten

Mal schwanger war. Was waren dagegen Franz' Heuschnupfen und
Marias Rheumatismus? Nach der Bergtour fühlten sich die beiden
»famos« und »sehr erfrischt.«[338]

Anfang September kamen Marias Eltern für zwei Wochen nach Sindelsdorf. Philipp Franck nahm regen Anteil an der finanziellen Situation der »Kinder«. Er konnte zufrieden sein: Franz verkaufte, nicht zuletzt dank geschickter Akquisition in eigener Sache, recht gut, die
Preise für seine Gemälde lagen nun zwischen 600 und 1000 Mark (für
die *Gelbe Kuh*). Doch im Oktober erschütterten die Folgen des 1. Bal-
kankrieges auch den Kunstmarkt, Marc hatte mangelnde Zahlungs-
bereitschaft und zunehmende Kaufzurückhaltung zu beklagen – erst
recht, als im November Österreich Serbien zurückgedrängt wissen
wollte, das als Mitsieger den Zugang zur Adria beanspruchte, Russland sich auf die Seite der Serben stellte und ein Krieg, der wegen
vielfältiger Bündnisverpflichtungen ganz Europa betreffen konnte,
denkbar wurde. »Daß die Leute bei Euch, aus Besorgnis vor einem
Kriege, und wenn es auch nur der zwischen Österreich und Serbien
wäre, zwar Bilder kaufen, aber nicht bezahlen, finde ich unglaublich«,[339] regte sich Vater Franck auf. Ebenso gut konnte man Lotterie
spielen, was die Sindelsdorfer und die Berliner vereint taten!

Mitte September brachen Franz und Maria zu einer längeren Reise
auf. Über Frankfurt (Franz hatte dort im Kunstsalon Schames eine
Einzelausstellung, bei M. Goldschmidt & Co. in der Kaiserstraße 1
hingen die Bilder der Blauer-Reiter-Ausstellung) fuhren sie nach
Bonn zu Mackes. Dort blieben sie, mit einem Abstecher nach Köln zur
Sonderbundausstellung, nur wenige Tage, um am 26. September für
eine gute Woche mit August – die im siebten Monat schwangere Elisabeth konnte nicht mit – nach Paris zu reisen. Das Programm: Salon
d'Automne (»deprimierende Enttäuschung«); Besuche bei den französischen Blauer-Reiter-Künstlern[340] Robert und Sonia Delaunay (er
»jung, *sehr* intelligent« lt. Franz, »hat eine sehr nette gebildete Frau,
Russin und Malerin – und ein reizendes Kind« lt. Maria), Elisabeth Epstein (Franz und Maria ganz begeistert), Henri Le Fauconnier
(»müde« lt. Franz und Maria), Picasso und Matisse waren »leider ver-
reist«; Treffen mit Kunsthändlern (Druet, Bernheim, Fénéon, Vollard). Impressionisten, Nach- und Neoimpressionisten, Symbolisten,
Nabis-Künstler, Art Nouveau, Fauves, Kubisten ... Franz Marc, der
noch vor wenigen Jahren ganz in der zeittypischen Fin-de-Siècle-Me-
lancholie befangen war, mit der ebenso zeittypischen Dekadenz ko-

kettiert hatte, war ausgezogen, um auch in dieser Metropole nach neuen Lebensentwürfen zu suchen. Wie viele Künstler und Intellektuelle hatte er das Stadium der Opposition gegen überkommene Zwänge hinter sich gelassen. Es galt die Zukunft zu gestalten, wie auch immer.

Und die Gegenwart zu genießen! Um diese Zeit zeichnete August Macke von Maria und Franz die köstlichsten Karikaturen. ›Franz und/oder Maria schlafend‹ war offenbar sein Lieblingsmotiv. Eine Zeichnung beschriftete er auf der Rückseite mit »Maria ganz zu«. Sie zeigt Maria wie gestrandet auf dem blauen Kanapee in seinem Atelier liegend. Und die beiden Maler gönnten sich einen Spaß, ähnlich dem Porträtieren um die Wette in der ersten Zeit ihrer Bekanntschaft. Damals hatte Macke mit seinem in zwanzig Minuten entstandenen Bildnis Franz Marcs mit Pelzmütze und Pfeife klar gewonnen. In Bonn bemalten sie nun eine Wand im Mackeschen Atelier gemeinsam mit einem in Öl auf trockenem Putz leider nicht sehr haltbaren Bild vom *Paradies*.[341]

Auf dem Rückweg: die Futuristen in Köln (beide begeistert).

Wieder in München: Hans Goltz eröffnete seinen neuen Kunstsalon am Odeonsplatz ...

Usw., usw., usw. Noch so viele Ausstellungen gab es zu sehen, Franz und Maria ließen keine erreichbare aus.

Macke fand den Freund zu hektisch: »Er ist kolossal tätig und kann, im Gegensatz zu mir, gar nicht ruhig sitzen. Doch habe ich manchmal den Eindruck, daß er vielleicht zu sehr vom Ehrgeiz getrieben wird ... Jedenfalls ist diese konstante Tätigkeit für ihn unumgänglich notwendig. Bei aller Bewunderung dafür kann sie einem Nahestehenden ja manchmal auf die Nerven fallen.«[342]

Marcs Nächststehende, Maria, oder, wie sie sich seit kurzem nannte, Mareia, wurde gut damit fertig. Kaum zurück in Sindelsdorf, begann sie ihre Wintergarderobe zu ergänzen – für die nächste Reise, für Berlin. Franz liebte es, wenn sie Schwarz trug, oder helles Blau, oder weiße Waschkleider im Sommer. Er entwarf Ketten und Spangen, ließ besonders schöne Steine für sie fassen. Er hätte sie auch gern etwas schlanker gehabt, sie plante deshalb, Gymnastikstunden zu nehmen (Einmal pro Monat wollte sie nach ihrer Rückkehr nach München fahren, um »nach Mensendieck« zu turnen, denn »... der Franz macht mich noch ganz schwach mit seinem Gemäkel wegen meiner Dickheit«.[343]), hielt gelegentlich Diät: mit sehr mäßigem Erfolg. Nicht zuletzt, weil das derzeit beschäftigte Mädchen eine sehr gute Köchin war.

Nun also Berlin, das gemeinsame Absolvieren der Festtage mit Helene und Philipp Franck, wie mittlerweile üblich. Und, viel spannender, das Eintauchen in die Berliner Szene, dieses Mal voller Neugierde auf Else Lasker-Schüler. Herwarth Walden, *Sturm*-Verleger, hatte im August wegen einiger Holzschnitte für seine Zeitschrift angefragt, Franz Marc eine Illustration zum Gedicht »Versöhnung« angeboten – ausgerechnet! 1910 hatte Walden sich von der Verfasserin Lasker-Schüler getrennt, nach siebenjähriger Ehe. Am 1. November 1912 waren sie geschieden worden. Da gab es bereits die nächste Frau Walden: Nell, geb. Roslund, eine junge, große, blonde Schwedin, ganz das Gegenteil ihrer Vorgängerin. Die Lasker-Schüler hatte sich inzwischen leidenschaftlich in Gottfried Benn verliebt. Geschickt wies er sie zurück und blieb ihr dennoch lebenslang freundschaftlich und kollegial verbunden. Benn beschrieb, wie ihm die Dreiundvierzigjährige 1912, als er sie kennen lernte, erschien: »Sie war klein, damals knabenhaft schlank, hatte pechschwarze Haare, kurz geschnitten, was zu der Zeit noch selten war, große rabenschwarze bewegliche Augen mit einem ausweichenden unerklärlichen Blick. Man konnte weder damals noch später mit ihr über die Straße gehen, ohne daß alle Welt stillstand und ihr nachsah: extravagante weite Röcke oder Hosen, unmögliche Obergewänder, Hals und Arme behängt mit auffallendem, unechtem Schmuck, Ketten, Ohrringen, Talmiringen an den Fingern, und da sie sich unaufhörlich die Haarsträhnen aus der Stirn strich, waren diese, man muß schon sagen: Dienstmädchenringe immer in aller Blickpunkt. Sie aß nie regelmäßig, sie aß wenig, oft lebte sie wochenlang von Nüssen und Obst. Sie schlief oft auf Bänken und sie war immer arm, in allen Lebenslagen und zu allen Zeiten.«[344] Das stimmt nicht ganz. Eine Weile sah es für Else Schüler nach bürgerlichem Leben aus: Der Vater war Handelsagent und gründete später eine kleine Privatbank, die Mutter wurde von ihrer Arbeit mit den sechs Kindern von einer Gouvernante entlastet, im Hause Schüler fanden regelmäßig literarische Lesekränzchen statt, Else absolvierte das Lyceum, heiratete Dr. Lasker, Arzt. Das Paar ging nach Berlin. Sie kochte, bewirtete Gäste ... Ein Jahr später studierte sie Malerei, hatte ihr eigenes Atelier. Drei Jahre später war sie schwanger – nicht von ihrem Mann. Die Ehe wurde geschieden. Im gleichen Jahr heiratete sie Walden. Da war sie längst Dichterin.

»Wir sahen Else Lasker-Schüler zum ersten Mal, als wir ... mit Walden und seiner Frau Nell [einer »kompletten *Gans*«[345]] im Café Josty am Potsdamer Platz saßen. Sie war Walden und Nell damals sehr feindlich gesinnt und blieb mit ihren Bekannten an ihrem Tisch sit-

Else Lasker-Schüler als Jussuf Prinz von Theben (um 1910)

zen. Man schaute und blinzelte von einem Tisch zum anderen, ohne sich bekannt machen zu können.«[346] So Maria über das erste Treffen im Dezember 1912. Doch Franz wollte die exzentrische Dichterin unbedingt kennen lernen, hatte der Lasker-Schüler schon am Tag der Abreise aus Sindelsdorf einen Gruß geschickt: »Der blaue Reiter präsentiert seiner Hoheit sein blaues Pferd« hatte er neben die Tuschezeichnung geschrieben. Ihre Antwort erwartete ihn bei der Ankunft in Berlin: »Der blaue Reiter ist da – ein schöner Satz, fünf Worte – lauter Sterne ... Komme zu mir, Du und Dein Gemahl, blauer Ritter, daß ich Euch liebe! Jussuf Prinz von Theben.«[347] Das Spiel hatte begonnen! »Wir haben einen prachtvollen Menschen gefunden: Else Lasker-Schüler; sie wird wahrscheinlich für ein paar Wochen im Januar nach Sindelsdorf kommen, worauf wir uns riesig freuen.«[348] Ganz Sindelsdorf dürfte seine Freude an diesem Besuch gehabt haben. Die pittoreske Dichterin genoss ihn nicht. Den von Franz und Maria so gut gemeinten Szenenwechsel von Berlin aufs Land hielt sie nicht aus, ließ sich von ihnen bald in die nächstgelegene Großstadt, nach München, bringen. Als Franz und Maria sie dort wenig später besuchten, fanden sie die Freundin in ihrem Zimmer an einem Tisch voller Zinnsoldaten, mit denen sie heftige Kämpfe ausfocht, »an Stelle der Kämpfe, die ihr Leben ihr beständig brachte. Sie, die nicht fertig wurde mit dem Leben, fast ständig in Kämpfen lebend mit Menschen, die ihr Dasein verbitterten und kein Verständnis für das Eigenartige, Phantastische ihres Wesens und ihrer dichterischen Begabung hatten«, so schrieb Maria Marc 1954 im Rückblick; und weiter: »Es war nicht leicht, ihr Liebe entgegen zu bringen, die sie erwartete und oftmals verkannte. Aber Franz Marc und ich waren bemüht, ihr immer Liebe und Verehrung entgegen zu bringen.«[349]

Else Lasker-Schüler in schlechter nervlicher Verfassung in einer billigen Pension[350]. Und dennoch verliebt in München: »Ein Paradies ist München, aus dem man nicht vertrieben wird, aber Berlin ist ein Kassenschrank aus Asphalt« und »Ich muß München immer küssen, schon weil ich Berlin hinter mir habe; wie von einer langweiligen Kokotte geschieden fühle ich mich. Meine Freunde spielen Harmonika, wir ziehen an Schaufenstern pietätvoller Läden vorbei; Meisterbilder, frommer Schmuck, wilde Waffen aus den Gräbern der Bibelfürsten und überall die blauen König-Ludwig-Augen!«[351]

Dass sie mit Kandinskys Werken Meisterbilder vor sich hatte, mochte Else Lasker-Schüler so nicht sehen und ihre Schwärmerei vom frommen Schmuck nicht auf seine Sammlung von Heiligenbildern übertragen, sie gingen ihr beim ersten Sehen in der Schwabinger Kandinsky-Münter-Wohnung schlicht auf die Nerven. Auf Marcs Blauen Ko-Reiter machte sie hingegen den ihn irritierenden Eindruck einer Weltschmerzlerin. Beide konnten also nicht viel miteinander anfangen und retteten sich in kühle Höflichkeit. Dass die Lasker-Schüler auch anders konnte, erlebte die Münter drei Tage später. Maria hatte diese, ihre liebste Feindin, in der Franz-Marc-Ausstellung bei Thannhauser getroffen. Die beiden saßen zusammen, wie seit dem Krach üblich, bemüht »ruhig und harmonisch ..., da kam Lasker-Schüler. Nach ganz liebenswürdiger Begrüßung und gemeinsamem Herumgehen sagt Lasker-Schüler etwas schwärmerisch und pathetisch: ›Dies Bild hat mich am tiefsten berührt.‹ Münter fragt: ›Welches? Der Tiger oder der Affe?‹ Lasker-Schüler: ›Der Tiger.‹ Münter: ›Was berührt Sie so an dem Bild?‹ Lasker-Schüler: ›Das Gefährliche an dem Bild.‹ Dann geht man auseinander, ganz harmlos, sieht andere Bilder an etc. Plötzlich kommt Lasker-Schüler festen Schrittes auf Münter zu und fängt an: ›Gnädige Frau, wie kommen Sie dazu, mich zu beleidigen? Ich bin Künstlerin durch und durch‹, und in dem Sinne redet sie weiter auf Münter ein. ... und sagt plötzlich noch: ›Ich bin Künstlerin, ich bin ganz stark, ein ganz starker Mensch und lasse mir das nicht bieten von solch einer *Null!*‹ ... Und ich stehe dabei, und es wird mir grüner und blauer vor Augen, als es auf den Bildern vom Franz ist. Lasker-Schüler hat einen fabelhaften Instinkt, und Münters Seele lag vom ersten Moment an offen vor ihr; sie kann *unheimlich* die Menschen beurteilen. Aber --- der Anlaß, Münter die Wahrheit in's Gesicht zu schleudern, war *nicht da.*«[352] Die Augen- und Ohrenzeugin Maria durfte sicher sein, dass die Adressaten ihres »Tratschbriefes«[353], Elisabeth und August Macke, ihre Botschaft bezüglich der Münter verstanden, da mussten sie auch nicht viel Instinkt bemühen. Was das Verhalten Else Lasker-Schülers betraf, war das nicht so einfach. Was so scheinbar unmotiviert daherkam, war der klare Ausdruck ihres starken künstlerischen Willens. Zwar hatte sie ihn in märchenhaften, durchaus dem Zeitgeist entsprechenden orientalischen Szenarien entfaltet (in, wie könnte es anders sein, bei dieser wie im Rausch, in Trance, in Halluzinationen arbeitenden Lyrikerin, ein wenig schlampiger Ausführung[354]), aber es ging ganz schlicht immer um sie. Aus ihrer Ichbezogenheit resultierten die Regeln, die sie den jeweiligen Spielpartnern vorgab. Die konnten sich dann darauf einlassen oder nicht. Franz spielte mit, er wurde Jussufs (Halb)bruder Ruben. Die beiden Doppelbegabungen schickten sich Briefe und Bilder, öffentlich und ganz privat. Die Bilder malte er gelegentlich auf einen Briefbogen, in der Regel jedoch auf Postkarten. Das war für Franz Marc nichts Ungewöhnliches: Heinrich Campendonk, Erich Heckel, Wassily Kandinsky, Ernst Ludwig Kirchner, Paul Klee, Alfred Kubin, Helmuth, August und Lisbeth Macke (»Du sollst auch wieder einen Postkartengruß haben. Die Fabrikation blüht wie damals die Glasbilder.«[355]) und Max Pechstein ... Schon vor und auch während der Korrespondenz mit Else Lasker-Schüler tauschte er bemalte Karten (allein 1913 über fünfzig) mit Künstlerkollegen aus, und als Künstlerkollegin trat ihm Else Lasker-Schüler gegenüber. Doch der expressionistische Maler begegnete auch der expressionistischen Dichterin, die die an ihn gerichteten Briefe so abfasste, dass sie in den expressionistischen Zeitschriften der Zeit veröffentlicht werden konnten – der übliche Spagat zwischen künstlerischem Wollen und Kommerz. Mit äußerst bescheidenem Erfolg: Else Lasker-Schüler war, wie gesagt, arm, erst recht seit der Scheidung von Walden. Sie war jedoch entschlossen, ihrem Sohn die bestmögliche Ausbildung zu finanzieren. Da waren Kompromisse zumindest zu versuchen.

Die Kommunikation zwischen ihr und Franz Marc lief ab über Bilder und Worte. Gemalte Chiffren, wie Mondsicheln und Sterne, benutzten beide, doch während er sich meist in Tierbildern ausdrückte, antwortete sie mit Zeichnungen des Prinzen Jussuf in seiner Stadt Theben. Else Lasker-Schülers eigentliche Domäne aber waren die Worte.

Schon einmal hatte sie einen Briefroman geschrieben: *Mein Herz.* Ab Anfang Februar 1913 verfasste sie, parallel zur privaten Korrespondenz, *Briefe an den blauen Reiter Franz Marc*, die zur Veröffentlichung bestimmt waren. Der *März* wollte sie haben, dann wollte der *Pan* sie übernehmen, dann die *Schaubühne*, letztlich erschienen sie in unregelmäßiger Folge in der linken, satirischen, expressionistischen Wochenschrift für Politik, Literatur, Kunst *Die Aktion* (mit der Marc seine Schwierigkeiten hatte). Da waren sie schon über ein halbes Jahr von einer Zeitschrift zur anderen weitergereicht worden. Nach Sindelsdorf kam die *Aktion* nur sehr gelegentlich, was gedruckt wie ein Briefwechsel wirkt, war meist ein einseitiges Kunstprodukt. So schrieb Else Lasker-Schüler sich zweifach heraus aus dem Elend, dem ihr äußeres Ich ausgesetzt war – wie aus dem privaten Briefwechsel Lasker-Schüler/Marc unverblümt hervorgeht. Sie war verzweifelt bemüht, ihren Status als Schriftstellerin zu sichern und Einkünfte daraus zu ziehen. Und ihr Märchen von der Krönung des Prinzen Jussuf zum Kaiser (Malik) Jussuf Abigail I. von Theben schreibend zu leben, in das sie ihre Sindelsdorfer Freunde einbezog. »Mareia« nannte Jussuf Abigail die zweite Hauptstadt seines Reiches nach der »goldgelben Löwin«, und wegen seiner Postgartengrüße, die so perfekt den Geist der Briefe im Bild einfingen, promovierte sie Marc zum Hofmaler. »Du bist ja selbst ... ein edles Pferd mit stolzem gelassenem Kopfnicken«[356], schrieb sie dem Absender von *Der Turm der Blauen Pferde* – (Neujahrsgruß für 1913 und Skizze für das berühmte verschollene Gemälde gleichen Namens, das im Frühjahr 1913 entstand), *Zwei blaue Pferde, Zitronenpferd und Feuerochse des Prinzen Jussuf, Das Spielpferd des Prinzen Jussuf, Die Mutterstute der blauen Pferde, Das Schlachtpferd des Prinzen Jussuf, Schwarzes Pferd, Indianerpferde ...*

Zum Spiel kategorisch die Regeln zu bestimmen, war seit jeher Lasker-Schülers Methode, sie setzte sie auch im privaten Briefwechsel ein: »O, blauer Reiter, wie die Liebe herabwürdigt, wie die Liebe herabgewürdigt wird, wie die Liebe sich besaufen kann!! ... Nun ist es Nacht – überall – o, wir wollen, Du, Mareia und ich, *furchtbar* zärtlich miteinander sein ...«[357]

»Ihr meint ich sei ein sexueller Mensch, Ihr kennt mich nicht, das liegt viel tiefer. ... ich liege nun wieder zwei Tage in der Grube – alle Tiere haben mich angefressen, ich gehe nun zu Dirnen, die streicheln das Haar. In der *Aktion* stehen die Briefe an dich weiter.«

»Ich komme übermorgen ungefähr nach München. Ich will Paul event. zu *Lohmann* in die Schule bringen .. Werdet Ihr *beide*, Mareia sieht imponierend aus, meinen Paul mit mir dorthin bringen und mit dem Direktor sprechen? ... Ich bin an der Grenze zwischen Glück und Trauer. Flog von Herz zu Herz, tötete Seele mit Seele. Versteht Ihr mich, die ich Euch liebe, *immer*, für Euch würde ich mein Blut geben.«[358]

Konnte man, konnten Franz und Maria den Erwartungen einer Lasker-Schüler gerecht werden? Wenn es kein Spiel mehr war, wenn es Ernst wurde? Mit dem über alles geliebten Sohn Paul zum Direktor einer Privatschule gehen und ein bisschen imponieren, das ja. Aber viele andere Anträge mussten ignoriert oder abgelehnt werden. Anderes leisteten Maria und Franz ungebeten: sie unterstützten eine Versteigerung von Bildern zu Gunsten der mittellosen Lyrikerin. Sie erbrachte 1600 Mark, Franz beschwor die Empfängerin, ja nichts davon zu verleihen oder zu verschenken. Auch warb Maria bei Kandinsky um Verständnis für die unbeherrschte Reaktion Lasker-Schülers der Münter gegenüber: »Wenn auch Frau Lasker-Schüler viel von der Pose der weltschmerzlichen Literaten an sich hat, so tut man ihr vielleicht unrecht, sie ganz unter eine Kappe mit diesen zu stecken. Abgesehen von ihrer Kunst, die wir sehr schätzen, denke ich an das wirklich schwere merkwürdige Schicksal, das sie als Frau durchlebte – sie hat ein solches hinter sich im Gegensatz zu diesen jungen Weltschmerzlern, von denen wir ja auch einige in Berlin sahen und die kaum ihre Nase in die Welt steckten.«[359]

Doch im Künstler-Sindelsdorf bahnte sich – dieses Mal nicht ganz öffentlich – eine weitere Sensation an. Maria Marc annoncierte sie brieflich:
»Am Pfingstmontag, den 12. Mai 1913
Meine liebe Elisabeth,
... Sindelsdorf steht jetzt unter besonderem Zeichen. Wir drei Freundespaare hängen gleichzeitig im Kasten – zum *Aufgebot*. Campendonk, Adda Deichmann, Niestlé, Legros in Sindelsdorf, Franz und ich in München. Wir haben jetzt Dispens bekommen und legitimieren unsere Ehe noch deutsch. Das soll nun natürlich möglichst keiner merken und wissen. Auch Sindelsdorf umgehen wir vollständig.«[360]
Nach den Fehlversuchen der Rechtsanwälte Adolph, Brockdorf und Wolf war also Fromm erfolgreich gewesen. Am 3. Juni 1913 wurde aus dem faktischen Ehepaar Franz und Maria auch eins nach dem Gesetz. Vorausgegangen waren konspirative Briefe hin und her zwischen Franz und Paul Marc; in dieser Zeit war die Beziehung zum Bruder und zur Schwägerin besonders eng.[361] Um die passende Interpretation des Marc-Schnür-Verhältnisses ging es und um den Trick, wie man eben um Sindelsdorf (durch Franz' angeblichen Wohnsitz in München, in der Theresienstraße bei Paul) und vor allem Berlin (durch Marias fingierte Anschrift in London-Anerly – »›besuchsweise‹ ... die Standesbeamten glauben alles ... in London gibt's keine polizeilichen Anmeldungen, also ist die Sache vollkommen ungefährlich ...«[362]!!) herumkomme.
»Ich bedauere, daß ich Ihnen und Klee nicht den Spaß gemacht habe, gestern unsere Trauzeugen zu machen, – die spielen auf dem Münchner Standesamt eine Komödie, die schon die Grenzen des Erlaubten und Vorstellbaren überschreitet. Wir beherrschten uns Gott sei Dank alle, so daß die Sache ohne unangenehme Zwischenfälle verlief; aber die Komik war grausig«,[363] bekam Kandinsky zu lesen – nebenbei. Sonst drehte sich die Korrespondenz zwischen den beiden Blauen Reitern ums Geschäftliche, Berufspolitische und vor allem um den Ersten Deutschen Herbstsalon (was wird wie im Vergleich wozu gehängt), mit Einsprengseln zum Prozess, den Marc gegen Cassirers *Pan* führte, zum Prozess, den er gegen Franz Pfempferts *Aktion* führte (beide wegen ungenehmigter Reproduktionen), zu Wolfskehl-Treffen,

136

zu einem neuen Sammler und zur Vergrößerung des kürzlich ange-
legten Rehgartens ums Dreifache, um die Auflösung der Künstlervereinigung Brücke ...

Nichts war offenbar der Mitteilung wert, was Marias Malerei betraf.
1911/12 entstand eines ihrer besten Werke: *Stillleben mit blauer Tasse
und roter Schale,* »konzentriert und fein« gemalt mit einem Hauch
»von geheimnisvoller Transparenz«. 1912/13 malte sie *Birken am
Wehr.* Um 1913 *Mädchen mit Kleinkind, Kinder zwischen Blumen, Mutter
mit Kindern.* Auffällig an dieser Serie sind die unvermischten, kräftigen Farben, flächig aufgetragen, schlicht konturiert – ganz entfernt
erinnern diese Bilder an Worpswede, an Paula Modersohn-Becker.
Aber auch an Franz Marcs *Mädchen mit Katze II* von 1912. Ganz anders ihre Blumenstücke aus diesem Jahr: unter dem Einfluss August
Mackes waren es »prismenartige Verkantungen«, mit denen Maria
Marc experimentierte.[364]
    Am 27. April 1913 lehnte Franz Marc den ihm mit Schreiben vom
25. auf Betreiben auch Hölzels von der Stuttgarter Akademie angebotenen »Lehrposten für Abendakt« zum Jahresentgelt von etwa
4000 Mark ab. Begründung: »... ich kann nicht meine Kräfte einer
Sache wie dem Abendakt widmen, die ich von vornherein für ver-
derblich oder wenigstens für künstlerisch völlig unzweckmäßig halte,
daran ist überhaupt nichts zu reformieren ...«[365] Er hatte nicht lange
überlegen müssen, er hatte besseres zu tun. Die Begegnung mit den
Futuristen[366] hatte ihn zu Versuchen zur bildlichen Darstellung von
Zeit und Bewegung angeregt (*Wald mit Eichhörnchen, Stallungen* beispielsweise). Und er wollte noch mehr, er strebte an, über seine Tier-
bilder hinauszukommen, mit Menschenbildern mochte er sich schon
seit etwa zwei Jahren kaum mehr beschäftigen. Noch 1912 hatte er
den gewagten Schritt zur Vermenschlichung des Tieres getan mit Bildern wie *Der weiße Hund* (ursprünglicher Titel: *So sieht mein Hund die
Welt*), in dem er die Frage aufgeworfen sehen wollte: ›Was geht jetzt
in dem Hund vor?‹[367] Wohl eine Sackgasse nach der Überlegung:
»Hat es irgendwelchen vernünftigen oder gar künstlerischen Sinn,
das Reh zu malen, wie es unserer Netzhaut erscheint, oder in kubisti-
scher Form, weil wir die Welt kubistisch fühlen? Wer sagt mir, daß
das Reh die Welt kubistisch fühlt; es fühlt sie als ›Reh‹, die Landschaft
muß also ›Reh‹ sein. Das ist ihr Prädikat.«[368] Dann, im Dezember
1913, malte er seine erste vollkommen ungegenständliche Komposition. Im Übergang dazu war *Im Regen* entstanden, unter dem Eindruck eines Platzregens, der Maria und Franz mit Russi während

eines Spaziergangs überrascht hatte, und das märchenhafte *Reh im Klostergarten*. Und die *Tierschicksale*. Zunächst hatte er dieses Bild *Die Bäume zeigten ihre Ringe, die Tiere ihre Adern* genannt, Paul Klee schlug *Tierschicksale* vor. Der Impuls zum Werk war die Lektüre der Legende vom Heiligen Julian in Flauberts Fassung. »Es ist ein zu merkwürdiges Bild, wie in Trance gemacht«, schrieb Marc zwei Jahre später, und: »Bei ihrem Anblick [einer Fotografie des Gemäldes – Anm. d. Verf.] war ich ganz betroffen und erregt. Es ist wie eine Vorahnung dieses Krieges, schauerlich und ergreifend; ich kann mir kaum vorstellen, daß ich das gemalt habe!«[369] Wohl ein Niederschlag von Nietzsches Denksplittern.[370]

Im letzten Friedensjahr gingen Franz und Maria ...

... im März für ein paar Tage nach Meran, sie besuchten die Eltern Franck, die in der Villa Maja logierten. Philipp Franck war in einem Sanatorium zur Kur (er litt an schwerer Herzinsuffizienz, Wassersucht lautete damals die Diagnose, er hatte fast 11 Kilo abgenommen). Maria Franck und Franz Marc machten in der Umgebung Merans ausgedehnte Wanderungen – Skizzen von Burgen und Schlössern, Kirchen und Kapellen, gotischen und barocken Schnitzwerken, mittelalterlichen Fresken, von der wilden und kargen Bergwelt[371] brachten sie mit; *Das arme Land Tirol* war das erste große Bild, in dem Marc diese Eindrücke verarbeitete.

... im Juni als Franz und Maria Marc(!) zu einem kurzen Aufenthalt auf die Staffelalm.

... im August/September nach Gendrin in Ostpreußen, wo Marias Bruder nun bei Abelischken ein Gut besaß. Dort pflegte man das Leben nach Gutsherrenart: tagsüber lange Ritte über die Felder, abends Billard. Derweil betreute Niestlés »Legröslein« den Sindelsdorfer Garten, erntete Erbsen und Bohnen, staunte über die Farbenpracht von Eisenkraut, Astern, Kapuzinerkresse, Sonnenblumen ... Zurück fuhren Franz und Maria über Berlin, denn er war mit Walden, Macke und Koehler in der Hängekommission des Herbstsalons; Walden hatte Ausstellungsräume von etwa 1200 Quadratmetern Größe in der dritten Etage des Eckhauses der Potsdamer-/Pallasstraße gemietet. Marc stellte überrascht fest, dass die abstrakten Formen begannen, über die gegenständlichen Bildideen zu dominieren.

Als 1913 zu Ende ging, mussten Franz und Maria jederzeit mit einer erneuten Reise nach Berlin rechnen, denn Philipp Franck ging es sehr schlecht. Schon seit September hatte er zeitlich unbeschränkten

Urlaub. Im Oktober waren Marias Eltern wieder in Meran. Die völlig unzulängliche Therapie bestand aus Entwässerungstees, starkem Kaffee oder Koffeinspritzen und verhinderte natürlich nicht, dass seine Herzmuskelschwäche, die Wasseransammlungen in seinem Körper kritisch wurden. Dazu hatte sich eine Geschwulst über den Nieren gebildet. Der Kranke konnte sich nicht einmal mehr hinunter in die Bank tragen lassen, das quälte ihn zusätzlich. Helene Francks Briefe an die »Kinder« waren sachlich, liebevoll. Sie war auf das Schlimmste gefasst.

1914–1916

»Wir müssen nun leider plötzlich nach Berlin«, hatten sich Franz und Maria Marc am 9. Dezember 1913 »in Eile« bei Wassily Kandinsky abgemeldet.[372] Vier Tage später wurde Philipp Franck beerdigt, seine Familie war auf den Verlust vorbereitet gewesen. Und doch: »Was waren das für schwere Tage – wie schrecklich schwer kann man sie überstehen.«[373] Immer hatte Maria sich seiner tendenziellen Zuneigung sicher sein können.

Bis zuletzt hatte er ihr monatliches Budget um 120 Mark »gewöhnlichen Zuschuß« aufgestockt – in dringenden Fällen gab es sogar mehr: »... nun sollst Du Franz einen Anzug schenken«[374], war die Tochter im Zusammenhang mit einer Sonderzahlung im vergangenen Sommer aufgefordert worden, unmittelbar bevor der Schwiegersohn erstmals im gutsherrlich-ostpreußischen Verwandten- und Bekanntenkreis herumgericht werden sollte. Sogar über des Vaters Tod hinaus war für Maria vorgesorgt, sie war Begünstigte seiner Lebensversicherung – im Januar des Jahres 1914 wurde ihr die stattliche Summe von 10000 Mark ausbezahlt.

Unverzüglich begann das Ehepaar Marc mit der Suche nach einer geeigneten Immobilie.

Maria dazu: »Unser Traum: Wunsch war, einmal in d. Besitz eines Bauernhauses zu kommen, das wir dann ausbauen wollten ... An einem schönen Wintertage [machten wir uns] auf den Weg auf die Kocheler Seite, um einmal Ausschau zu halten ... Unsere Umschau fing in Benediktbeuern an – wir hatten dort eine bestimmte Gegend im Auge. Dann sahen wir aber ein, dass wir nur irgend eine vage Vorstellung gehabt hatten. Alles sah anders aus u. vor allem gefielen uns die Häuser nicht, die in d. Nähe standen ... Wir suchten – es war sehr kalt u. hoher Schnee – noch weiter oben am Rande d. Berge nach einer geeigneten Wiese u. kehrten schliesslich müde u. erfroren in eine kleine Bauernwirtschaft ein, um Kaffee zu trinken uns aufzuwärmen u. gelegentlich zu fragen, wo etwas zu verkaufen wäre. Die Wirtschaft heisst heute ›Zur Friedenseiche‹ ... Die Leute schauten uns erstaunt an – wir kamen zu dritt – Franz u. ich mit Campendonk. Die ganze Wirtsstube sass voller Bauern u. man geleitete uns in's ›Neben-

140

zimmer‹ u. bediente uns wie ich weiss nicht was für hohe Gäste. Aber auf unsere Fragen hat man nicht viel geantwortet. Es war also diesmal nichts herausgekommen v. unserem Ausflug u. wir machten in einiger Zeit einen neuen Versuch u. zwar wollten wir uns in Kochel selber umschauen. Franz bekam Lust 2 Haltestellen vor Kochel auszusteigen – in Ried – um erstmal dort zu schauen. Wir sahen dort am Walde eine stattliche Villa u. schielten hinüber – fragend, wem sie wohl gehören möge? Diesmal gingen wir gleich in's Wirtshaus und Franz fragte so ein bißchen herum, ob da etwas zu kaufen wäre – als plötzlich der Wirt meinte: ›warum wollen's denn nit das Haus von d. Frau Major Rust anschauen – die will verkaufen‹: das war die Villa am Walde, die wir v. d. Bahn aus gesehen hatten. ›Ja‹, meinte der Franz – ›solch ein Haus wird uns wohl zu teuer sein – was verlangt sie wohl‹. Der Wirt nannte den Preis, der unsere Verhältnisse weit überstieg. So beschlossen wir denn doch erst mal nach Kochel zu fahren. Es war noch früh am Tage und wir konnten am Rückweg immer wieder aussteigen u. uns d. Haus beschauen, als wir am Bahnsteig – Ried ist eine kl. Haltestelle – auf den Zug warteten, sagte Franz plötzlich, ›ich werde der Dame vorschlagen, das Haus mit unserem Haus in Pasing zu tauschen‹ ...«[375]

Und so geschah es dann auch. »Wir werden unten zwei Zimmer und Veranda, Küche etc. haben. I. Stock zwei Schlafzimmer, Fremdenzimmer, Badezimmer und oben nochmals zwei reizende Zimmer, Bodenkammern. Unten schöner grosser Keller«[376]: Im Wert überstieg das Tauschobjekt in Ried jenes in Pasing. Längst wohnte Marcs Mutter in einer Münchner Altenpension. Doch ein Käufer für das Elternhaus war von Franz und seinem Bruder Paul noch nicht gefunden worden. Lediglich Ratenzahler hatten den geforderten Preis von 22000 Mark akzeptiert. Aber darauf hatten sie sich nicht einlassen wollen.

11000 Mark zur Ablösung von Pauls Anteil zuzüglich Zinszahlungen an Sophie Marc, da reichte Marias Erbe nicht aus. Unerwarteter Geldsegen kam noch einmal von der Franckschen Seite. Marias Mutter spendierte unter Kürzung ihrer Witwenversorgung weitere 5000 Mark.[377]

Nicht nur das Tauschgeschäft war damit perfekt, das Grundstück in Ried konnte durch Zukauf von Wiesenland sogar arrondiert werden, und für Maria sprang dann noch ein Flügel, ein Bösendorfer, wenn auch nur ein gebrauchter, heraus.

Unser Traum ... war, einmal in den Besitz eines Bauernhauses zu

kommen!? Der von Maria im Rückblick gewählte Plural wird der
Wirklichkeit nicht gerecht, die treibende Kraft beim Ortswechsel war,
eindeutig, sie. Elisabeth Macke wurden Beweggründe anvertraut: Auf
Sindelsdorf ruhe kein Kindersegen, »leider«[378]. Zudem sei es »immer
grässlicher mit den Hausleuten« geworden: »Sie haben uns schwer
geärgert. Und dann die ewige Wirtschaft mit den Dienstmädchen, denen die Bauernburschen immer in's Fenster stiegen und mit über-
nachteten. Ich durfte mich dann tagsüber mit den verschlafenen
Mädchen herumärgern, das war schon kein Vergnügen mehr.«[379]
Moralische Bedenken hatte Maria, selbstredend, keine. Doch waren
das Ausbleiben eigener Kinder, fensterlnde Burschen und Auseinandersetzungen mit Herrn und Frau Niggl[380] nicht die einzigen Ursa-
chen des Umzugs.

Auch glaubte Maria, den Anforderungen eines sich wandelnden
Umfelds Rechnung tragen und ihr bisheriges bescheidenes Zuhause
durch ein Vorzeigeobjekt ersetzen zu müssen: »Unser stilles Sindelsdorfer Leben wurde in diesen Jahren allmählich sehr verändert durch
die Menschen, die hinauskamen – die vielen Beziehungen, die das
Hinausgehen in d. Öffentlichkeit mit sich brachte. Und so war es
nicht immer leicht, mit der Primitivität des kl. Dörfchens allem gerecht zu werden. Die Wohnung wurde zu eng ...« Darüber hinaus war
sie der Meinung, Franz brauche an Stelle des zugigen und im Winter
eiskalten Speicherraums unterm Dach ein gestiegener künstlerischer
Wertschätzung angemessenes Atelier. Als er schließlich über rheumatische Schmerzen zu klagen begann, »fing [sie] an, ihn zu bearbeiten ...«[381]

Und nicht zu vergessen: Der Gedanke, dem endlich, endlich errun-
genen Status der rechtmäßigen Ehefrau nun den der Haus- und
Grundeigentümerin hinzuzufügen, war Maria Marc sicherlich kein
unangenehmer.

Am 27. April 1914 wurden Mobiliar, Hausrat, Kleidung, Staffeleien,
Gemälde, Drucke, Skulpturen ..., der Korb mit den zwei Kätzchen, die
Kiste mit den zahmen Rehen[382], Ricke und Bock, Hanni und Schlick,
aufgeladen. Franz und Maria gingen von Hund Russi begleitet den
etwa eineinhalbstündigen Weg am Kloster Benediktbeuern vorbei
nach Ried neben den beiden Fuhrwerken her.

»Und wir zogen nun hinein in das Haus – das sehr schön herge-
richtet war. Die Zimmer neu gestrichen ... und wir waren froh u. vergnügt ... Die erste Zeit war ungetrübt ... Franz ... hatte sich oben
im Hause ein kleines stilles Zimmer, von dem aus er die Rehe und

Umzug von Sindelsdorf nach Ried am 27. 4. 1914

den Wald sah, eingerichtet ... Oft kam er mit einer Arbeit hinunter in's Wohnzimmer – wenn er z. B. Holzschnitte druckte ... Das [waren] schöne, unvergessliche Stunden ... Es sollte ein neues Leben beginnen ...«[383] – privat und beruflich, sofern sich beides überhaupt trennen ließ.

Endlich konnte Besuchern etwas Repräsentatives angeboten werden. Sie malten sich aus, wie sie mit der Münter, mit Kandinsky, mit den Niestlés ... bis in die Nacht zusammensitzen und diskutieren würden.[384] »Kommt mal allesamt her; ich hab jetzt eine exquisite kleine erotische Bibliothek, dass es an Anregungen nicht fehlen wird«,[385] wurden die Mackes von Marc nach Ried gelockt. Als eine der ersten kam, zur »Schloss«[386]-Besichtigung, Sophie Marc. Im Mai reiste Marias Mutter an. Über Pfingsten belegten die Klees mit Sohn Felix das Gästezimmer, und auch Alfred Kubin wurde mitgeteilt, die gemütliche Unterkunft sei zu jeder Stunde aufnahmebereit.[387] Alexej von Jawlensky machte mit Söhnchen André einen Landausflug nach Ried, das Stadtkind wäre am liebsten dageblieben ...[388] Dann besuchte Arnold Schönberg die Marcs; bis in den August 1914 hinein[389] hatte er für sich und seine Familie in Murnau ein Feriendomizil angemietet, nach dem Kandinsky und Münter anhand eines von dem

143

ebenso Unentschlossenen wie Anspruchsvollen immerfort korrigierten Anforderungskatalogs wochenlang gefahndet hatten.[390]

In Ried richtete Franz Marc seine Aufmerksamkeit übers Malen, Zeichnen, Holzschneiden, Lithografieren, Modellieren hinaus, auf neue »fabelhaft schöne Aufgaben«. An die Inszenierung einer expressionistischen »Theatersache«[391] dachte er, angeregt von Hugo Ball, Dramaturg an den Münchner Kammerspielen[392], mit Musik von Arnold Schönberg, Anton Webern oder Alban Berg.[393] Ein weiterer »großer gewichtiger Plan« war eine von Kandinsky, Klee, Heckel, Kokoschka, Kubin und ihm selbst illustrierte Bibel.[394] Und: Ried werde ganz gewiss, schrieb Marc im Juni 1914 an Macke, die Geburtsstätte des Blauer-Reiter-Nachfolgebandes sein, »... lach nur; er wird doch! Ich brüte wie eine Henne darüber; diesen 2. Band werde ich allein, d. h. natürlich mit Mitarbeitern, wozu ich auch Dich zähle, hoffentlich, herausgeben.«[395]

Vom Renovierungs-, Umzugs- und Besuchertrubel erholten sich Franz und Maria auf der Staffelalm. Bei ihrer Rückkehr nach Ried fanden sie ein Billet von Anette vor. Frau von Eckardt, vormals Simon (im Januar 1913 hatte sie sich scheiden lassen und wieder ihren

Das Marc-Haus in Ried

Mädchennamen angenommen[396]), warnte in »grösster Besorgnis vor
d. Folgen des Mordes in Sarajewo«.[397]

Am 28. Juni 1914 war in der bosnischen Hauptstadt das österreichi-
sche Thronfolgerpaar im Auftrag einer pro-serbischen Geheimorga-
nisation erschossen worden.

Marias Einschätzung, ihr Mann habe die ganze Tragweite der aus
dem Attentat resultierenden Julikrise sofort überblickt, darf ange-
zweifelt werden. Tiefgreifendes Interesse am politischen Tagesgesche-
hen bekundeten bis dato beide kaum einmal. Die Krisen, die dem
Weltkrieg vorangingen, der Rüstungswettlauf der europäischen Groß-
mächte, die Probleme des Vielvölkerstaates Österreich-Ungarn auf
dem Balkan, Russlands eindeutige Parteinahme für Serbien und die-
jenige Deutschlands für die Habsburger Monarchie, die Unfähigkeit
von Politikern und Militärs, eine gesamteuropäische Lösung zu finden ... all das kommt in den Briefen der Marcs selten vor und scheint
sie nicht ernsthaft alarmiert zu haben. Ihr Blick war, der Eindruck
drängt sich zumindest auf, stets mehr auf allgemeine und kulturelle
Fragen gerichtet.

»Wir wußten nicht, daß so rasend schnell der große Krieg kommen würde ...« resümierte Franz Marc selbst im Oktober 1914.[398]

Auf Wassily Kandinskys schon Ende 1912 schriftlich ausgemaltes
Kriegsszenario – »Ich fühle so stark die Teufelshand darin, daß es mir
kalt wird. Die schrecklichen Möglichkeiten können sich in's Unendli-
che entwickeln und die schmutzigen Folgen werden lange ihre stin-
kende Schleppe über den ganzen Erdball ziehen. Und ... die Berge von
Leichen«[399] – ging Franz Marc gesprächsweise lediglich mit dem Hinweis ein, der Platz für den Bau der Zukunft müsse wohl auf diese Art
gesäubert werden. Was Kandinsky zu der Bemerkung veranlasste, ein
solcher Preis der Säuberung sei entsetzlich.[400]

28. Juli 1914: Österreich-Ungarn erklärte Serbien den Krieg, und am
30. des Monats wurde in Russland die Generalmobilmachung bekannt gegeben. Unter diesem Datum schrieb Helene Franck ihrer
Tochter, sie sei Hals über Kopf nach Ostpreußen gefahren, um Sohn
Wilhelm noch einmal zu sehen und so entsetzlich aufgeregt gewesen,
dass sie am Bahnhof von Insterburg kaum imstande war, ein Wort
mit ihm und Schwiegertochter Hertha[401] zu sprechen: »... meinen
Unterkiefer konnte ich gar nicht still halten, der zitterte dauernd und
dann stürzten mir die Thränen aus den Augen ...«

Tags darauf befand sich das Deutsche Reich erklärtermaßen im »Zustand drohender Kriegsgefahr«, und Wassily Kandinsky verabschiedete sich in Ried persönlich von den Freunden.[402] Über Nacht war aus dem russischen Staatsbürger ein Staatsfeind Deutschlands geworden, dem Verhaftung und Zwangsunterbringung in einem Internierungslager drohte. Er ging dann – wie Jawlensky, wie Werefkin ... – in die Schweiz; mit ihm gingen sowohl Ex-Ehefrau Anna als auch Lebensgefährtin Gabriele. Allerdings zog Kandinsky schon bald darauf eine Rückkehr in seine Heimat, wo er vorerst von Erträgen aus Haus- und Grundbesitz leben konnte, dem Status eines mittellosen Emigranten vor. Bereits Ende November sagte er der Münter ade, denn nach Russland durfte ihm zwar seine Landsmännin Anna, nicht aber die deutsche Staatsbürgerin Gabriele folgen. Möglicherweise wollte er mit seiner Option zwei Fliegen sozusagen mit einer Klappe schlagen, das heißt auch ohne sich erklären zu müssen, eine Trennung von der Münter herbeiführen.

1. August 1914: Deutschland machte mobil und erklärte Russland den Krieg. Danach erfasste der Flächenbrand Frankreich, Belgien, Großbritannien, Japan, die Türkei, Italien ...

Zwischen der Schwabinger Bauernkirchweih 1905 und dem Beginn des erst später so genannten Ersten Weltkriegs lagen nicht einmal zehn Jahre. Knapp vier davon hatte Maria Marc das Hauptfrau-Nebenfrau-Wechselspiel erduldet, etwa weitere vier waren bis zur Erteilung des Dispenses vergangen, in ›geordneten‹ ehelichen Verhältnissen lebten beide exakt erst vierzehn Monate und drei Tage, und gerade hatten sie begonnen, sich in dem schönen Haus in Ried so richtig wohl zu fühlen, als Franz am 6. August 1914, nachdem er sein Testament gemacht und seine Frau als Alleinerbin eingesetzt hatte, »vor dem Datum seiner Mobilmachungsordre«[403] zu den Fahnen, wie dergleichen verharmlosend genannt wurde, eilte.

Die panische Angst Marias um ihren Mann ließ sich von nun an allenfalls stundenweise verdrängen. Wie hasste sie diesen Krieg, »... es muß einen grausen vor der Zukunft ... Oft hab ich das Gefühl, als müßte mir das Herz zerspringen – direkt körperlich.«[404] Bewusster als je zuvor war ihr jetzt, wie eng verbunden ihr Wohlbefinden mit dem seinen war, allein der Gedanke an Franz' Tod war ihr unerträglich, »... ich habe ja nur Dich und unser Leben ... Was soll ich leben und anfangen, wenn Du nicht kämst!«[405] Für sie war Krieg kein legitimes

146

Mittel der Politik: »Die Menschen müßten sagen: wir wollen uns nicht bekriegen – der Krieg ist abscheulich und gemein! Und dazu gehört eine *viel viel* größere Kraft, als dazu, Krieg zu führen.«[406] An ihr prallten patriotische Parolen ab. Von Anfang an. Franz, dem erste Artilleriegefechte fabelhaft, imposant und mystisch vorgekommen waren[407] und der im Krieg einen heilsamen, obgleich grausamen Durchgang sehen wollte[408], hielt sie entgegen, »... daß heut kein Unterschied mehr gemacht wird zwischen Recht und Unrecht – daß alles alles umsonst ist, was Völkerrechtsvertrag heißt – oder Menschlichkeit – oder Moral ...« In helle Empörung versetzte sie seine Bemerkung, die einsamen Melderitte seien ihm nicht gefährlich genug, und er schäme sich fast, unverwundet herumzulaufen: »Es gab mir einen tiefen Stich, der mich sehr schmerzen wird, bis Du wieder kommst. ... Kannst Du Dir gar nicht vorstellen, was solche Worte für Eindruck auf mich machen? ... ein Mensch in Deinem Alter – verheiratet – sollte doch nicht Gefahren suchen und herbeisehnen.«[409]

»Liebe, liebe Lisbeth ... Wie sind die Zeiten schwer, man kann es kaum begreifen ...«, hatte Maria die Mitteilung ihres Mannes nach Bonn, er rücke guten Mutes ein, ergänzt.[410] Doch statt wie erwartet zuzustimmen, erwiderte ihr die Freundin, deren Mann und Bruder ebenfalls ›Kriegsfreiwillige‹ waren: »... wenn man sieht, wie gern alle gehen, das ist herrlich. Und an sich selbst darf man unter den Millionen gar nicht denken. Nur ans Land, daß das gerettet wird ... Heute sollen die ersten Verwundeten kommen, alles bei uns vorbei, und die Züge können wir sehen, mit Laub bekränzt, die die Leute an die Grenze bringen! Hoffen wir das beste, wenn auch nicht für den Einzelnen! ...«[411]

August Macke fiel am 26. September 1914 im Alter von siebenundzwanzig Jahren bei Perthes-lez-Hurlus in der Champagne; es dauerte Wochen, bis seine Witwe Gewissheit erhielt. Franz Marcs bewegender Nachruf auf den »Unersetzlichen« beginnt mit den Worten:

»Das Blutopfer, das die erregte Natur den Völkern von großen Kriegen abfordert, bringen diese in tragischer, reueloser Begeisterung.

Die Gesamtheit reicht sich in Treue die Hände und trägt stolz, unter Siegesklängen den Verlust.

Der Einzelne, dem der Krieg das liebste Menschengut gemordet hat, würgt in der Stille die Tränen hinunter; der Jammer kriecht wie der Schatten hinter den Mauern. Das Licht der Öffentlichkeit kann und soll ihn nicht sehen; denn die Gesundheit des Ganzen will es so.«[412]

Damit verneigte er sich vor der tapferen Elisabeth Macke. Doch spricht daraus nicht ebenso ein an die Adresse der eigenen, larmoyanten, Soldatenfrau gerichteter Vorwurf?

Was aber scherten Maria Marc Völkern angeblich von der Natur abverlangte Blutopfer, was scheinbar reueloser Begeisterungstaumel? Warum eigentlich sollte sie ihre Verzweiflung verbergen, warum ihren Jammer verheimlichen? Was ging sie die Gesundheit eines imaginären Ganzen an? Zumal ihr Franz sich Anfang Oktober, an der Ruhr erkrankt, mit letzter Kraft ins Garnisonslazarett hatte schleppen müssen.

Sie wollte ihn ungefährdet wissen, wollte ihn wieder bei sich haben: »Wärst Du doch hier!« – »... es ist kein Leben ohne Dich« – »... mein Franzliebchen – mein gutes Einziges – was habe ich für Sehnsucht nach Dir!« Und: »Welche Sehnsucht habe ich nach Musik.« Und: Das Rheuma in ihren Händen hatte sich prompt zurückgemeldet![413]

Hinzu kam: Mit der Schwiegermutter, ihr in bester Absicht aufgebürdet, war kein Auskommen in Ried. »Ich bin recht sehr allein mit meinem Kummer – Mama strömt eine Eiseskälte auch mit ihrer Freundlichkeit aus ... keine Wärme und Liebe hat sie für mich ... sie fühlt sich nicht wohl hier, das merke ich; ich wäre lieber allein – diese stumme Dulderin kann ich kaum noch ertragen.«[414] Nicht vergeben und nicht vergessen war die Weigerung Sophie Marcs, sich während der Wartezeit auf den Dispens mit der Schwiegertochter in spe zu solidarisieren. »Maman«, war Maria von Franz damals mitgeteilt worden, »fände es in jeder Beziehung inopportun, wenn Du jetzt ins [Pasinger] Haus kämst«; seine Mutter befürchte, hatte er erklärend hinzugefügt, gleichzeitiges Auftauchen anderer Besucher und infolgedessen »peinliche Situationen«.[415]

Wenigstens gab es keine ernsthaften finanziellen Sorgen zu beklagen. 3582,40 Mark, wurde Franz im November 1914 auf dem Laufenden gehalten, lägen bei der Deutschen Bank und »noch etwas« beim Münchner Bankhaus Aufhäuser. Den größten Teil ihres Guthabens legte Maria, ganz Tochter ihres Vaters, festverzinslich an, wild entschlossen, lieber einmal mehr als unbedingt erforderlich Geldnot zu beklagen als ihren »Notpfennig« anzutasten.[416] Kriegsanleihen hielt sie, im Gegensatz zur Mehrzahl ihrer Landsleute, für eine unverzeihliche Fehlinvestition.

Weil und solange ihr Mann als Soldat in ständiger Todesgefahr schwebte, litt Maria Marc daheim am Leben:

Münter, Kandinsky, Werefkin, Jawlensky im Exil, das ›Russen-haus‹ in Murnau verwaist;

die Klees im vergleichsweise weit entfernt liegenden München zwar mitleidend und gastfreundlich, doch eine nach wie vor intakte Vater-Mutter-Kind-Familie;

Anette von Eckardt, die Wolfkehls und Bloch ihr persönlich nicht nahe genug für sie erleichternde Gespräche;

Adda Campendonk und Marguerite Niestlé fortgeschritten schwanger und im Begriff, mit ihren Männern ans keinen Fuß-marsch mehr von Ried entfernte Südende des Starnberger Sees, nach Seeshaupt, umzuziehen ...

... das Heizmaterial knapp, die Lebensmittel rationiert und beides mangels guter Beziehungen nur schwer zu ergattern;

Russi alt und krank und trauernd um seinen Herrn, und der noch von Franz angeschaffte Zweithund ein unbeherrschbarer Raufer;

das Dienstmädchen seiner Unverschämtheiten wegen entlassen[417]

und sie selbst in Ried noch eine Fremde mit Anpassungsschwierig-keiten,[418] teils skeptisch umgangen, teils böswillig in Angst und Schrecken versetzt (mehrmals wurde die Ricke Hanni aus dem Ge-hege beim Haus ›befreit‹, musste mühevoll wiedergefunden und noch mühevoller wieder eingefangen werden, und auf Rehbock Schlick hatte man gar geschossen[419]).

Nicht nur kriegsbedingte, sondern auch ganz alltägliche Widrig-keiten führten Maria an ihre Belastbarkeitsgrenze.

Zum Malen fehle ihr die innere Ruhe, »... leider – manchmal habe ich große Sehnsucht es zu tun und direktes Bedürfnis«, alle ihre Ge-danken hingen am Krieg, sie sei wie gelähmt, schrieb sie an Gabriele Münter, nur beim Sticken kämen ihr »die alten lieben Erinnerungen an friedliche Abende«.[420] Da hatte sie sich also auf in Frauenkreisen Bewährtes besonnen. Auch Franz, dem stets am besten die Arbeit an der Staffelei über Erregungszustände hinweg geholfen hatte, hielt diese Beschäftigungsart für ein probates Mittel gegen weibliche Ner-venschwäche: »Sticke nur fleißig ... du Liebe; sticke alle Sehnsucht hi-nein, aber auch allen *Mut*.«[421] Vorzugsweise arbeitete sie nach Moti-ven aus eigens für diesen Zweck angefertigten Skizzenbüchern ihres Mannes, so wie Adda Campendonk, Marguerite Niestlé, Elisabeth Macke[422] ... nach Vorlagen ihrer Männer arbeiteten.[423] Maria Marc war von Bernhard Koehler um eine Decke[424] für seine Sammlung ge-beten worden, Stickerei auf blauem Seidenstoff: Geiß, Kälbchen, Reh, Stier, Pferd. Gedanke und Ausführung, erläuterte sie Franz die nicht nur mit dieser Auftragsarbeit verbundenen Schwierigkeiten, lägen mitunter weit auseinander; man müsse Empfindungen jeweils gleich ganz fest packen, denn am Ende gebe es, was sie mit an der Malerei geschultem Blick erkannte, »für jede Stelle doch nur eine Möglichkeit der farbigen Wirkung«.[425]

Seine ersten »Soldatenweihnachten«, kündigte der Unteroffizier Franz Marc an, werde er in der Kaserne von Mülhausen unterm licht-geschmückten Christbaum in Tabakwolken eingehüllt und Freibier trinkend »ganz vergnügt« in Gesellschaft bayerischer Kameraden verbringen. Unterdessen war es ihm zur Gewohnheit geworden, Maria mit das Kriegsgeschehen verschleiernder Berichterstattung zu versorgen.[426] Davon abgesehen scheinen beide stillschweigend über-eingekommen zu sein, statt sich über grausame Realitäten auszu-tauschen, ihre ursprünglich mündlichen Diskussionen auf hohem Niveau – Kunst, Literatur, Musik, Weltanschauliches ... betreffend – schriftlich fortzuführen, vielfach und mitunter seitenlang unterbro-chen von Marias Jammerepisteln, denn sie hatte sich mittlerweile angewöhnt, häusliche Problemfälle, und seien sie noch so unbedeu-tend, Franz zur Ferndiagnose vorzulegen.

Aus der erhofften und avisierten Soldatenweihnacht in der Etappe wurde nichts; Marc war in der Christnacht unterwegs in die Südvoge-sen, schwere Gefechte erwarteten ihn dort. Seine Frau verbrachte die ›Festtage‹ nicht, wie sie es sich gewünscht hätte, in Ried, sondern in Berlin. Zuvor hatte Maria ihre Mutter nach Ostpreußen begleiten müssen. Wilhelm Franck war dort zu Grabe getragen worden. Der Bruder starb, fast genau ein Jahr nach dem Vater, am 8. Dezember 1914 im Königsberger Festungslazarett Bethanien an einer Lungen-entzündung als Folge des Russlandfeldzugs.[427] Er hinterließ einen kei-neswegs krisensicheren Gutsbetrieb, Frau und Tochter. »Es war eine traurige Reise.«[428]

Selbst ein freudiges Ereignis gab Anlass zu Wehmut. Die Niestlés mel-deten sich als glückliche Eltern von Zwillingsmädchen bei den Marcs. Für die kleine Colette[429] legte dann Maria, die Patin, auch stellvertre-tend für Franz, den Paten, das Taufversprechen ab. Dessen seit Kriegs-beginn verstärktes Leiden an der eigenen Kinderlosigkeit – »... der Ge-danke, kein Kindchen, keinen Erben des Blutes, das man sterbend vergiesst, zurückzulassen, ist für mich das einzig ganz Traurige«[430] – trug nicht dazu bei, seiner Frau die Schuldgefühle zu nehmen.

Nach der verlustreichen Schlacht vor Nancy und Epinal und Stel-lungskämpfen in den mittleren Vogesen, von der Ruhr halbwegs ge-nesen, aber noch Rekonvaleszent, war Franz Marc »hinter der Front«

150

darum bemüht, seine Eindrücke zu verarbeiten: »... das bißchen Schreiben u. d. Ruhe haben mir gut gethan, was ich jetzt schreibe, wird sehr ernsthaft und von größerem Stil ...«[431] Als ließen sich durch Überhöhung und Idealisierung die entsetzlichen Bilder von verstümmelten Leibern und qualvoll Sterbenden aus dem Kopf vertreiben.

Die 100 Aphorismen mit dem Zusatz *Das zweite Gesicht* entstanden. Und ebenfalls zum Druck bestimmte Aufsätze, darunter jener betitelt *Im Fegefeuer des Krieges*. Er wurde im Oktober 1914 geschrieben, trug ursprünglich die Überschrift *Artilleristisches und anderes* und wurde in der Berliner *Vossischen Zeitung*, im *Kunstgewerbeblatt* sowie in *Der Sturm* veröffentlicht. Paul Klee reizte der Artikel zu Widerspruch. Für ihn, gab er Franz Marc unumwunden zu verstehen, sei die »Schule des großen Krieges«, durch die das Volk angeblich gehen müsse, um sich neues Leben zu erobern und neue Ideale zu formen, bestenfalls ein Denkmodell ewig Gestriger: »Für mich ist der Krieg eigentlich nicht notwendig gewesen, aber vielleicht für die anderen alle, die noch so zurück sind.«[432]

Ganz eins mit Franz Marc wähnte sich hingegen Oskar Kokoschka, der »gratulierte« dem Künstlerkollegen »herzlichst zu der Auszeichnung für Deutschland in den Kampf zu kommen« und wünschte ihm »die schönste Befriedigung Ihrer Kraft«, drückte ihm im Geist »stolz die Hand« und resümierte: »Wenn die Sendboten unserer jungen deutschen Kunst zu Löwen werden, wird auch einmal die Vorstellung von einer Welt, die wir schaffen mit einer natürlichen Gewalt ausbrechen.«[433] (Zunächst als untauglich eingestuft, dann aber doch noch eingezogen, wurde Kokoschka im Herbst 1915 auf grauenhafte Weise schwer verwundet.)

Um Weiterleitung eines *Das geheime Europa* überschriebenen Manuskripts an die Redaktion der *Frankfurter Zeitung*[434] bat Franz Maria im November: »Liebste ... Ich bin neugierig, wie es Dir gefällt u. ob Du es für verständlich hältst ...«[435] Weder gefiel es seiner Frau, noch hielt sie es für verständlich. Ihre Kritikpunkte, vorsichtig vorerst formuliert: zu viel Pathos, die Worte zu dunkel und schwankend.[436] Unbehagen hatte sie beschlichen beim Lesen von Sätzen ähnlich diesem: »Europa ist krank ... und will gesund werden, darum will es den furchtbaren Blutgang ... *Um Reinigung wird der Krieg geführt und das kranke Blut vergossen ...* dieser Großkrieg ist ein *europäischer Bürgerkrieg, ein Krieg gegen den inneren, unsichtbaren Feind des europäischen Geistes.* «[437] Deutlichere Worte der Ablehnung der Bemühungen ihres Mannes, diesem Krieg eine gute Seite abzugewinnen, fand

Maria wenige Monate später: »Wann diese schauerliche Morderei wohl ein Ende haben wird. Ich glaube an keine reinigende Wirkung durch etwas Böses.«[438]

Zuvor hatte Heinrich Campendonk zum Mittel der Ironie greifen müssen, um mit seinem Kommentar den verehrten Malerfreund nicht mehr als notwendig zu verletzten: »Hoffentlich wird bald Friede sein, dann muß der Siegerstolz überwunden werden, und wenn dann die Granatsplitter und andere Erinnerungen versilbert sind, dann können die handfesten Kulturfreuden beginnen. Dann wird das zwanzigste Jahrhundert beginnen, worüber Sie so schön schrieben. Hoffentlich erleben wir dann noch das neue Europa, die neue Religion und Kunst und die Auflösung des letzten Männergesangvereins!«[439]

Heinrich Campendonk zögerte seinen Kriegseintritt, so lange es ihm erlaubt war, hinaus.[440] Was Lily Klee, deren Mann ebenfalls gern zu den Nachzüglern gehörte, freudig begrüßte, was Maria Marc jedoch zu heftigem Widerspruch hinriss: »Ich will nicht von Campendonk persönlich reden ... ich will nur sagen, dass ich innerlich empört bin, wenn jemand von einem gesunden – sehr jungen Mann sagt, er hat recht, wenn er nicht in den Schützengraben will. Aber wenn es Krieg gibt, hat keiner das Recht ... zu sagen, ich will nicht ...«[441] Anders gesagt: Ich sehe doch gar nicht ein, dass mein Franz seinen Kopf für andere hinhält!? Ein Grund für Marias ›Doppelmoral‹ könnte ihre seit Kriegsausbruch erfolglose Suche nach einer für sie plausiblen Erklärung für die Eilfertigkeit ihres Mannes gewesen sein.

Doch knüpften weder Campendonk noch Klee, wie Marc, an diesen Krieg eine Heilserwartung, denn anders als Marc waren sie zwar Nietzsche-Kenner, aber keine Nietzsche-Jünger.

Um die Jahreswende 1914/15 entstand Franz Marcs Schrift *Der hohe Typus* – wie *Im Fegefeuer des Krieges* ein Rechtfertigungsversuch fürs Sterben auf dem ›Schlacht‹feld: »Zu diesem freien letzten Kampf müssen die schweren Ketten, die den europäischen Menschen an seine Vergangenheit schmieden, zerrissen werden. Dazu ist der Krieg. ... Wir müssen wie der reiche Jüngling alles verlassen, alle alten Erb- und Reichtümer verschenken, wenn wir dem einen fernen Ziel, der Typusvollendung des Europäers, zustreben wollen. ... Von nun an wird zwischen dem Heute und Gestern stets der verzehrende Brand des Krieges wie eine Weltscheide stehen. Er hat den Sinn, den guten Willen des alten, alternden Europa ad absurdum geführt. ... Uns hat der große Krieg erfrischt und befreit.«[442]

Sie wolle, erklärte Maria Franz daraufhin unmissverständlich, »erst *Mensch* sein – dann *Deutscher* [sic!] – dann *Europäer* [sic!] ...«[443]

Frei erfunden war das Marcsche Idealbild vom *Hohen Typus* nicht. Vordenker Nietzsche hatte es für *Jenseits von Gut und Böse. Vorspiel einer Philosophie der Zukunft* so entworfen: »Der soll der Größte sein, der der Einsamste sein kann, der Verborgenste, der Abweichendste, der Mensch jenseits von Gut und Böse, der Herr seiner Tugenden, der Überreiche des Willens; dies eben soll *Größe* heißen: ebenso vielfach als ganz, ebenso weit als voll sein können.«[444] Ebenfalls in *Jenseits von Gut und Böse* – das Werk wurde parallel zu *Also sprach Zarathustra* konzipiert – gab Nietzsche die Parole aus, die Welt sei weder gut noch schlecht, wohl aber im Sinne einer primären Lebensform ein großes instinktives Ganzes: zum einen bevölkert von willenlosen ›Sklaven‹, hervorgebracht vom Christentum, und zum anderen von ›Übermenschen‹, hervorgegangen aus einer Oberschicht und somit geadelt durch Sicherheit in den Wertmaßstäben, Machtbewusstsein, Mut und Stärke ... Der Mann, ließ Nietzsche *Zarathustra* verkünden, müsse zum Kriege erzogen werden, das Weib zur Erholung des Kriegers.

Sie solle doch, wurde Maria im März 1915 von Franz aufgefordert, jetzt einmal Friedrich Nietzsche lesen. Sie dachte nicht daran und empfahl ihm im Gegenzug, es ihr gleichzutun und sich nochmals intensiv mit den Werken Leo N. Tolstois zu beschäftigen[445]. Was dann auch geschah, mit dem Ergebnis, dass Marc die Werteskala des russischen Schriftstellers[446] ins Reich der Utopie verwies: »Der Schritt Tolstois, *aus der idealen Forderung eine reale Forderung* zu machen, scheint mir das Verhängnisvolle seiner Ethik. Denn mit diesem Schritt gerät der Geist in's Gegenständliche, in die Niederung des Volkstümlichen, und wir müssen alle unsere Heroen begraben ...«[447] Stand die Gedankenwelt des Egalitätsträumers Tolstoi doch in krassem Gegensatz zu der des Elitepropagandisten Nietzsche.

Allein die Beschäftigung mit den Werken Leo N. Tolstois war es sicherlich nicht, die Maria Marc im Frühjahr 1915 befähigte, die längst im Kopf vorformulierte kategorische Zurückweisung der zuletzt von Franz Marc umgemünzten Nietzsche-Vorgabe endlich zu Papier zu bringen: »Deinen Artikel ... [*Der Hohe Typus*] möchte ich nicht gedruckt haben, weil Unwahrheiten darin stehen – die du natürlich als solche noch nicht erkannt hast.«[448]

Und wie stellte sie sich zu den *100 Aphorismen*? »Schöner und reifer« als der Artikel, das zumindest räumte sie ein. Nur lassen die brieflich aufgelisteten Verhaltensmaßregeln mühelos ihre Taktik erkennen: nur nichts übereilen und nur nach gemeinsamer Überarbeitung und Selektion publizieren.[449] Denn Franz Marc war von einer Herausgabe seiner Sprüchekollektion in Buchform ausgegangen. (Maria Marcs Bedenken müssen tatsächlich erheblich gewesen sein. Erst vier Jahre nach dem Tod ihres Mannes willigte sie in die Veröffentlichung von zweiundzwanzig der hundert Aphorismen ein;[450] fünfzehn weitere, ebenfalls zumeist gekürzt, durfte der Marc-Biograf Alois Schardt 1936 drucken lassen. Vollständig machte sie erst Klaus Lankheit 1978 dem Lesepublikum zugänglich.[451])

Ein Blatt hatte Frau Marc niemals gern vor den Mund genommen. Doch stand jüngst entwickelter Widerspruchsgeist zweifelsfrei auch mit einem Neuankömmling in Ried in Verbindung, der von den Alteingesessenen noch argwöhnischer als sie selbst beäugt wurde, der ihr aber nach Monaten des Zitterns und Zagens wie ein rettender Engel erschienen war:

Heinrich Kaminski! 1886 im badischen Tiengen als Sohn des altkatholischen Pfarrers Paul Kaminski und der Sängerin Mathilde Barro geboren, tat sich mit der Berufswahl schwer. Weder wollte ihm im Anschluss an seine Gymnasialzeit die Laufbahn eines Bankangestellten noch das Studium der Nationalökonomie gefallen. Erst die 1907 begonnene Ausbildung am Sternschen Konservatorium in Berlin führte er erfolgreich zu Ende. Entdeckerin und Förderin seiner außerordentlichen musikalischen Begabung war ein Fräulein Warburg, vermögende Hamburgerin und eine aus einer Reihe vieler Gönnerinnen und einiger Gönner, die dem von Haus aus Mittellosen sein Leben lang zur Selbstverwirklichung verhalfen.[452] Eine seiner Kommilitoninnen bewahrte dieses Porträt des einundzwanzigjährigen Kaminski jahrzehntelang in ihrem Gedächtnis: »Er studierte damals Klavier bei Severin Eisenberger ... In jener Zeit erwachte sein Schöpferdrang mit einer fast unheimlichen Vehemenz ... Was er schuf, dazu gewann er das Können aus sich selbst, in eiserner Arbeit darum ringend. Bach war sein Lehrmeister. Jedes seiner Werke bedeutete eine neue Epoche, an jedem wuchs er, seine künstlerische Entwicklung vollzog sich in einem unerhörten Tempo ... Er lebte ... ganz zurückgezogen in sich hineinhorchend, um zu gestalten, was da werden sollte ... Der 130. Psalm entstand und später der 69.[453] ... Nebenbei gab er ... Unterricht, um sein monatliches Einkommen ... aufzurunden ... Kaminski war in die anthroposophische Loge eingetreten und besuchte die Vorträge von Rudolf Steiner, den er – später – ganz ablehnte ... Nach einem Vortrag von Steiner setzte sich ein Mit-

Der Komponist Heinrich Kaminski

glied an den Flügel und begann aus ›Parsifal‹ zu spielen, worauf Kaminski ostentativ aufstand und den Saal verließ. Wagner war ja für ihn das rote Tuch ... Kaminski hatte es in jenen Jahren nicht leicht mit sich selbst, aber ... das Bewußtsein seiner Mission ... half ihm über alle Klippen hinweg.«[454]

Heinrich Kaminski widmete einen Großteil seiner kompositorischen Schaffenskraft dem Versuch einer Neubelebung Vorbachscher und Bachscher Polyphonie. Musik war für den enorm Belesenen und vielseitig Interessierten stets Ausdruck seiner Version von Religiosität: ein Konglomerat aus christlichen, hinduistischen, buddhistischen und altpersischen Vorgaben. Auch soll er den Rosenkreuzern nahegestanden haben,[455] Anhängern einer europäischen Geistesströmung, die sich auf anonyme Veröffentlichungen des 17. Jahrhunderts berufen, in denen vom legendären Lebenslauf des 1378 geborenen Ritters Christianus Rosencreutz berichtet wird, welcher die geheimbündlerisch menschenfreundliche Idee vom Rosenkreuzertum verbreitet haben soll, eine eigentümliche Mischung aus vieldeutigen Allegorien und Neuplatonismus, jüdischer Geheimlehre (Kabbala) und mittelalterlicher Mystik.

Neben einer Sammlung von Essays umfasst das Œuvre Heinrich Kaminskis Opern, Orgelkompositionen, Chor- und Kammermusik sowie Volksmusikbearbeitungen. Schon früh stand er im Ruf eines ›großen Meisters‹, und Meisterschüler – darunter der junge Carl Orff – durften sich als Auserwählte fühlen. Seine Probenarbeit mit Orchestern und Sängern war durchsetzt mit Exkursen in höhere Sphären (teils wortwörtlich festgehalten von eifrig mitstenografierenden weiblichen Chormitgliedern): »Wie wir durchs Leben kommen, liegt an uns selbst, man kann ja nicht gegangen werden. Man kann nur gehen. Wir müssen uns schon aufraffen und auf den Weg machen. Die Menschen heute sind besoffen von lauter Tun, dabei kommt es nicht zuerst auf das Tun, sondern auf das Sein an. Das Tun fließt aus dem rechten Sein. Musik muss strömen. Gibt es etwas Schöneres als strömen? Sie sollen die Hörer auf Ihrem Strom tragen. Es geht hier nicht um Ihre und ebenso wenig um meine Ehre. Es geht um die Musik. Musik ist nicht das, was die guten Bürger davon halten. Musik ist keine Materie. Musik ist Geist und Geist muss schwingen, und zum Schwingen gehört Intensität. Der Hörer muss spüren, dass Musik eine geistige Kraft ist.«[456] Heinrich Kaminski konnte seine größten kompositorischen Erfolge in den späten Zwanziger und frühen Dreißiger Jahren feiern, danach nahmen die nationalsozialistischen Machthaber eine jüdische Großmutter zum Anlass, ihn und seine Werke aus Deutschlands Konzerthäusern fernzuhalten.

Der Hang Kaminskis zu predigtähnlichen Monologen war einer seiner ausgeprägtesten Charakterzüge. Bemerkenswert war aber auch sein ausgefallenes Äußeres. Besonders groß war der Überraschungseffekt, wenn er in einem seiner kaftanartigen, bodenlangen Gewänder erschien, obwohl auch vergleichsweise Alltagstaugliches, bestehend aus weit geschnittenen Hemden mit gebauschten Ärmeln und Schillerkragen, kunstvoll gebundenem Krawattentuch, Kniehosen, winters wollenen und sommers feingewirkten Strümpfen sowie Schnallenschuhen stark von der Gegenwartsmode abwich. Wenn

Kaminski in einen Raum kam, heißt es, habe er die Blicke Anwesender unverzüglich auf sich gezogen, ja ganze Gesellschaften vom Zeitpunkt seines Auftritts an dominiert – vorausgesetzt, es formierte sich eine ihm aufmerksam lauschende Zuhörerschaft, denn nur dann gab er seine Lebensweisheiten und Lebensführungsprinzipien[457] freimütig an diese weiter.

Die nachhaltige Wirkung Heinrich Kaminskis insbesondere auf aufgeschlossene Damen bildungsbürgerlichen Zuschnitts erkläre sich, mutmaßte die Tochter einer dieser Frauenkategorie zuzurechnenden Zeitzeugin, am ehesten mit »geistiger Erotik«.[458]

Wie das Malerehepaar Marc war der Tonkünstler Kaminski im Frühjahr 1914 nach Ried gekommen. Die Mietzahlungen für das von ihm bewohnte äußerst bescheidene Häuschen (und auch die Kosten für eine Zugehfrau?) übernahm erneut Fräulein Warburg,[459] nachdem ihn die bekannte, in München lebende Klavierlehrerin Anna Hirzel-Langenhan eine Zeitlang beherbergt und verköstigt hatte.

Soweit schriftliche Quellen sie belegen, geht Maria Marcs persönliche Bekanntschaft mit dem um zehn Jahre Jüngeren auf März 1915 zurück; da tauchte in Briefen an Franz der »gute Kaminski ... kein banaler Kopf« erstmals auf. Zugleich aber versuchte Maria ihren Mann zu beruhigen: »Denk nur ja nicht, dass mich der Kaminsky [sic!] auf dumme Ideen bringt – od. mindestens ich mich von ihm beeinflussen lasse – davon ist keine Spur.« Doch vermögen auch tatsächlich platonische Seelenfreundschaften eine Ehe in gefährliches Fahrwasser zu manövrieren. Ihrer Eigenart entsprechend – und zum Selbstschutz vielleicht – entschied sich Maria bald für ein Spiel mit offenen Karten. Zukünftig sollte Franz Marc vom Stellenwert Heinrich Kaminskis fortlaufend unterrichtet werden. Monatelang von Ängsten geplagt, schob ihm seine Frau bereits am ersten Apriltag eine Teilschuld an ihrem Seitenblick zu, habe sie zuletzt nicht mehr aus noch ein gewusst: Dann aber »trat Kaminski in unser Haus – und strömte eine solche Reinheit und Wahrheit aus – daß ich plötzlich ruhig wurde und daß ich den Weg sah – erstaunt, daß ich ihn nicht längst erkannte ... Wie sehnlich wünsche ich, daß du das mit mir fühlen könntest – nicht um Kaminskis willen – denn der ist, was er ist – sondern um deinetwillen – um unseretwillen ...« Bemerkenswert ist auch der Nachsatz Marias: »Schrecklich, daß so jemand zur Infanterie muß!«[460] Vergessen ihr empörtes Aufbegehren, nachdem Lily Klee Verständnis für Heinrich Campendonks[461] Erleichterung über seine Zurückstellung vom Kriegsdienst geäußert hatte. Allerdings sollte sich Maria Marcs Sorge um Leib und Leben des neuen Freundes als unbegründet erweisen, da die mit maßgeblichen Militärs befreundete Benita Freifrau von Freilitzsch ihre schützende Hand über Kaminski hielt und erreichte, dass sowohl dessen erste als auch zweite Einberufung über ein Münchner »Rekrutendepot« (wo Frau Marc ihn so oft es ihr möglich war besuchte) nicht hinausging und schnellstmöglich rückgängig gemacht wurde.

Auf wiederholtes Vortasten, »Wie werdet ihr Euch verstehen? K[aminski] und du? Ich denke doch gut!«[462], erhielt Maria von Franz die aufschlussreich akzentuierte Entgegnung: »Auf Kaminsky [sic!] freu ich mich ... Was macht eigentlich Deine Stickerei? Du schriebst lange nichts mehr davon. Auf die bin ich nämlich sehr neugierig.«[463]

Einsamem Sticheln mit Nadel und Faden zog sie jedoch unterdessen Klavierspielen unter Anleitung ihres Rieder Mentors vor, »vollkommen systematisch ... bei Frau Klee war alles nur so ungefähr«.[464] Aber auch auf Herrn Klee war Maria Marc noch immer nicht gut zu sprechen – und er nicht auf sie und ebenso wenig auf Heinrich Kaminski, was aus einem auch über diesen Aspekt hinaus erwähnenswerten Tagebucheintrag[465] Klees hervorgeht: »An Franz Marc musste ich ins Feld schreiben, länger und viel ernsthafter als mir liegt. Er erklärte sein Bedauern, dass ich mich mit seiner Frau zu kunsttheoretischen Auseinandersetzungen herbeigelassen hatte. Es hätte sich [hier bezog sich Paul Klee auf die Reaktion Franz Marcs – Anm. d. Verf.] das aus meinem Bestreben ergeben, seiner Frau zu helfen, die aus ihrem vielleicht nur scheinbaren Gleichgewicht gekommen schien, und sich gegen ihren Mann stellte; was die Kunst betraf. Gewiss auch dies nur scheinbar, weil sie sicher dabei sein besseres Ich im Auge hatte. ... Frau Marc hatte sich auch gegen Kandinsky gewendet, und ich dankte Franz Marc, dass er treu zum Werke Kandinskys stand. ... Was war der Anlass zu solchen unnützen und für den im Feld stehenden pinsellosen Maler beunruhigenden Geschichten? Die Schwäche seiner Frau, die nicht auf eigenen Beinen stillstehen kann und der Einfluss eines Propheten Kaminski, der in der dortigen Gegend wirkt und einfliesst.«[466]

Gegenstand von Marias Kritik war nun also auch der alte Murnauer Weggefährte; »Kandinsky ist sentimentale Romantik«, hatte sie ihn Franz gegenüber abgetan.[467] Er für seinen Teil, wurde sie von ihrem Mann daraufhin belehrt, ziehe sich von niemandem vorschnell zurück, folglich solle auch sie bewährten Freunden wie Kandinsky oder den Klees weiterhin so entgegentreten, wie es sich anständigerweise gehöre.[468] Maria jedoch beharrte auf ihrer Skepsis: »Es wird sehr wenige Menschen geben, die mit uns fühlen und mit uns gehen werden, die ›eine Ahnung haben‹, wie K[aminski] immer sagt.«[469]

Kaminski sagt, Kaminski meint, Kaminski glaubt ... Kaminski in all ihren Briefen, Kaminski wurden forthin die von Franz an sie adressierten vorgelegt, und mit dem Pazifisten Kaminski ging sie regelmäßig deren Inhalt durch.[470] Da nimmt es nicht Wunder, dass Maria nachdrücklicher denn je in ihren Antwortschreiben Kriegsrechtfertigungsmodelle verurteilte. Ideologisch scheint Kaminski sie auf echtes Neuland geführt zu haben. Wie sonst erklärt sich ihre zunehmend politisch gefärbte und schärfer geführte briefliche Antikriegskampagne: »... der Krieg wird jetzt betrieben um einer kleinen Machtgruppe von Menschen willen; weder das deutsche Volk, noch das französische, noch irgend ein anderes wollte od. will den Krieg. Der Wille zur Macht – Großmacht liegt auch nicht im Volke, sondern in den Kreisen des Kapitalismus. *Geld verdienen* – darauf kommt es raus ... Wozu baut Krupp Kanonen? Doch um Krieg zu führen? Aber was gehen die Kanonen das *Volk* an – die *Menschen*? das Leben?«[471] Ob wohl die Frauen, gab Maria Franz einmal zu bedenken, so duldsam wären, wenn man sie zu einer so unsinnigen Sache zwingen würde.[472] Im Juni 1915 empfahl sie ihm Schriften sozialistischen Inhalts – und brachte ihre Zweifel an seiner derzeitigen geistigen Gesundheit zum Ausdruck.

Aufgeschreckt hatten sie Franz' »sonderliches Reden« vom wahren Geist beispielsweise, der keinen Körper brauche, und mehr noch die ihr von ihm wortreich geschilderten Depersonalisierungs-Symptome: »... als ob ich bei den Legionen Cäsars stünde, – das ist kein Witz ... ich ›sehe‹ uns [Soldaten] plötzlich so, ganz genau, bis in alle Einzelheiten. So kommen mir auch die Bewohner der Gegend durchaus als Verstorbene vor, als Schatten ... Das sind keine *Erlebnisse* mehr für mich; ich *sehe* mich ganz objektiv wie einen Fremden herumreiten, sprechen u. s. w.«.[473] Als »Ichspaltung« kennzeichnete sie die hybride Identität ihres Mannes. »Möchtest du nicht doch Urlaub nehmen?«, flehte sie ihn an, und: »Ich will dich ja nicht überreden ... Du würdest vielleicht doch mit klarem Verstand wieder hinausgehen ...«. »Ganz unheimlich« war ihr auch seine, wie sie es nannte, »geistige Erschlaffung«.[474]

Mag sein, Franz Marcs Gemütszustand kam zeitweilig einem psychischen Kollaps gleich.[475] Walter Winkler, habilitierter Facharzt für Neurologie und Psychiatrie, wagte 1949 zu behaupten, der Künstler habe verschiedentlich, vor allem aber während des Krieges, dicht am Rande einer Psychose gestanden.[476]

Mag auch sein, Franz Marc hatte die Gefahr bereits im März 1915 erkannt und deshalb, erstmals seit Kriegsbeginn, zu seinem bewährten Allheilmittel gegriffen: »Bei mir stapelt sich alles bis zur schmerzhaften Müdigkeit im Kopf, aber ich fange jetzt leise an im Skizzenbuch zu zeichnen. Das erleichtert und erholt mich ...«[477] Am 12. Juli brachte er die sechsunddreißig Bleistiftzeichnungen mit ins friedliche Ried, es sind seine letzten erhaltenen Werke.

Er kam, gab Paul Klee seinen Eindruck von dem Urlauber wieder, »obwohl sehr ermüdet und sichtlich abgemagert, unausgesetzt erzählend nach München. Anhaltender Druck und Freiheitsberaubung lasteten deutlich auf ihm«.[478] Auf ihre bohrenden Fragen nach seinen Erlebnissen an der Front konnte Maria von Franz keine Antwort erwarten. Nachträglich bat er um Nachsicht für sein Schweigen: »Liebste ... Mir wurden die letzten Tage innerlich doch schwerer als ich es gestehen mochte u. die Herausfahrt auch ... ich konnte nicht anders. Ich konnte mich nicht ... *frei fühlen* auf Widerruf ...«[479] Sie sei glücklich, schrieb Maria ihm hinterher, und beruhigt, dass sich sein »sturer Blick« daheim ganz verloren habe.[480] Selbstverständlich war Marc in Ried mit Kaminski zusammengetroffen und hatte, im direkten Vergleich, offenbar gut abgeschnitten. Jedenfalls kühlte Marias Begeisterung für den Komponisten ein klein wenig ab: Er lasse sie seine geistige Überlegenheit mitunter zu deutlich spüren, meinte sie nun herauszufühlen, und monierte auch seine Ungeduld beim Unterrichten. Außerdem erinnere Kaminski sie zunehmend an den pedantischen Schnür-Ersatzkindsvater August Gallinger.[481] Vielleicht war ihr zwischenzeitlich bewusst geworden, dass Heinrich (sie duzten sich,[482] doch mussten andere das nicht wissen) ihr im Gegensatz zu Franz mehr mit Rat als mit Tat zur Seite stand. Oder machte ihr zu schaffen, dass er neuerdings auffallend häufig eine reizende zweiundzwanzigjährige Chorsängerin ins Gespräch brachte? Wie auch immer, Franz' zweiter nicht einmal vierzehntägiger Heimaturlaub nur vier Monate nach dem ersten festigte die belastete eheliche Gemeinschaft. Begünstigt durch seine veränderte Einstellung zum Kriegsgeschehen – endlich konnte er sich und Maria eingestehen, »daß bei dieser ganzen Schießerei doch nichts Erhebliches und Erhebendes herauskommt«[483] – und möglicherweise auch durch sein tadelloses Erscheinungsbild[484]. Er habe sich, hatte der frisch beförderte Leutnant der Landwehr I. Aufgebot der Feldartillerie bei der leichten Munitions-Kolonne der I. Abteilung des königlich bayerischen Ersatz-Feldartillerie-Regiments Franz Marc seiner Frau noch vorm Heimaturlaub mitgeteilt, als Ergänzung seiner schmucken neuen Uniform »rohseidene Wäsche, prima Stiefel, 2. Reithose« und einen silbernen Reitstock zugelegt: »In Kleiderfragen wird mich der Krieg wahrscheinlich sehr nach Deinem Geschmack verändert haben!« Mit der Übersendung von »Ührchen und Manschettenknöpfen« hatte Maria zur Vervollkommnung der Offiziersausstattung beigetragen.[485]

Wenn sie jetzt so »sehnsüchtig« schreibe, solle er sie nicht schelten, bat sie Franz nach dessen Rückkehr zur Truppe, »ich leide mehr denn je unter der Trennung – unter der Einsamkeit«. Im vorigen Jahr sei sie noch optimistisch gewesen. Im Herbst, »als die Äpfelchen im Baume vor dem Fenster reiften«, habe sie gedacht: »wenn mein Obstbäumchen beschneit ist, bist du wieder da« und im Winter sich mit dem Gedanken getröstet: »wenn der Baum blüht, liege ich nicht mehr allein im Bett«.[486] Daraufhin wurde ihr versprochen: »Zur Zeit der grünen Äpfel bin ich zu Hause. Vielleicht früher aber spätestens dann.«[487]

Maria und Franz Marc während seines Heimaturlaubs (1915)

Franz Marc hatte dem gefühlsmäßigen Wieder-näher-Aneinan-
derrücken erleichtert den Namen »diese neue Sicherheit der Seele«
gegeben,[488] indes geriet die gleich zu Beginn des neuen Jahres erneut
ein wenig ins Wanken. Diesmal war weibliche Eifersucht das Problem.

Else Lasker-Schülers alias des Prinzen Jussufs Briefe an Franz Marc
hatten dem »lieben, wundervollen Blauen Reiter« einmal mehr ein
Zuviel an verbalen Streicheleinheiten entlockt – so zumindest sah es
die ihm Angetraute. »Hübscher Brief von Lasker« – »erinnert mich
an die romantische Bettina [von Arnim]« – »Wie reizend ist das ge-
fühlt« – »ein lebendiger, tragischer Geist, der Liebe verdient«, so und
ähnlich lauten auf die gemeinsame Freundin gemünzte Nettigkeiten,
die Maria höchst ungern von ihrem Mann zu lesen bekam,[489]
währenddessen sie selbst die Dichterin wenig schmeichelhaft eine
Hysterikerin und Neurotikerin[490] nannte. Einen ähnlich bitteren
Beigeschmack hatte im vergangenen April Lasker-Schülers erklärte
Absicht, Marc an der Front zu besuchen[491], nicht hinterlassen; aber
dieser Vorstoß hatte sich ja mit der eigenen ersten Kaminski-Eupho-
rie gedeckt. Ende Januar 1916 nun schrieb sich Maria nach fortgesetzten Lobeshymnen auf die vermeintliche Konkurrentin regelrecht in
Rage: »Mir ist diese gräßliche Anhimmelei u. Schwärmerei für dich
so unsympathisch. « – »Sie ist halt auf gut deutsch ganz verliebt in
dich! ... Ich mag das einfach nicht. Ich bin nicht gestimmt, diese Lie-
besbriefe an dich ganz harmlos zu nehmen ... Und schließlich hat
mich der liebe Gott mit einem gewissen Quantum Instinkt begabt.«[492]
Energisch wies sie das Ansinnen ihres Mannes zurück, sie möge doch
Else Lasker-Schüler endlich einmal einen Besuch abstatten. Gleicher-
maßen könnte ihr missfallen haben, dass die Dichterin mitunter in
ihrer schriftlichen Anrede über das F von Franz einen Stern und über
das M von Mareia einen Heiligenschein malte.[493] Noch nahezu vierzig Jahre später, in ihrem Vorwort zur Veröffentlichung der *Blauer-
Reiter-Botschaften an den Prinzen Jussuf*, konnte Frau Marc ihre zeit-
weilige Aversion gegen die Lasker-Schüler nicht verhehlen: »Es war
mitunter nicht leicht, ihr Liebe entgegenzubringen, die sie erwartete
und oftmals verkannte.«[494]

Anfang 1916, nach Marias heftiger Attacke, lenkte ihr Mann zwar
ein und reduzierte die ›Lasker-Affäre‹ augenzwinkernd auf das ihr
seiner Einschätzung nach zustehende Maß: »Es scheint mir alles
nicht wert u. wichtig, aber duftig und anregend wie eine gute Zigarre
oder eine kleine beliebige Reise« – fühlte sich jedoch zugleich an die

alte »Schnür-Tragikomödie« erinnert.[495] Was den Verdacht seiner Frau zu guter Letzt gar bestätigte? Doch da war Maria, klugerweise, wieder zur Tagesordnung übergegangen: Berlin habe sie »noch sehender« gemacht, teilte sie Franz in einem weitgehend in munterem Plauderton gehaltenen Erlebnisbericht aus der Hauptstadt des Deutschen Reiches mit: Frauen führen nun Straßenbahnen, Post- und Kohlenwagen. Und sonntags, beim »großen Tee« bei Herwarth Walden (»unbedeutende Menschen, die Unbedeutendes von sich geben«) hätten ihr seine »Sachen ... am besten gefallen. Punktum!«.[496]

Am liebsten wäre es ihr ohnehin, Franz' Bilder kehrten in ihr Haus zurück! Obwohl: In die rechten Worte konnte Maria ihre Vorbehalte gegen den geschäftstüchtigen Galeristen nicht kleiden.

Wehmütig verglich sie in Berlin auch allerjüngst entstandene Werke aus der Koehler-Sammlung mit Zeichnungen und Gemälden der Vorkriegs-Expressionisten: »Diese Zeit ... ist vorbei für immer. Ich fühle so deutlich, daß der Krieg sie uns geraubt hat.«[497] »Wenn ich so ... sehe was gemalt wird«, setzte Maria ihre auf sich selbst bezogenen Überlegungen fort, »hab' ich auch das Gefühl, ich möchte arbeiten; ich müßte mehr können ... Vielleicht fange ich im Frühjahr auch wieder an.«[498]

Ihr einziger Wunsch für Franz zu seinem sechsunddreißigsten Geburtstag am 8. Februar: gesunde Heimkehr, in Frieden, »Heimkehr in unser Leben, wie wir es lieben«.[499] Denn aus diesem Wunsch, davon ging Maria in jenen Tagen aus, konnte in absehbarer Zeit, sogar noch vor Friedensschluss, Wirklichkeit werden. Glauben machte sie das eine gute Nachricht des Malers und Schriftstellers Richard Seewald, der sie amtlich umständlich davon in Kenntnis gesetzt hatte, dass Franz Marc zu den »nur 30 ... ›ganz hervorragend Begabten‹ ... aus ganz Deutschland« zählen könnte, die laut Ministerbeschluss und im Einverständnis mit dem Chef des stellvertretenden Generalstabs von der Front zurückgezogen werden sollten. »Wollen Sie mir bitte«, endete Seewalds Schreiben, »seine genaue Adresse angeben? Bitte gleich.«[500]

Da aber war selbst »gleich« schon zu spät.

Bereits im November 1915 hatten sich Freunde Franz Marcs[501] um seine Entlassung aus dem Heer bemüht, ohne sonderliche Begeisterung bei ihm auszulösen. Maria, die als Mittelsfrau fungierte, teilte er damals die Bedingungen mit, welche er an seine Zustimmung knüpfen würde: »Über die Möglichkeit der Rückberufung oder längerem Urlaub zur Arbeit hab ich noch nachgedacht; ich bin überzeugt, daß ein solcher nur denkbar wäre, wenn ich irgend einen offiziellen

Kunstauftrag bekäme, zu dessen Ausführung ich Urlaub bekäme; ein solcher ist aber doch ausgeschlossen, vor allem ohne Kompromiß, den ich doch nicht eingehe.« Sie solle die Initiatoren nur rechtzeitig warnen, einen »offiziösen« Auftrag einzufädeln und ihn dadurch bei Vorgesetzten und Kameraden in Misskredit zu bringen.[502]

Ende Februar 1916 wurden auch die vom Leutnant Franz Marc befehligten Soldaten in die ›Hölle von Verdun‹[503] abkommandiert, die französischen Linien galt es zu durchbrechen: »Von der wahnsinnigen Wut und Gewalt des deutschen Vorsturms kann sich kein Mensch einen Begriff machen, der das nicht mitgemacht hat. Wir sind im wesentlichen Verfolgungstruppen. Die armen Pferde!« – »Seit Tagen seh ich nichts als das Entsetzlichste, was sich Menschengehirne ausmalen können.« – »Es ist schrecklich – Aber alle Dinge haben ihr Ende, auch die schlechtesten u. furchtbarsten.«[504]

Der 4. März des Jahres 1916 »... war ein strahlender Frühlingstag ..., unten am Berg bestieg Marc sein Pferd, einen Fuchsen hoch und langbeinig wie er selber. ... [Er] sollte einen im Walde gedeckten Weg für die Munitionsanfuhr erkunden. Nach kaum zwanzig Minuten kam sein treuer Pferdewärter H. blutüberströmt und selbst leicht verwundet zurück. Er zeigte unter Tränen nach dem Waldeingang, wo eben sein Herr durch einen Granatdoppelschuß gefallen und in seinen Armen gestorben war. Ob es ein unglücklicher Zufall war oder ob die Franzosen den am Waldrande absitzenden und die Karte zur Hand nehmenden Offizier erkannt hatten – eingeschossen waren sie offenbar auf den Punkt –, wird ewiges Geheimnis bleiben. Franz Marc war tot!«.[505]

Dieser 4. März war auch der Tag, an dem Franz Marc seiner Frau Maria – das wievielte Mal? – versicherte, er komme schon durch: »... ja, dieses Jahr werde ich auch zurückkommen ... zu Dir und zu meiner Arbeit ...«[506] Etwas mehr als zwei Monate zuvor hatte er ihr, die ihr vierzigstes Lebensjahr beklagt hatte, entgegen gehalten: »... also über das Altern machst Du Dir Gedanken? Ich wahrhaftig nicht. Ich war *nie frühreif* u. bin sicher, mit 40 u. 50 Jahren Lebendigeres zu leisten als mit 20. u. 30.«[507] Und ebenso bekunden Marcs damalige Briefe an seine Mutter entweder auf die Vergangenheit oder auf die Zukunft gerichtete selektive Wahrnehmungsbereitschaft, wenngleich der Tod, das höchstwahrscheinliche Gegenwartsereignis, ihn, so wir seinen Worten Glauben schenken wollen, nicht wirklich schreckte: »In diesem Krieg hat man's ja an sich erproben können, –

164

eine Gelegenheit, die das Leben einem sonst selten bietet ... Es ist mir aber im Kriege nie eingefallen, die Gefahr und den Tod zu suchen[508], wie ich es in den früheren Jahren des öfteren getan habe, – damals ist der Tod mir ausgewichen, nicht ich ihm; aber das ist lange vorbei! Heute würde ich ihn sehr wehmütig und bitter begrüßen, nicht aus Angst oder Unruhe vor ihm, – nichts ist beruhigender als die Aussicht auf *Todesruhe* – sondern weil ich ein halbfertiges Werk liegen habe, das fertig zu führen mein ganzes Sinnen ist.«[509]

Zuletzt hatte er in einem Heustadel neun Militärzeltplanen zur Tarnung von Geschützstellungen »nach grob pointillistischem System u. den Erfahrungen der bunten Naturschutzfarbe (mimicry) bemalt, ... ›von Monet bis Kandinsky‹«.[510]

Teil IV:

MARIA

1916–1955

Am auf den 4. März folgenden Sonntag – Maria Marc hatte auf Drängen ihres Mannes eine Einladung nach Bonn angenommen – war sie von Freundin Elisabeth begleitet nach einer gemütlichen Stunde bei deren Mutter gerade zurück zum Haus der Mackes gekommen, als beide Frauen unter der Eingangstür etwas Weißes liegen sahen und sogleich das Schlimmste befürchteten: Es war die an Maria Marc gerichtete Aufforderung, ein Telegramm bei der Post abzuholen. Der ungewöhnlich grobe Beamte händigte dort der Adressatin, die sich zuvor umständlich hatte ausweisen müssen, die Todesnachricht aus.

Allein nach Ried zurückzukehren, dazu war Maria außerstande. In Frankfurt[511], bis wohin ein Herr aus dem Macke-Bekanntenkreis mitgereist war, wurde sie von dem aus München herbeigeeilten Paul Klee erwartet.[512] Vorübergehend aufgenommen und unterstützt von ihm und Lily wartete sie auf Schilderungen vom Sterben ihres Mannes, öffnete sie noch zwei Feldpostbriefe von seiner Hand und überstand ungezählte Kondolenzbesuche.[513]

Anette von Eckardt wählte für ihre Beileidsbekundung die Schriftform: »Ich habe Franz *nie* im *menschlichen Sinn* für *mich* gewollt – habe mich seines Glücks mit Ihnen friedlich gefreut – aber er war allezeit der Glaube an die Hoffnung meines Lebens – es ist alles, alles jetzt mit ihm ausgelöscht. Noch ein Denkmal will ich ihm setzen ... und dann ist auch *meine* Mission im Leben beendet.«[514] Das Denkmal: *Stella Peregrina*[515], von der Exgeliebten handkolorierte Faksimiledrucke nach achtzehn Originalzeichnungen des jungen Franz Marc ...

Die Trauerarbeit der Künstlerwitwe indes bestand in maßgeblicher Beteiligung[516] an der Vorbereitung einer großen Franz-Marc-Gedächtnisausstellung vom 14. bis 15. Oktober 1916 in den Räumen der Münchner Neuen Secession – »eine der größten und schönsten Werkschauen, die je von Marc gezeigt wurden«[517]: insgesamt einhundertzweiundachtzig Ölbilder, Aquarelle, Lithografien, Holzschnitte sowie Plastiken – das Vermächtnis des Malers nach nur zehn

Maria Marc in Ried (1917)

Schaffensjahren. Sie einer großen Öffentlichkeit zugänglich zu machen, war Maria Marc und ebenso den Weggenossen ihres Mannes, allen voran Alfred Kubin, ein ganz besonderes Anliegen gewesen – zumal selbst im Nachruf der *Münchner Neuesten Nachrichten* die erheblichen Ressentiments gegenüber dem »hiesigen Expressionisten« wieder einmal spürbar geworden waren. Zwar hatte der Berichterstatter Marcs 1910 gezeigten frühen Bildern nochmals Anerkennung gezollt, sein Spätwerk hingegen mit dem Begriff »Absonderlichkeiten« verständnislos herabgewürdigt.

Einer der Ausstellungsbesucher fiel Frau Marc bei einem ihrer Rundgänge besonders auf, »allein durch die Intensität seines Schauens«. Ins Gespräch kam sie mit Rainer Maria Rilke wohl nicht, welcher die Kunstsammlerin Marianne von Goldschmidt-Rothschild Ende September in die bayerische Landeshauptstadt rief, damit auch sie sich die Franz-Marc-Exponate ansehe. Ganz erschüttert sei er von Bild zu Bild gegangen, teilte Rilke im Oktober einer anderen Bekannten mit.[518] Ein Jahr zuvor hatte der Maler des Dichters lyrisches Werk *Stundenbuch* gelesen und hernach seiner Frau anvertraut: »... manches herrlich; er erlebt alles mit einem wundervollen, süssen Pantheismus ... Man braucht Rilke deswegen nicht gleich blind überschätzen; es liegt viel Schwaches und Neurasthenisches in seiner Natur ... aber doch möchte ich ihn auch persönlich kennen.«[519]

Im November 1916 leistete Herwarth Walden mit einer Retrospektive seinen Beitrag zur ›Aufwertung‹ des verstorbenen Künstlers. Die Ausstellung in der Sturm-Galerie vor Berliner Publikum bot anscheinend Anlass zu Misshelligkeiten zwischen dem gewieften Franz-Marc-Exklusiv-Galeristen und der seit eh und je ihm gegenüber misstrauischen Künstlergattin.[520] Hatte nicht auch Gabriele Münter gemeint, über Unregelmäßigkeiten Waldens bei Veräußerungen und Weiterleitung der Erlöse von Kandinsky-Bildern klagen zu müssen? Infolgedessen war die Münter die richtige Ansprechpartnerin für kritische Äußerungen, denen es erneut an Konkretem mangelte: »Im übrigen war Berlin nicht erfreulich, weil ich allerhand peinliche Erfahrungen ... machte. Was für ein trauriges Kapitel bilden diese Kunsthändler! Und noch trauriger, wenn sich jemand als Freund benimmt und hinterher recht unliebsame Dinge macht, die einen bitter enttäuschen und alles Vertrauen rauben. ... Am liebsten hätte ich meine Bilder gleich alle mit mir genommen – in mein stilles Haus ... aber mit der Zeit werde ich schon meinen Willen behaupten.«[521]

Meine Bilder ...!!! Damit war nicht der wünschenswerte Besitzstand der Alleinerbin angesprochen. Vielmehr waren seine Bilder neben Gedanken an die guten – und auch an die weniger guten – gemeinsamen Jahre das ihr, emotional, bedeutsamste Erbteil ihres Mannes.

Wovon Maria Marc neben ihrer Kriegerwitwenrente vorerst lebte: von der weiterhin gezahlten monatlichen Apanage Bernhard Koehlers[522] und – um sie nicht der preistreiberischen Kunstspekulation auszusetzen und zugleich um sie publik zu machen – vom Verkauf von Marc-Gemälden vorzugsweise an Museen.

Zum Thema Erbe hier noch eine Randbemerkung: Unmittelbar nach dem Tod von Franz hatte Maria die Absicht geäußert, ihr eigenes Testament zugunsten seines Bruders Paul zu machen, woraufhin Helene Franck dem »lieben Mariechen« energisch auf die Finger klopfte: Unbedingt und in erster Linie sei man den eigenen Leuten verpflichtet; dann führte sie der Tochter sowohl regelmäßige väterliche Unterstützungsleistungen als auch die 10000–Mark- plus 5000-Mark-Zuwendung für den Kauf des Hauses in Ried noch einmal vor Augen und stellte zudem klar: »Mama Marc besitzt ja auch noch etwas, ebenso Helenes [Pauls Ehefrau – Anm. d. Verf.] Mutter, das sind diejenigen Personen, von denen Paul erbt, denn Franz hat kein Barvermögen gehabt.«[523]

Die berechtigten Einwände fanden schließlich Beachtung.

Bereits im Folgejahr machte sich Maria Marc gemäß ihrer Ankündigung, sie werde ihren Willen schon durchsetzen, zur allumfassenden Nachlassverwalterin. Dem Galeristen Herwarth Walden wurde unter dem Vorwand mangelhafter Sicherheit das Vertragsverhältnis gekündigt; in seinen Lagerräumen hatte es gebrannt, das Marc-Gemälde *Tierschicksale* war zu einem Drittel zerstört[524] worden.

Und Maria Marcs privates Umfeld 1916/17?

Ihre Mutter hatte seit dem Verlust des Sohnes viele Monate in Ostpreußen bei Schwiegertochter Hertha und Enkelkind Erika verbracht, weshalb sie nach Ried sehr viel später als erwartet zu reisen bereit war;

intensiver Kontakt zur Marc-Familie ist nirgends belegt;

Heinrich Kaminski heiratete Friederike Jopp (die sich ihm zuliebe forthin Elfriede nannte);

Elisabeth Macke gab Lothar Erdmann, einem Freund Augusts, ihr zweites Jawort ...

und die Münchner Freunde scheuten den Weg ins oberbayerische Alpenvorland wohl noch mehr, als Maria Marc den nach München.

»Ried, d. 15.II.1918

Meine liebe Münter!

Daß Sie mir mal einen Gruß schickten, hat mich herzlich gefreut, ich lebe hier sehr still und ganz einsam in Ried und bin ehrlich bemüht, nicht allein mit meinem traurig gewordenen Leben fertig zu werden, sondern auch inneren Gewinn aus diesem stärksten Erlebnis zu ziehen, damit meine ich auch, Franz immer näher zu kommen, sodaß uns nur das Äußere trennt. Aber es ist recht schwer immer einsam zu sein, das Leben ist kalt und ich war an Sonne gewöhnt und an so viel Wärme. Das Alleinsein liebe ich aber jetzt – und das drückt auch nicht auf mich – im Gegenteil. Nur die innere Einsamkeit ist so schwer – und die fühle ich auch unter anderen Menschen.

Äußerlich geht es mir gut – ich muß wohl dankbar sein, daß ich damit nicht Sorgen und Not habe – wenigstens im Augenblick nicht – und daß ich in meinem lieben Häuschen wohnen darf, mir tüchtige Hilfe im Haushalt leisten kann und somit die etwas komplizierte und ungewohnte Nachlassverwaltung bewältigen kann ...

Die Freunde in München sehe ich sehr selten – und nur, wenn ich hingehe, der Weg von München nach Ried ist – scheint's viel weiter, als von Ried nach München, weil monatelang kein Mensch kommt und nach mir fragt, wenn ich mich nicht melde. Einmal war Frau Klee mit Felix da – im Januar, das waren nette Tage, die mich erfrischten.[525] In Seeshaupt bei Niestlé's und Campendonk's finde ich viel Liebe und Freundschaft und dort bin ich öfter und in Ried und Kochel sind ein paar Freunde; aber sie stehen mitten im Leben und Glück – und ich stehe abseits, so daß immer eine Kluft bleibt.

Und meine Sehnsucht ist Kunst – wenn ich malen könnte, fände ich wohl die Harmonie zwischen außen und innen im Leben – aber ich glaube nicht an mein Talent – an eine eigene schöpferische Kraft.«

Maria Marc schickte diesen Brief nach Kopenhagen, wo die Münter sich niedergelassen hatte – um auf Kandinsky zu warten. (Nach Dänemark hätte er reisen können!) »Waren Sie viel allein oder zeitweise mit K[andinsky]«, und: »Schicken Sie K[andinsky] meine Grüße«,[526] steht noch darin. Aber was weder die Absenderin noch die Empfängerin wusste: Schon 1917 hatte er in Moskau die junge Nina von Andreewsky geheiratet und war Vater eines Sohnes geworden.[527]

Frühjahr, Sommer 1918: Die deutschen Offensiven an der Westfront brachten nur geringen Geländegewinn. Der entscheidende Durchbruch gelang nicht.

Sommer, Herbst 1918: Die Alliierten erzwangen die Rückverlegung der deutschen Truppen.

Noch vor dem Winter: Berlin, 9. November 1918, der Thronverzicht Wilhelms II. wurde bekanntgegeben, Philipp Scheidemann, Sozialdemokrat, rief die Republik aus. Am 10. November 1918 reiste der Ex-Kaiser ab ins holländische Exil. Waffenstillstand am 11. November 1918.

Briefwechsel Berlin – Ried, Ried – Berlin.

In der Hauptstadt schrieb Helene Franck an Maria Marc am 14. November 1918: »Eines muß ich Dir noch mitteilen, Liebknecht wird hier von seinen früheren Anhängern für ›total verrückt‹ erklärt, keine der Parteien will ihn haben, ich wünschte sie brächten ihn um, dann wäre doch ein Großmaul weniger.«[528] Die Ältere, bisher erklärtermaßen politisch »total unwissend«, wollte an den Wahlen zur Nationalversammlung teilnehmen. Denn: »Wenn Ebert und Scheidemann am Ruder bleiben, wird es gehen, nur Liebknecht und Genossen dürfen nicht dominieren.« Die Jüngere hielt daraufhin einen langen »politischen Brief« für nötig. Auf den mütterlichen Konter reagierte Maria zunächst mit einer Korrespondenzpause und später mit einer Lektüreempfehlung.[529] Helene las und urteilte: Die Deutschen kommen in dem Buch zu schlecht weg. Und überhaupt ärgerte sie sich über Marias neueste Intransigenz. Für keine Partei könne die Tochter votieren! »Das mußt Du, entweder für die Deutsche Volkspartei oder die Deutsch-nationale Volkspartei...« Maria verweigerte sich nicht nur hierin. Sie zog sich überhaupt zurück, reagierte empfindlich, auf belanglose Äußerungen der Niestlés beispielsweise. Verstimmung. Weihnachten 1918 verbrachte sie allein in Ried. Helene bemühte sich um Verständnis für Marias Menschenscheu, doch politisch blieben die beiden Frauen auf Kollisionskurs. »Was Du von der Ausnutzung der Arbeiter sagst, finde ich nicht ganz richtig«, bekam Maria zu lesen.

Und wieder trafen neue Hauptstadt-Nachrichten und -Gerüchte in Ried ein: Spartakusaufstand, besetzte Redaktionen, Zensur, Schießereien und, am 16. Januar 1919 (einen Tag, nachdem die beiden Revolutionäre tatsächlich während eines Häftlingstransports von Freikorpssoldaten ermordet worden waren): Liebknecht und die Luxemburg seien in Gewahrsam. Dann, am 21. Januar 1919: »Neugierig bin ich, wann und wo die Rosa Luxemburg wieder auftauchen wird, denn tot ist sie sicher nicht. Der Schuß, der auf sie abgefeuert wurde, war sicherlich blind, denn mit einem toten Körper können zwei Männer unmöglich so schnell fortkommen.«[530] Was darauf antworten?

Die Weltgeschichte war längst auch über diese beiden Toten hinweggegangen. Am 18. Januar 1919 war die Friedenskonferenz eröffnet worden, am 28. Juni 1919 wurde der Vertrag von Versailles unterzeichnet.

Während Campendonks[531] und Klees[532] nach Rückkehr der Maler aus dem Krieg wieder regelrechtes Familienleben einübten, nahm Maria sich die Herausgabe eines Teils des schriftlichen Nachlasses ihres Mannes vor. Sie arbeitete dazu mit Paul Cassirer zusammen, reiste mehrfach nach Berlin. Ihre Aufenthalte dort nutzte sie zu Ver-

174

handlungen mit der Nationalgalerie über den Ankauf eines Franz-Marc-Bildes. Im Juni 1919 hatte *Der Turm der Blauen Pferde* dort seinen Platz im Hauptsaal gefunden. Sidi Heckel schickte Glückwünsche zur gelungenen Präsentation. Marias Freundschaft zu ihr und Erich Heckel hatte die Kriegsjahre überdauert. Wie andere Brücke-Künstler hatte Heckel Kriegsdienst geleistet, als Sanitäter in Flandern. Otto Mueller hatte in einem Landsturm-Infanterie-Bataillon als Armierungssoldat gedient. Beide Maler sind beispielhaft für unterschiedliche künstlerische Entwicklungen nach dem Krieg: Während für Mueller eine erfolgreiche Zeit begann, konnte Heckel an frühere Leistungen nicht mehr anknüpfen.[533] Die Verluste zweier anderer Brücke-Mitglieder waren herber: Pechstein war vom Krieg in der Südsee, in Palau, das damals im Kolonialbesitz des Deutschen Reiches war, überrascht worden. Als die Japaner Palau besetzten, verlor er sein Vermögen: den dort erworbenen Grundbesitz und die dort gemalten Bilder. Über New York kam er zurück zur Ableistung seines Militärdienstes. Ernst Ludwig Kirchner war durch seine Einberufung 1915 in eine psychische Krise gestürzt worden, ein halbes Jahr später hatte man ihn entlassen müssen. Doch ihm blieb die Zwangsvorstellung, durch das Tragen der Uniform seine Identität verloren zu haben.

Maria Marc konnte während ihrer Hauptstadtbesuche auch Ada und Emil Nolde[534] treffen – schon seit vielen Jahren verbrachte das Paar hier wenigstens die Winter. Der zu Kriegsbeginn Siebenundvierzigjährige war nicht eingezogen worden.

Auch Elisabeth Erdmann-Macke und Else Lasker-Schüler lebten in Berlin – unter Bedingungen, die denkbar verschieden voneinander waren. »Also, ich vermache dir die Lisbeth, die Kinder und alles«[535], hatte August seinem Freund Lothar Erdmann am letzten gemeinsamen Abend vor dem Einrücken gesagt. Tatsächlich war nun Marias Freundin, die schon 1915 mit dem Schreiben der Erinnerungen an ihren gefallenen Mann begonnen hatte (Mit Unterbrechungen arbeitete sie bis 1960 daran!), mit Erdmann verheiratet. Das Paar wohnte mit den Macke-Söhnen in Berlin, Tempelhof, Paradeplatz 3; oft war Maria unter dieser Adresse in Berlin zu erreichen. Lasker-Schüler saß dagegen, wenn sie nicht auf einer ihrer vielen Lesereisen war, meist im Dachzimmer des Hotels Koschel in der Motzstraße, dessen einziger erwähnenswerter Vorzug war, billig zu sein (nur 5,50 Mark mit Heizung und heißem Wasser). Immer sorgte sie sich um ihren Sohn Paul, der so häufig krank war, und ums Geld, das sie neuerdings durch den Verkauf der Reproduktionsrechte an den Bildpostkarten von Franz zu bekommen hoffte,[536] ein Plan, der letztlich nicht realisiert werden konnte.

Dass auch der Sohn von Marie Schnür, Klaus, 1918 in Berlin lebte, war Maria dagegen sehr wahrscheinlich nicht bewusst; seine Mutter Marie gesch. Marc teilte dessen Vormund, einem Herrn Zeiger, mit, der Junge sei »körperlich wohl und mache in der Schule gute Fortschritte.«[537]

1920 konnte der Kunstverlag Paul Cassirers die *Briefe, Aufzeichnungen und Aphorismen* in zwei bibliophilen Bänden vorlegen. Der erste fasste Franz' Briefe aus dem Feld (von Maria redigiert – d. h. mit Kürzungen und unter Auslassung zahlreicher Namen) an Maria und Sophie Marc sowie an Elisabeth Macke mit einigen kürzeren Vorkriegstexten und einer kleinen Auswahl aus den *100 Aphorismen* zusammen. Der zweite Band war das in Lichtdruck originalgetreu wiedergegebene letzte *Skizzenbuch aus dem Felde*.[538] Beide Bücher wurden auf Jahre hinaus erfolgreich verkauft, ja zusammen mit der Gedächtnisausstellung waren sie ursächlich für einen regelrechten Marc-Kult, der Maria einiges abverlangte: Die ewige Schreiberei um das Ausleihen und das Erteilen von Reproduktionsgenehmigungen, die Unterstützung von Publikationen, sogar das Drucken und Versenden von Holzschnitten ruhte »ganz auf ihren Schultern«, wie sie in einem Brief an Gabriele Münter klagte.[539] Allerdings stiegen auch die Werke von Marc im Wert und damit die Chance der Bankdirektorentochter, durch geschickte Verkäufe und Geldanlagen trotz Inflation ihr Einkommen zu verbessern.

In diesem Jahr ließ Maria den Garten ums Haus anlegen – eine Aktion, die auf die Zukunft gerichtet war, wie der Plan, ein Kind zu adoptieren! »Jedenfalls brauchst Du Dich über das Aufhören der Periode nicht unglücklich zu fühlen, denn ich habe mich mit 42 Jahren damit vollständig fertig erklärt und von Stunde an meine Kopfkolik verloren«[540], so hatte die Mutter im März 1919 auf finale Beobachtungen der Tochter reagiert. Dergleichen Vorteile konnte diese nicht erkennen, zu groß war die Trauer über den unerfüllten, nun definitiv unerfüllbaren Kinderwunsch. Wohin sie auch kam, quollen die Stuben über von Nachwuchs – Kaminskis wachsende Familie war Maria nur zu sehr präsent. Und da war Sophie, ihre Hilfe im Haushalt, die ein ungeplantes, uneheliches Kind erwartete. Eine Möglichkeit, Sehnsüchte zu befriedigen? Und das gute Gefühl zu haben, anderer

Leute Probleme zu lösen? Maria dachte an Adoption.[541] Auch dazu hatte Mutter Franck eine Meinung: Die Tochter sei zu nervös für ein Kind ... Zur Familie Kaminski äußerte sie sich ebenfalls: »Es ist wirklich sehr lieb von Dir, daß Du Dich der Kaminskischen Kinder annimmst, die arme Frau scheint doch sehr schwächlich zu sein, wer weiß, ob sie solch ein Leben lange aushält, dazu gehört eine robustere Natur. Die Eltern wußten wohl weshalb sie sich gegen diese Heirath sträubten, trotzdem ihnen sicher doch der Einblick in das Leben dieses Mannes fehlte. Du magst sagen was Du willst, ich halte K. für einen über alle Begriffe arroganten, selbstherrlichen Menschen, der sich einbildet, man thäte alles ›seiner *Person*‹ wegen. Mich dauert die arme Frau.«[542] Mehr noch: »Das muß ich sagen, ich lernte selten oder nie einen Menschen kennen, der es versteht seine Freunde so auszunutzen wie Kaminski mit einer solchen Unverschämtheit Gutes mit Bösem zu vergelten. Ich fühlte immer etwas was mich von ihm abstieß.«[543] Das alles konnte nicht ohne Wirkung auf die Tochter bleiben – selbst dann nicht, wenn sie vierundvierzig war.

Helene Franck hatte Januar/Februar 1920, als diese Dinge zur Sprache kamen, das Gefühl, nach Ried fahren und nach dem Rechten sehen zu sollen. Im März war klar, dass sie nicht reisen konnte – die Eisenbahner streikten, aber vor allem hinderten sie Probleme mit Galle, Leber, Herz. Sie nahm rapide ab. Im November raffte sie sich auf, zu einer Veranstaltung zu gehen, die Franz Marc zu Ehren in der Berliner Nationalgalerie stattfand. »Am Montag wurde seiner vor dem blauen Pferdeturm in sehr anrührender Weise gedacht und so scheußlich der Dr. Cohn Wiener mir als Mensch sonst ist – er ist ein richtiger Jude – so gut hat er es verstanden auch selbst mir eine Erklärung für die Auffassung des Bildes zu geben und ich verstehe jetzt eher, was Franz damit gewollt hat.« – »Auf die [Herausgabe der – Anm. der Verf.] Briefe von Franz freue ich mich sehr.«[544] Helene Franck starb 1921.

Kaminskis zogen im gleichen Jahr in Marias Haus ein, im Mai, dem Geburtsmonat einer weiteren Tochter. Das Geschenk eines Freundes an den Musiker[545] zum Umzug hätte Maria zu denken geben müssen: eine winterfeste Komponierhütte, die – wo sonst? – in ihrem Garten errichtet wurde. Kaminski beanspruchte fraglos Raum, und zwar außerhalb des Hauses für sein Refugium und innerhalb des Hauses für seine in den nächsten beiden Jahren auf fünf Söhne und Töchter anwachsende Kinderschar.[546]

1922, als die Geburt Kaminskischer Zwillinge anstand, entschied sich
Maria Marc für die Flucht aus Ried. Sie traf die Wahl des Zielortes
konsequent, sie ging nach Weimar. Sie immatrikulierte sich für das
Wintersemester 1922/23 und das Sommersemester 1923 am Bau-
haus. Weberei wollte sie studieren und hatte damit für einen Fachbe-
reich optiert, der nach Meinung der Bauhausleitung ideal war, die
›Flut‹ von Interessentinnen aufzufangen, die an diese ganz spezielle
Kunsthochschule drängten – eine reaktionäre Taktik, gerade im Ver-
gleich zu den Bauhaus-Vorläuferinstitutionen der Großherzoglichen
Hochschule für bildende Kunst[547] und der Sächsischen Kunstgewerbeschule. Am 1. April 1919 war das Staatliche Bauhaus von Walter
Gropius gegründet worden. Erste Verhandlungen wegen seiner Berufung nach Weimar hatte es schon 1914 gegeben, damals war er als
Nachfolger Henry van de Veldes, des Direktors der Kunstgewerbeschule, der als Belgier Deutschland verlassen wollte, im Gespräch.
Dann war Krieg. 1919 hatte Gropius als Mitglied der Leitung des Ar-
beitsrats für Kunst (der unter dem Eindruck der Novemberrevolution
1918 nach dem Vorbild der Arbeiter- und Soldatenräte gegründet
worden war) im *Deutschen Revolutionsalmanach* seine Ideen in einem
Aufruf unter dem Titel *Baukunst im freien Volksstaat* dargelegt. In seinem Bauhaus-Gründungsmanifest knüpfte der Architekt nun an die
Tradition der Dombauhütten an, indem er die zu Handwerkern Aus-
zubildenden als Beiträger zum Gesamtkunstwerk ›Bau‹ auffasste. Die
ersten Meister am Bauhaus verfolgten die Vision vom ›neuen Menschen in neuer Umgebung‹, befreit vom ›Ausstattungsplunder‹ der
Kaiserzeit. Sie reagierten auf die in rasantem Tempo fortschreitende
Industrialisierung und den gesellschaftlichen Wandel durch Fort-
schreibung ihrer Vorkriegsansätze, die sie über das unverarbeitete
Desaster Krieg und Kriegsfolgen hinweggerettet hatten. Ihr Bauhaus
war das romantische, expressionistische. Künstler waren berufen
worden, die zwischen der Jahrhundertwende und 1914 zur Avantgarde gezählt hatten. Gemeinsam beackerten sie in Weimar altbe-
kannte Felder wie Farbenlehre, Cross-Over Malerei/Musik, Theater,
Philosophie unter besonderer Berücksichtigung Nietzsches ... mit
dezidiert merkantilem Anstrich: Gropius war nicht zuletzt ein be-
gnadeter Öffentlichkeitsarbeiter, die wirtschaftlichen Interessen des
Bauhauses und seiner Studenten hatte er immer fest im Blick. Die
Entwicklung von Prototypen für die Industrie, die für produktions-
technische Vorgaben ästhetisch befriedigende und verkäufliche Lö-
sungen darstellten, die Sicherung des Musterschutzes als ökonomisch verwertbares Recht für das Bauhaus und für die studentischen

178

Entwickler, die Werbung, die ›Bauhaus-Corporate-Identity‹, nichts übersah der erste Bauhausleiter – außer der Möglichkeit des Missbrauchs für unmoralische Zwecke: Was Gropius und seine Nachfolger schufen, wurde ungewollt zum Fundus, aus dem sich künftige Machthaber totalitärer Staatswesen gerne bedienten.

Zu den heroischen Individualisten des frühen Bauhauskollegiums hätte Franz Marc ganz sicher hervorragend gepasst – seine Witwe nutzte ihre Kontakte zu den berufenen Freunden Klee und Kandinsky, den Bauhaus-Altmeistern, den Hauptvertretern der »spirituellen Fraktion«.[548]

Seit Oktober 1914 hatten sich Paul Klee und Wassily Kandinsky nicht mehr gesehen. Dann, nach über siebenjähriger Abwesenheit und seines russischen Eigentums beraubt, war Kandinky im Dezember 1921 mit seiner zweiten Ehefrau nach Deutschland zurückgekehrt – seine Moskauer Arbeitgeber, die Höheren staatlichen künstlerisch-technischen Werkstätten im revolutionären Russland (WchUTEMAS) vor allem, hatten nicht so ganz seiner Kampfklasse entsprochen. Im März 1922 hatte er den Ruf ans Bauhaus erhalten, Leiter der Werkstatt für Wandmalerei konnte er werden. Im Juni war das Paar nach Weimar gezogen. Klees waren schon da. Paul Klee war im Oktober 1920 berufen worden und hatte im März 1921 die Leitung der Buchbinderei übernommen. Im Oktober 1922, also mit Beginn des Semesters, in dem Maria Marc ihr Studium und Kandisky seine Lehrtätigkeit aufnahmen, wechselte Klee in die Position des Leiters der Glasmalerei.

Außer in der Buchbinderei, der Wandmalerei, der Glasmalerei, der Weberei bildete das Bauhaus in der Holz- und Steinbildhauerei, der Tischlerei- und Ausbauwerkstatt, der Keramikwerkstatt, der Metallwerkstatt, der Bühnenwerkstatt, der grafischen Druckerei aus. Als Abschluss war grundsätzlich eine Prüfung vor der Handwerkskammer vorgesehen. Jede Werkstatt wurde von einem Handwerksmeister und einem Formmeister (Künstler!) gemeinsam geleitet. Scheinbar eine straffe Organisation, doch innerhalb und zwischen den Werkstätten war der strukturelle und personelle Wandel obligatorisch. Die Formmeister betreuten oft mehrere, auch wechselnde, Werkstätten. Die Studenten (im Wintersemester 22/23 waren es 119, 48 weibliche und 71 männliche) durchliefen durchaus nicht alle den Vorkurs, besuchten längst nicht alle Lehrveranstaltungen und schlossen nicht immer mit der vorgesehenen Prüfung ab – das heißt, für die ohnehin schon extravagante Weberei (die allerdings mit der Töpferei als einzige Werkstatt Überschüsse erwirtschaftete!) bot die Weimarer Kammer gar keine Prüfung an. Auch Maria Marc, durch Alter[549] und Beziehungen eine Bauhäuslerin außer der Reihe, schrieb sich nicht durch kontinuierliche und/oder vorzeigbare Leistungen in die Annalen des Bauhauses ein. Weben an verschiedenen Webstühlen in verschiedenen Techniken, Teppichknüpfen, Wirken und Färben umfasste das Lehrangebot unter der Leitung der Webmeisterin Helene Börner und des Formmeisters Georg Muche, der sich allerdings geschworen hatte, nie einen Faden in die Hand zu nehmen, er gab Theorieunterricht! »Wo Wolle ist ist auch ein Weib, das webt und sei's zum Zeitvertreib«[550], Oskar Schlemmers lockerer Spruch ließ wohl Herrn Muche vor allzu starker Identifikation mit der Weberei zurückschrecken.[551] Überhaupt waren im Bauhaus Chauvinismustendenzen der Professionalisierung von Frauen hinderlich, wie anderswo auch.

Maria Marc hatte in Weimar außerhalb der Lehrpläne Anregungen genug: In ihre Studienzeit fiel die programmatische und praktische Umorientierung des Bauhauses von der handwerklichen zur technischen Gestaltungsgrundlage. Und die Vorbereitung der Bauhausausstellung, die dann vom 15. August bis zum 30. September 1923 stattfand: Die Weberei fertigte für das Musterhaus Am Horn Möbelstoffe, Teppiche, und so entstand ein Gesamtkunstwerk, das der Bauhausphilosophie ebenso entsprach wie die fast zeitgleich stattfindende Bauhauswoche mit Vorträgen und Konzerten: Strawinsky und Busoni waren da, und nur zu gerne hätte Kandinsky Schönberg als Direktor der Musikschule in Weimar gesehen!

Maria Marc war bei Kandinskys und Klees[552] zu Gast, eine halbe Stunde Fußweg trennte beide Meisterwohnungen voneinander. Und sie lernte in Weimar Lyonel Feininger und seine (zweite) Ehefrau Julia kennen, mit ihr würde sie künftig eine dauerhafte Freundschaft verbinden. Feininger, Formmeister der Druckgrafischen Werkstatt schon seit 1919, hatte den Stallgeruch, der Franz Marcs Witwe vertraut war: er war, wie viele Bauhäusler, durch Waldens Sturm-Galerie gegangen.

Auch die Diskrepanzen zwischen einer Künstlerenklave und den Ortsansässigen waren ihr seit Sindelsdorfer Zeiten nicht neu, allerdings klagte man in Weimar sozusagen auf höherem Niveau: die Kreativen, die alltäglich ungebeten gutgemeinte Ideen zur Gestaltung des Lebensraums der ›Bevölkerung‹ produzierten, waren denen, die sie beglücken wollten, suspekt. Die harmlosesten Zusammenstöße

Julia und Lyonel Feininger in seinem Dessauer Atelier (1927)

wurden noch durch Feste ausgelöst, die, von welcher Seite auch immer betrachtet, legendär wurden: das Laternenfest zu Gropius' Geburtstag am 18. Mai, das Sonnwendfest, das herbstliche Drachenfest, Julklapp zu Weihnachten. Maskerade, Kostümierung, Musik, Tanz, Schabernack ... Schwabing war nicht allzu fern.

Völlig irritiert zeigten sich die Weimarer Bürger allerdings von dem, was sie möglicherweise nicht benennen konnten und doch spürten: Okkultismus, Theosophie, Mystizismus, Spiritismus, Anthroposophie hießen die Quellen, die den Bauhausgeist auch speisten.[553] Dieser für die Vorkriegsavantgarde typische Synkretismus stieß sie ab und forderte sie zur Abwehr heraus. Die »Dinge« hatten für sie keinen »Zauber«.[554] Dass die Wahlen zum Thüringer Landtag im Februar 1924 zu einer bürgerlich-konservativen Regierung führten, besiegelte das Schicksal des Bauhauses in Weimar[555]: Es löste sich zum 1. April 1925 selbst auf und suchte einen neuen Standort. Frankfurt am Main war unter anderen Städten im Gespräch – und Dessau. Von dort kam das attraktivste Angebot. Maria Marc fuhr auch nach Dessau. Sie war im von Gropius entworfenen Meisterdoppelhaus in der Burgkünauer Allee 6–7 Gast. Der hellrosa Wohnraum mit der blattgoldausgelegten Nische, das hellgelbe Arbeitszimmer, das Atelier in hellgrau – wie das Gästezimmer schwarz-weiß mit Möbeln von Marcel Breuer das Esszimmer: das war Wassily und Nina Kandinskys Seite. In der von Paul, Lily und Felix Klee bewohnten Hälfte ging es sozusagen organischer zu.[556]

1931 gewann die NSDAP die Gemeinderatswahlen in Dessau – auch mit der Forderung nach Abriss des Bauhauses. Paul Klee ging an die Düsseldorfer Akademie, Wassily Kandinsky blieb. 1932 zog das Bauhaus nach Berlin in eine leerstehende Telefonfabrik. 1933 versiegelte die Gestapo dieses Gebäude. Das Bauhaus war am Ende. Seine Lebensdauer entsprach damit ziemlich genau den Jahren der Weimarer Republik. Ab 1933 hatte Hitler die ›Macht ergriffen‹.

Marias Freunde Feininger, Kandinsky und Klee hatten durch und mit Jawlensky schon seit einigen Jahren ein neues ökonomisches Standbein. 1916 hatte die energische, idealistische, ehrgeizige, aus großbürgerlichem Braunschweiger Haus stammende Emmy »Galka« Scheyer Jawlensky vor dessen Übersiedlung nach Ascona in Lausanne getroffen und beschlossen, ihn zu fördern. 1919 machte sie die Bekanntschaft von Klee und Feininger, die sie 1921 in Weimar besuchte. Bei einem erneuten Aufenthalt dort traf sie 1922 auch Kandinsky. Die Situation am Kunstmarkt war im Nachkriegseuropa, in den Jahren der schlimmsten Inflation, denkbar schlecht. 1923 formulierte Scheyer ihre Idee, die vier Künstler in Amerika zu vertreten, ab 1924 existierte The Blue Four[557], 1925 fand die erste Ausstellung der Gruppe in New York statt. Doch das 20. Jahrhundert lehrte die Menschen, global zu denken: Phasen der Prosperität und erst recht Phasen wirtschaftlicher Depression und politischer Instabilität ließen sich nicht auf Dauer lokal begrenzen. Am 25. Oktober 1929 erlebte die New Yorker Börse schließlich ihren Schwarzen Freitag, die amerikanische Big-Business-Periode war vorüber. Doch erst der Zweite Weltkrieg sollte Blue Four schließlich das Ende bringen.

Maria Marcs Pläne die Weberei betreffend, die sie dann ans Bauhaus führten, existierten schon eine Weile. Eine junge Künstlerin, die, wie so viele ihrer Zeit, Franz Marc glühend verehrte, hatte dessen Witwe im Juni 1920 in Ried aufgesucht, und Maria hatte ihr seine Bilder und Skizzenbücher gezeigt. »Das kann nicht die größte und schönste Ausstellung machen, was ein Haus kann und eine Frau und einige

Johanna Wolff (1925)

Worte, die einen mittenhinein setzen in das Tun und Wesen und Schaffen eines Menschen, der ein Riese war in seiner Seele ... So etwas von Fülle und Reichtum und Sturm unermüdlich in einem Menschen, man kann es einfach nicht begreifen, daß es so zertrümmert werden konnte und doch denke ich fast, er hätte zerspringen müssen, verbrennen an seiner Glut.«[558] Begeistert stellte die Besucherin fest, dass sie mit Maria Marc das Interesse an der Weberei teilte. Sie selbst sollte in Halle ab Oktober eine neu einzurichtende Textilklasse übernehmen und musste das Weben erst richtig lernen. Ebenso wie Maria Marc, die Johanna Wolff von ihrem Vorhaben erzählte, Gobelins nach Franz' Bildern zu weben; nicht unbedingt in den gleichen Farben, sondern das Wesen müsse man erfassen. Frau Wolff lud sie nach Halle ein: »Oh, Ihr, denkt Euch doch, sie käme einmal und würde an meinem Webstuhl weben, die Bilder ihres Mannes!!«[559] Maria besuchte tatsächlich (vermutlich 1930) die dortige Textilwerkstatt Burg Giebichenstein, zum Studium hatte es sie jedoch 1922 nach Weimar gezogen.

Von Ried wollte sie immer wieder weg. 1929 wusste sie ein neues passendes Ziel: Ascona. Am 22. August segnete Kaminski diesen Plan von Bielefeld aus ab, wo er als Musikdirektor arbeitete,[560] während Frau und fünf Kinder in Ried wohnten: »... dein Plan nach Ascona zu gehen, gefällt mir ...«[561]

Ascona 1929. Alfred Flechtheim, Kunsthändler, Maria bekannt seit Kölner Gereonsclub-Zeiten, sah es so: »Über das Paradies Ascona ist schon viel geschrieben worden ... Was da alles kreucht und fleucht, oben auf dem Monte Verità ..., unten im Café Verbano ... und in den Villen am Ufer des Sees und in den Bergen ...; ich nenne nur die vier Matadoren: den Baron von der Heydt, der in seinem schönen (vor 25 Jahren für den Belgier Henri Oedenkoven erbauten) Haus seine Götter und Göttinnen aus China, Indien und Afrika aufgestellt hat, Dr. Max Emden, den Neptun des Lago Maggiore, der aus den Brissago-Inseln die Inseln der Seligen gemacht hat, Charlotte Bara, die gotische Tänzerin, und Marianne von Werefkin, die, von Epheben begleitet, durch die engen Straßen von Ascona, über die Piazza und durch die Tanzlokale schreitet.«[562] Doch die Werefkin (das ›von‹ erschien ihr mittlerweile entbehrlich) schritt ab 1929 nicht selten auch mit Maria Marc durch Ascona, oft und gerne auch in Richtung des besagten Café Verbano. Sie hatte einiges hinter sich. Anfang April 1918 war sie mit Alexej von Jawlensky, Helene Neznakomava und beider Sohn

184

Marianne Werefkin in ihrem Atelier in Ascona (vermutlich 1931)

André an den Lago Maggiore gekommen. Bald bezogen sie Zimmer im Castello San Materno[563]. Claire Goll beschrieb diesen Hausstand aus ihrer Sicht als Nachbarin: »Alexej von Jawlensky ... teilte ... seine Zeit zwischen Marianne von Werefkin, einer Gouverneurstochter aus Wilna, die seit dreißig Jahren seine Geliebte war, und seinem Sohn Alexej [sic!], der Frucht eines Schäferstündchens mit dem Dienstmädchen, das Marianne von Werefkin aus Russland mitgebracht hatte. Jawlensky vergötterte das Kind, was seiner Mutter die Möglichkeit gab, Marianne das Leben unerträglich zu machen. Das baufällige Schlößchen, das sie in Ascona bewohnten, schallte vom Morgen bis zum Abend von zankenden Stimmen. Eines Tages sollte es soweit kommen, daß der Grandseigneur Jawlensky die Werefkin verstieß und die Köchin heiratete.«[564] Tatsächlich wurde Helene 1922 Jawlenskys Ehefrau. Nachdem es ihm 1920 gelungen war, an seine Münchner Besitztümer heranzukommen[565], hatte er die Mittel und durch seine neue Managerin Emmy Scheyer die Beziehungen, den Absprung zu wagen. Von Deutschland aus, genauer von Wiesbaden, rief er die Geliebte und den Sohn zu sich. Von der alten Gefährtin war ohnehin nichts mehr zu erwarten. Nach der Oktoberrevolution war ihre zaristische Rente verloren, ihre letzten Ersparnisse hatte sie für den Umzug ins Tessin ausgegeben: Jawlensky sollte dort eine Grippe auskurieren. Tief verletzt blieb die Werefkin in Ascona zurück. Als Pharmavertreterin – sie sollte im Auftrag der Merzwerke Zahnärzten das Lokalanästhetikum Novocain verkaufen – war die mittlerweile über sechzig Jahre alte Ex-Medizinstudentin (sehr vorübergehend hatte sie sich einst so versucht) erfolglos, sie musste mit ihren Einkünften aus dem Verkauf von selbstgemalten Postkarten und selbstgeschriebenen Kurzgeschichten auskommen. Als Maria Marc 1929 erstmals nach Ascona kam, hatte die Freundin die Depressionen der ersten Jahre nach dieser Trennung überwunden und sich mit Ascona und seinen Menschen angefreundet. 1924 hatte sie mit sechs anderen Malern, die mit ihr zusammen fünf Nationalitäten repräsentierten, eine Künstlergruppe gegründet. Die war, nach dem Sternzeichen, Der große Bär[566] benannt und konnte sich schon 1925 in einer großen Ausstellung in der Berner Kunsthalle präsentieren. 1928 waren Werefkin-Werke neben denen von Christian Rohlfs und Karl Schmidt-Rottluff in Berlin, Genf, Basel, Luzern zu sehen. Was den Verkauf ihrer Bilder betraf, war die Werefkin jedoch empfindlich: Nachfragen aus Mitleid oder um Dekoratives fürs Heim oder Spekulatives zu erwerben, wies sie zurück. Da blieben kaum akzeptable Motive übrig. Durch einen ähnlich feinen Filter gingen alle ihre Bekanntschaften.

Neben den Ur-Asconesen, denen sie sich verständnisvoll zuwandte, verkehrte sie vor allem mit den alten Freunden: die Klees gehörten dazu, Maria Marc ebenfalls, natürlich.

Und da war auch noch die Münter. Sie war schon im Juli und August 1927 in Ascona aufgetaucht. Und eine andere Gefährtin aus früheren Zeiten, Else Lasker-Schüler, hatte sich seit den zwanziger Jahren immer wieder in Ascona aufgehalten, zunächst mit ihrem lungenkranken Sohn, der 1927 starb. Sie besuchte ihre Jugendfreundin Elvira Bachrach, die mit Mann und Tochter Charlotte Bara (Flechtheims zweiter Matadorin, der Tänzerin!) im 1919 erworbenen Castello San Materno lebte. In Ascona kreuzten sich viele Wege, manchmal sogar in einem Haus. Beschränkt man sich nur auf Freunde und Bekannte Maria Marcs, so ist der Dadaist Hugo Ball ebenso zu erwähnen wie der ehemalige Schwabinger Gordon McCouch, wie Wolfskehl oder die Brücke-Maler Kirchner, Pechstein, Schmidt-Rottluff; Nell Walden (Maria ging ihr aus dem Weg, seit sie 1917 Herwarth Walden als Franz-Marc-Agent abgesetzt hatte), wie der einstige August-Macke-Freund Schmidtbonn. Auch Bauhausleute machten Urlaub am Lago Maggiore und hinterließen Spuren[567]: unter anderen Paul Klee (er besuchte 1920 Jawlensky und die Werefkin), Lazslo Mohily-Nagy (1927), Marcel Breuer (1927), Georg Muche, Oskar Schlemmer (1927), Walter Gropius, von dessen Frau Ilse die oft zitierte Sentenz stammt, das Tessin sei für sie »der stirnberührte Himmel gewesen, aber unser Arsch fuhr 3. Klasse«[568].

Ascona faszinierte. Für viele der Besucher, die in den zwanziger Jahren kamen, bündelte es Entwicklungslinien, die für sie lebensleitend waren: Ablehnung überkommener Lebensformen, Stadtflucht, Abgrenzung zu den Saturierten, kritische Auseinandersetzung mit Industrialisierungsfolgen, Suche nach einer neuen Ästhetik gemischt mit einer kräftigen Prise Okkultismus – da berührte die Stirn tatsächlich den Himmel. Doch der Verzicht auf eine verbindliche Regelung des Zusammenlebens, der Verzicht auf andere als vegetabile Ernährung, der Verzicht auf Raffinesse in der Kleidung, ja möglichst auf die Kleidung überhaupt, das Ignorieren ökonomischer Zwänge hatten den ersten Siedlern auf dem Monte Verità schon Schwierigkeiten gemacht. Der von Flechtheim ebenfalls erwähnte Henri Oedenkoven, syphilisgeschädigter Sohn eines reichen Antwerpener Großindustriellen, war 1900 mit seiner elf Jahre älteren Gefährtin Ida Hoffmann, einer gestressten Klavierlehrerin/Pianistin und Frauenrechtlerin, ins Tessin gekommen, wo es schon einige kleinere Kolonien von der Art gab, wie sie den beiden für ihre Gründung vorschwebte.[569] Allerdings konkretisierten sie ihre Vorstellungen zu einer arbeitsintensiveren Variante. Auf der Suche nach einem geeigneten Gelände, das einem Sanatorium, Obstplantagen, Fabrikationsstätten für Reformkleidung, einer Kindererziehungsanstalt Platz bieten würde, hatten sie den sich 150 Meter über dem Lago Maggiore erhebenden Hügel Monescia entdeckt und zunächst 1,5 Hektar dort erworben. Kautsky, Bebel, Mühsam platzierten sich dort im Kontinuum Anarchisten – Sozialdemokraten (in der Nachfolge Bakunins, der von 1869–1874 in Locarno lebte), Otto Groß und die Reventlow kamen als Vertreter der sexuell befreiten Schwabinger Boheme. Rudolf Laban tanzte, wie Mary Wigman und Isadora Duncan, auf dem Monte Verità. Die Wagnerianer hinterließen ihre Spuren sogar auf den Landkarten: Parsifalwiese und Walkürenfelsen begrenzen das Gelände. Nietzscheaner war man irgendwie auch. Freimaurer und ein Ordensmeister eines dubiosen orientalischen Tempelordens suchten ebenfalls dort Fuß zu fassen.

Die ersten Siedler auf dem Berg der Wahrheit wurden eingeholt von den Schwächen ihres Konzepts. Die Berliner Gruppe von Idealisten, die 1923 Oedenkoven & Co. ablöste, scheiterte noch schneller.[570] 1926 war der Monte Verità ein Schnäppchen, gerade recht für den ebenfalls von Flechtheim erwähnten Baron Eduard von der Heydt[571], einen großen Sammler zeitgenössischer und außereuropäischer Kunst, Bankier des Kaisers Wilhelm II. (Das ›Liebchen‹ in homosexuellen Kreisen erwog, sein Exil von Doorn nach Ascona zu verlegen[572]).

Als Maria nach Ascona kam, war von den »Invasionen von Utopien aus dem Norden ... Anarchie, Sozialutopie, Seelenreform, Lebensreform, Geistesreform, Körperreform, Psychologie, Mythologie, Tanz, Musik und Literatur«[573] das Establishment übriggeblieben. Die mehr oder weniger arrivierten Künstler und die Anthroposophen, diese beiden Asconeser Gruppen interessierten sie. Maria litt mittlerweile seit Jahrzehnten unter rheumatischen Beschwerden, die sie sehr beeinträchtigten. Klimawechsel und Bircher-Benner-Diät taten ihr gut, doch sie suchte ein umfassenderes Konzept. In Ascona konnte sie unter Umständen etwas für sich tun, die perfekt zu ihrem zweiten Thema, der Kunst, passten. Sie logierte in Ascona unter wechselnden Adressen. Nachgewiesen sind

im Juni 1930: Casa Veralda, Via Collinetta 49;
im April/Mai 1931: Villa Stella, Via Losone 21, und Castello San Materno;[574]

Anfang 1934: Porto Ponco, Casetta del Sole, dann Porto Rampa
Veccia, Via Moscia;
im Mai 1951: Casa Andrea Cristoforo, Via Collinetta 25;
im Mai 1952: Casa Helbig ...[575]

Außerdem wohnte sie bei befreundeten Malern: 1930 bei Rohlfs,
1933 bei Kohler und 1934 bei McCouch.[576] Briefe erreichten sie jedoch
problemlos unter Maria Marc, Ascona. Zwischendurch lebte sie in
Ried mit Abstechern unter anderem nach München, Berlin (zu Elisabeth Erdmann-Macke neben anderen), Weimar oder Dessau, Bielefeld
(zu Kaminski-Konzerten), Bern, Zürich. Maria hatte Talent zur
Freundschaft. Helmuth Macke, August Mackes Vetter und ehemals
Dauergast in der Sindelsdorfer Wohnung, tauchte Ende 1929 in Ascona auf, nachdem er ein Jahr als Villa-Massimo-Stipendiat in Rom
verbracht hatte. In Ascona lernte er seine künftige Frau kennen,
nach Ascona kam er 1930 allein, Margarethe Macke war auf Capri
geblieben. Immer wieder suchte er Marias persönlichen oder schriftlichen Rat in Geschäfts- und Liebesdingen. 1931 musste er die Schweiz
verlassen, er bekam keine Arbeitserlaubnis.[577] (Auch Else Lasker-
Schüler wurde sie 1933 versagt, als sie dort nach ihrer Flucht aus
Nazi-Deutschland der Erwerbstätigkeit als Dichterin nachgehen
wollte. 1939 bekam sie auch kein weiteres Visum mehr, sie ging in ihr
Hebräerland, nach Jerusalem.)

Die Asconeser Szene veränderte sich in den dreißiger Jahren. Mehr
und mehr wurde sie geprägt durch Emigranten. Und durch Nazi-
Spitzel: Ammergau nannte man den Ort nach dem berüchtigten
Ortsgruppenleiter der NSDAP, Dr. Julius Ammer. Maria Marc klagte
Elisabeth Macke-Erdmann, dass man auf der Straße seine Freunde
und Bekannten nicht ansprechen könne, ohne dass irgendwer es notieren würde, ja, dass man sie einmal sogar einbestellte, um sie davor
zu warnen, mit bestimmten Leuten zu verkehren. Auch Freund
Schmidtbonn wagte nicht mehr, in seine geliebte Konditorei Sig-
norelli zu gehen, aus Angst, einem Bekannten zu begegnen, mit dem
zu sprechen oder nicht zu sprechen gleich verdächtig war.[578] Spione
mischten sich selbst unter die Trauernden um Marianne Werefkin, ja
schämten sich nicht, in die Casa Perucchi an der Piazza G. Motta zu
kommen, wo sie aufgebahrt war: Dem einfachen Zimmer der ortho-
doxen Christin verliehen ein kostbares Kreuz und mehrere Leuchter
aus den Beständen des örtlichen Benediktinerkollegiums besonderen
Glanz. Er galt der Nonna von Ascona, die am 6. Februar 1938 gestorben war. Schon seit etwa zwei Jahren hatte sie gekränkelt. Vorbei die

Zeiten, in denen die beiden so unterschiedlichen Freundinnen durch Ascona gingen oder abends, wenn die Werefkin nicht schlafen konnte, sich im Café trafen: die vergleichsweise dürr wirkende Werefkin bevorzugt in lose fallenden Kleidern mit mehr oder weniger lebhaften Mustern, geschmückt von langen bunten Ketten, im Sommer Espadrillen an den Füßen, auf dem Kopf immer ein turbanähnlich geschlungenes Tuch oder eine Mütze. Maria wirkte dagegen gediegen, adrett, stattlich. Kostüme, ordentlich gegürtete Hemdblusenkleider, auch mal ein Hut mit Tüllschleiern und Blumendekorationen, »guter« Schmuck: »qualitätvoll«, sicher aus »ersten Geschäften«, diesen Eindruck machte ihre Kleidung ...[579] Zum Begräbnis Marianne Werefkins am 8. Februar war Maria Marc in Ascona. Russische Verwandte und Freunde, die in die Schweiz und nach Italien emigriert waren, und sehr viele Asconeser gaben der Verstorbenen das letzte Geleit. Doch die meisten erwiesen der privaten Werefkin die letzte Ehre. Maria war sicher eine der wenigen unter den Trauergästen, die auch ihre künstlerische Bedeutung einschätzen konnten.[580]

1938 war für Maria Marc wohl ein Jahr der Zäsur. Im Herbst verbrachte sie einige Zeit in St. Moritz, die sie nutzte, um ihre Erinnerungen *Aus meinem Leben mit Franz Marc* zu überarbeiten und zu ergänzen. Und sie bereitete sich darauf vor, Ried wieder in Besitz zu nehmen. Im Jahr zuvor war die Restfamilie Kaminski nach München gezogen[581] – die Kinder, bis dahin von Hauslehrern unterrichtet, hatten den Besuch eines regulären Gymnasiums durchgesetzt. Für sie bedeutete das der Schritt in die Normalität, denn ihre Lebensumstände waren bisher weit entfernt davon gewesen. Luise Rinser, in den dreißiger Jahren mit einem Kaminski-Meisterschüler liiert, den sie später heiratete, schilderte sie mit sehr spitzer Feder: »Einmal sagte mir Horst Günther [Horst Günther Schnell – Anm. d. Verf.] ich solle ihn nach Ried begleiten. Ich war töricht genug, dies für einen Glücksumstand und eine Ehre zu halten. Meister und Schüler verschwanden sofort in der ›Hütte‹, dem Heiligtum, in dem der Meister arbeitete. Ich wurde von ihm nicht zur Kenntnis genommen, von niemand. So stand ich also herum. Einmal kam Gabriele, die älteste Tochter, siebzehnjährig, vorbei und sagte, ohne mich sonst zu begrüßen, so beiläufig: Sie sind Volksschullehrerin. Na ja. Die fünf Kinder Kaminskis waren alle ausnehmend schön und wohlgestaltet, und ungeheuer selbstbewußt und hochmütig. Das Sendungsbewußtsein ihres Vaters übertrug sich auf sie ... Irgend jemand rief oder gongte. Es war Essenszeit. Ich mußte ja wohl zu Tisch gehen. Tatsächlich war

190

auch für mich ein Platz frei an der langen Tafel, an der aufgereiht
eine Menge Leute saßen: die fünf Kinder, der Hauslehrer, die Meisterschüler Reinhard Schwarz-Schilling und seine Verlobte, die blonde
polnische Pianistin Dusza von Hakrid[582], die Hausdame und, am un-
teren Ende, die Mutter, so wurde sie von allen genannt, so wie Kaminski von allen ›der Vater‹ genannt wurde. Es fehlten Horst
Günther und der Vater. Der Vater trat ein, vielmehr er trat auf, in eine
weiße rohseidene Toga gehüllt, flache Sandalen an den Füßen: eine
Guru-Erscheinung ... In seinem Schatten kam Horst Günther, leicht
trunken: der Vater, der Meister, hatte eine seiner kleinen Arbeiten für
gut befunden. Man setzte sich. Man schwieg. Der Vater neigte sich
über den Tisch, sammelte sich und sprach ein selbstgedichtetes Ge-
bet. Dann teilte die Mutter die Speisen aus, als spende sie ein Sakra-
ment. Sie schöpfte die Teller voll und diese wurden dann weitergereicht. Das ging schweigend vor sich. Eine Kulthandlung. Ich war
beeindruckt. Ich ahnte nicht, daß das Haus nicht Kaminski gehörte,
sondern der Witwe des Malers Franz Marc, ich ahnte nicht, daß
nichts im Hause den Kaminskis gehörte, daß die köstlichen Speisen
auf dem Tisch unbezahlt waren, daß die Mutter mit dem Vater nicht
über den Schuldenberg reden durfte, weil das unwürdig war und ihn
bei der Arbeit störte, daß der Hauslehrer und die Hausdame lange
schon keinen Lohn mehr bekamen ... [Als] der Vater ... nach dem Löf-
fel griff, stürzten alle ganz und gar unfeierlich über ihre Teller her. Sie
aßen unglaublich schnell. Ich starrte das Schauspiel an. Es schien ein
Wettessen zu sein. Den ersten Preis gewann der Vater. Als er fertig
war, blieb den andern nicht viel Zeit. Man schlang. Ich kam da nicht
mit. Ich aß noch, als alle längst fertig waren, mir blieben die Bissen
im Hals stecken, alle sahen geringschätzig und ungeduldig auf mich.
Schließlich war mein Teller doch leer. ... Plötzlich aber, vermutlich
auf ein mir entgangenes Zeichen des Vaters hin, sprangen gleichzeitig fünf oder sechs Personen auf, stürzten zur Anrichte, griffen nach
Gegenständen und eilten zur Tafel zurück. Sie umringten den Vater
so, daß ich nicht sehen konnte, was da geschah. Ich vermutete Ritu-
elles, eine Händewaschung oder Fußsalbung etwa. Aber es ging nur
darum, daß der Vater seine Zigarette rauchen wollte. Dazu brachten
ihm die dienstbaren Kinder und Gäste die Schachtel mit den Zigaretten, die Zündhölzer, den Aschenbecher, und wer nichts zum Appor-
tieren fand, nahm das schon Angebrachte feierlich aus den Händen
der andern und überreichte es dem Vater. Der lautlose Spuk war vorüber: der Vater rauchte und gab einige Sätze von sich. Nun durfte
man reden. Aber niemand zeigte rechte Lust dazu.«[583]

Der Kaminski-Exodus hatte Maria überrascht: »Liebe Kandinsky's ...
ich kann leider nicht daran denken, nach Paris zu kommen, weil ich
plötzlich nach Ried fahren muß. Das Haus wird im Winter unbe-
wohnt sein, und ich muß nun hinfahren, um über die ganze Angelegenheit mündlich mit Kaminski's zu bereden, – ich vermute, daß sie
bald ganz hinausziehen werden. Und was dann? Ich kann allein nicht
in Ried wohnen, es ist zu einsam und weitab, – das halte ich nicht
aus. Ich muß eben schauen, jemand zu finden, der dort wohnen kann
und will.«[584] Nach Paris zu fahren, beabsichtigte Maria der Weltaus-
stellung wegen. Eine vorübergehende Lösung für Ried fand sich: Johanna Schütz-Wolff, die 1920 als junge angehende Weberin auf den
Spuren Franz Marcs erstmals nach Ried gekommen war, reiste mit ihrer dreizehnjährigen Tochter Anne aus Hamburg an (wo ihr Mann
Paul Schütz[585] Hauptpastor an der Nikolaikirche war). Beide bewohnten etwa ein dreiviertel Jahr den ersten Stock auf Einladung
Marias, denn 1938 war das Haus seiner Eigentümerin überlassen.[586]
»Es ist jetzt, nachdem das Haus wieder in meiner Hand ist, natürli-
cher, ständig in Ried zu leben und zeitweise in Ascona, als umge-
kehrt«, schrieb sie am 16. Juni 1939 an die wieder heimgekehrte
Schütz-Wolff. Aber auch: »Ich verlebe jetzt hier meine letzte Zeit
etwas schmerzlich in Ascona.«[587] Maria Marc war klar, dass sie ihr
Haus in diesen Zeiten nicht Fremden überlassen durfte. 1939 wickelte
sie ihre Angelegenheiten in Ascona ab und plante den Bau einer
Weberhütte im Rieder Garten! (Schon 1927 hatte Ada Nolde Maria
Marc ihren alten Webstuhl überlassen.[588])

Denn die zehn Ascona-Jahre hatte sie gut für sich genutzt.
Zunächst, 1929, führte sie ein Skizzenbuch, in dem sie beispielsweise
Impressionen aus Locarno festhielt. Doch bald besann sie sich ihrer
Studien am Bauhaus und begann mit dem Weben moderner Gobelins. Es entstanden zauberhafte Arbeiten mit Vogelmotiven, mit
Sternmotiven ... Tatsächlich übertrug Maria Marc Franz-Marc-Tenor
auf ihre Teppiche – ohne seine Werke zu kopieren. Nach gut vier Jahren mit häufig wechselnden Wohnsitzen am Lago Maggiore hatte sie
dort ein Häuschen für sich allein gefunden, in dem sie das aufwen-
dige Handwerk betreiben konnte. Maria Marc färbte ihre Wolle selbst
mit Pflanzenfarben. Briefe, die sie noch bis Juli 1939 von Ried und
Ascona aus an Frau Schütz-Wolff schrieb, geben einen Eindruck von
ihrer Arbeit.

Zum Beispiel ein Färberezept für graugrüne Töne mit Frauenman-
tel (in den Wiesen zu suchen!):

»Die Wolle wird zu diesem Zweck in der Regel mit einer starken

Maria Marcs Weberhütte im Garten ihres Rieder Hauses

Alaun-Weinsteinlösung gebeizt (mindestens eine Stunde kochend). Um das Färbbad zu bereiten, wird das Kraut mit den Blüten dreiviertel bis eine Stunde ausgekocht. In der geseihten Brühe wird die gebeizte, gut ausgedrückte Wolle dreiviertel bis ein und eine Viertelstunde gefärbt und hernach in der üblichen Weise mit Eisenvitriol abgedunkelt. Für eine mittelstarke Färbung genügen 200 gr. Alaun, 50 gr. Weinstein und 2 Kilo frisches Frauenmantelkraut, – für 1 Kilo Wolle.

Stärkere Färbungen erfordern etwas mehr Alaun und Weinstein z. B. 4 Kilo Frauenmantelkraut, – 260 gr. Alaun und 60 bis 70 gr. Weinstein.

Auf einfache Alaunbeize erhält man, bei sonst gleichem Vorgehen, matt-grünlichgraue Farbtöne, die um so grauer ausfallen, je stärker die Wolle gebeizt wird.«[589]

Johanna Schütz-Wolff schuf in den Kriegsjahren 1941/42 den Gobelin *Ried:* Kühe und Mädchen sind darauf zu sehen. Er ist ihre erste Arbeit, für die sie die Wolle mit Pflanzen-, statt mit Anilinfarben behandelte, Maria Marcs Anregungen folgend. 1941 war die Weberin mit ihrer Tochter erneut nach Oberbayern gekommen, geflohen aus dem von Bombenangriffen ständig bedrohten und schon stark zerstörten Hamburg in die abgelegene Gegend, wo in den ländlichen Gärten längst Blumen durch Gemüse ersetzt worden waren und mit Obstgärten und Viehweiden Überlebenschancen vergrößerten. Mit Ausnahme von zwei Jahren in Bad Tölz lebte und arbeitete sie bis Kriegsende in Ried, wo sie zwei Zimmer in einem Bauernhaus gemietet hatte. Dorthin schafften die Frauen in einer Nacht-und-Nebel-Aktion mit einem Handwagen Franz-Marc-Werke, denn Maria befürchtete, ihre ›Villa‹ könnte von den einmarschierenden Amerikanern als Quartier beansprucht werden.[590] Das war in den ersten Maitagen des Jahres 1945, als in Benediktbeuern schon weiße Kapitulationsfahnen bereitlagen, während im Walchenseegebiet die Waffen-SS ihr letztes Aufgebot für heftige Rückzugsgefechte mobilisierte.

Künstler und Nationalsozialismus – zwei ehemalige Brücke-Leute begrenzen das Spektrum möglichen Verhaltens: Pechstein war als Jude denunziert worden, ob zu Recht, ist unwichtig und ungeklärt. Er versuchte wiederholt, den Vollariernachweis zu erbringen, betrieb Ahnenforschung bis zurück ins 16. Jahrhundert. Er fand die gewünschten Belege für sich und seine Frau, sein ältester Sohn ging in die SA, der jüngste ins Jungvolk, es war zwecklos. Seine Werke wurden als ›entartete Kunst‹ etikettiert, er fühlte sich »um jede Achtung gekommen«.[591] Kirchner wählte dagegen 1938 den Freitod aus Verzweiflung über die politische Entwicklung in Deutschland.

Da waren auch die Arbeitsbedingungen für Künstlerwitwen schwierig. Seit Anfang der zwanziger Jahre hatte Maria Marc sich im Bemühen um die angemessene Positionierung des Werkes von Franz Marc in der Kunstszene der Hilfe von Kunsthistorikern versichert. So hatte sie schon Ende 1916 in der Berliner Szene durch Walden, Koehler, Nolde die Bekanntschaft des jungen Rudolf Probst gemacht, der ihr bei der Aufbereitung des schriftlichen Nachlasses helfen sollte. 1922 entdeckte sie Alois Schardt, den sie für das Schreiben der Franz-Marc-Monografie vorgesehen hatte. Schardt, Direktor der Staatlichen Galerie Moritzburg in Halle ab 1926 und Sammler (er kaufte unter anderem die *Tierschicksale*), konnte das Buch[592] tatsächlich 1936 zu Marcs zwanzigstem Todestag vorlegen. Aus gleichem Anlass eröffnete er am 2. Mai in Berlin eine Franz-Marc-Ausstellung in der Galerie Nierendorf[593] mit einem Vortrag. »Die Aufnahme der Ausstellung u. des Buches ist sehr gut – Presse positiv«,[594] schrieb Maria Marc stolz an Albert Bloch, den sie um Kopien seiner Briefe von Franz Marc und um einen Beitrag zu dem ebenfalls für 1936 geplanten Gedenkbuch (»nur für die Freunde ... weil es für die Öffentlichkeit heute nicht geht«[595]) gebeten hatte. Doch das Jahr war noch nicht vergangen, da waren Ausstellung und Monografie von den Nationalsozialisten verboten. Und Maria in einen zeittypischen Konflikt involviert: Alois Schardt hatte in Sachen Franz-Marc-Monografie an Bloch ein mit für Beamte pflichtgemäßen ›Heil Hitler‹ unterzeichnetes Schreiben geschickt. Der Amerikaner reagierte selbstverständlich wütend, denn ihm war bekannt, dass Briefe ins Ausland diese Formel nicht enthalten mussten und forderte alle seine bisher zur Verfügung gestellten Texte zurück. »Wie soll ich nun anfangen, Ihnen eine Erklärung zu geben. Sie haben natürlich, so wie sie es ansehen, völlig recht – bis auf das Eine, daß sie ja zu mir so viel Vertrauen haben konnten, daß ich nicht einem Menschen diese Sache in die Hände geben würde, der nicht voll u. ganz dafür in Frage kommt. Aber – ich verstehe trotzdem, daß Sie sich empören«,[596] versuchte Maria zu beruhigen, wohl wissend, dass Schardt selbst seine Unachtsamkeit beim Unterschreiben der Post sehr bedauerte.

Oft setzte sich Maria Marc so für ihre Freunde ein, wenn sie sich mit Bitten an sie wandten. Wie auch Wassily Kandinsky[597] in seiner Verärgerung über neue Verhältnisse: »Nun erlauben Sie mir, liebe Frau Marc, Sie um eine Sache in meinen Angelegenheiten zu bitten. Vor kurzem hörte ich von jemand, der gerade aus Berlin kam, daß es jetzt im Kronprinzenpalais einen Feininger- und einen Kleeraum gibt, weil sie im Auslande zur Welt kamen, bzw. Ausländer sind. Von mir dagegen wäre im Palais überhaupt nichts zu sehen, weil ich im

Sovietdienst war und gewissermaßen ein Bolschewik bin. ... Wenn es stimmt, finde ich das eine ausgesprochene Schweinerei. Ich bin z. B. in Weimar bei zwei Regierungen im Dienst gewesen – erst bei der ›sozialistischen‹, später bei der sehr rechtsorientierten. Bin ich dadurch ein Sozialist oder ein Monarchist, oder sonst wer geworden? ... Bei allen Regierungen, bei denen ich im Dienst war, habe ich nicht anders als ›gegenstandslos‹ gemalt, obwohl keine dieser Regierungen diese ›Malart‹ richtig fand. Eher umgekehrt. ... Ich wurde fast nie besonders gerecht in Deutschland behandelt. Aber diese Tatsache geht wirklich über alle Grenzen des Ungerechten. Wollen Sie so lieb sein, mit Schardt darüber zu sprechen? ...«[598] Das tat Maria sicherlich, mit welchem Erfolg, ist nicht bekannt.

Im Sommer 1937 mussten ihr jedenfalls derartige Bemühungen obsolet erscheinen angesichts der hunderteinunddreißig beschlagnahmten Marc-Werke und der sechs Bilder, die in der am 19. Juli in München eröffneten Entartete-Kunst-Ausstellung[599] zu sehen waren – darunter *Der Turm der blauen Pferde*. Ein bedenkenswerter Vorgang sollte allerdings dazu führen, dass gerade dieses Bild legendär wurde, da es schließlich aus der als Diffamierung gedachten Schau herausgenommen wurde: auf Einspruch von Militärs kam die Anordnung Hitlers, das Werk des für Deutschland gefallenen Soldaten Marc abzuhängen.[600]

»Es ist eine schwere Zeit für uns, dass man innerlich die starke Zuversicht hält und nicht wankt im Vertrauen auf das Wahre und Echte, das ist der einzige Halt, den man heute hat«, schrieb Maria noch in ihrem Juli-Brief an Kandinsky. Und: »ich schreibe Ihnen heut noch aus dem Grunde, um zu sagen, daß sie jetzt nicht an mich schreiben möchten, die Briefe, die nach Ascona kommen, werden mir nachgeschickt und müssen über die deutsche Grenze, wo jetzt wieder fast alles gelesen wird.«[601]

Die Kriegsjahre in Ried waren geprägt durch die Sorge ums Lebensnotwendige – und, typisch für Maria Marc, um ihre Gesundheit. Doch sie, die nach wie vor eine Neigung zur Larmoyanz hatte, erkannte auch die Nöte ihrer Mitmenschen. Für die Familie sei stellvertretend der Witwer ihrer Nichte mit seinen beiden Kindern genannt, die sie in den Nachkriegsjahren mehrfach nach Ried einlud, und für die Freunde die Niestlé-Zwillinge, die sie aus Berlin herausholen wollte, wo die beiden sich als Geigerinnen durchschlugen und versuchten, ihre Mutter mit durchzubringen – doch die Mädchen zogen es wohl vor, das überwiesene Fahrgeld zu behalten und in der Stadt zu bleiben. Jean-Bloé Niestlé war 1942 gestorben.

Todesjahre. 1936 war Helmuth Macke im Bodensee ertrunken. 1939 betrauerte Marias Freundin Elisabeth Erdmann-Macke den Tod ihres zweiten Mannes Lothar: »Am 1. September 1939, dem Tag des Kriegsausbruchs, wurde er aus dem Hause geholt und in das Konzentrationslager Sachsenhausen gebracht, wo er am 18. September, fünfzig Jahre alt, nach qualvollen Folterungen und Mißhandlungen durch die SS starb.«[602]

Paul Klee: 1940. Alexej von Jawlensky: 1941. Wassily Kandinsky: 1944. Else Lasker-Schüler: 1945. Heinrich Kaminski: 1946.[603] Lily Klee starb im gleichen Jahr »vor freudiger Erregung, als sie hörte, dass Felix aus russischer Gefangenschaft zurückgekehrt war«[604], so Maria Marc an Gabriele Münter. Und: »Das Leben geht doch schnell dahin!! Es gibt ... immer viel für mich zu tun, viele Schreiberei, – alle Verleger wollen farbige Reproduktionen machen und ich muß immer bremsen, sonst ist eines Tages das ganze Werk in farbigen Reproduktionen am Markt und das wäre doch nicht zu wünschen.«[605] Völlig richtig – die Tendenz zur Verniedlichung, zur Nivellierung bestand zweifellos.

Wie nach dem Ersten, so hatte auch nach dem Zweiten Weltkrieg eine Marc-Renaissance eingesetzt. Sichtbarer Auftakt dafür war eine Veranstaltung im Kloster Benediktbeuern im September 1946. Anlässlich eines Kaminski-Gedächtniskonzerts waren im Barocksaal Werke wie *Tiger*, *Blaues Pferd*, *Liegender Hund im Schnee*, *Der Stier* zu sehen, im Gang davor hing Kleinformatiges. In Zusammenarbeit mit Kaminski-Schülern hatte Maria Marc die Veranstaltung geplant und schnell die Chance der öffentlichen Rehabilitation ihres verstorbenen Mannes erkannt. Immer neue Bilder holte sie aus ihrem Fundus.[606] Was sie zeigte, sprach sich herum. Über fünfhundert Musik- und Kunstinteressierte begehrten Einlass, für nur etwa dreihundert war Platz. Für die Zurückgewiesenen wurde die Veranstaltung eine Woche später wiederholt – dieses Mal ergänzt durch einen Vortrag über Franz Marc. Auf der Besucherliste: Gabriele Münter. Ein extra mit dem Zug angereister Reporter kommentierte für den *Münchner Stadtanzeiger*, der Prophet gelte im eigenen Lande wohl tatsächlich nichts, da Marcs Geburtsstadt München diesen ersten Schritt nicht getan habe ...[607]

Günter Franke, Aussteller deutscher Gegenwartskunst in München, zeigte Franz Marc dann noch im gleichen Jahr; aus Marias Beständen kamen die meisten Exponate, sie führte Besucher und stand für Diskussionen zur Verfügung.

1949 fand die große, von Ludwig Grote zusammengetragene Dokumentation zum Blauen Reiter statt.[608] Während der Eröffnungsveranstaltung gemachte Fotos zeigen die Münter »zierlich, hell gekleidet, einen schlichten Topfhut auf das schlohweiße glatte Haar gestülpt, die Schultertasche lässig am Riemen und als einzigen Schmuck eine Elfenbeinkette im unauffälligen Ausschnitt.« Dagegen »Madame Kandinsky ... Über ihren langen schwarzen Handschuhen blitzten Juwelen[609], die modische Beuteltasche hing akkurat am angewinkelten Arm. Ein mit Federn drapiertes Hütchen saß chic schief auf tiefschwarzem, dauergewelltem Kurzhaar, unter dem der Solitär des Ohrgehänges blitzte.«[610] Nun ja, da war auch noch Maria Marc. Ein Foto ist überliefert, das zeigt sie mit ihrer alten Freundin Elisabeth Erdmann-Macke. Was diese beiden Frauen tragen, scheint nebensächlich, sie zeigen lebhafte Mienen, sind miteinander im Gespräch.

Maria hatte in den Nachkriegsjahren auch erwogen, Ried zur Franz-Marc-Gedenkstätte zu machen.[611] Doch die Verhältnisse sprachen sehr dagegen. 1950 war das Haus an seiner Kapazitätsgrenze: der Fußboden des oberen Badezimmers erwies sich während Renovierungsarbeiten als durchgefault. Viele Jahre der Überbelegung, nicht zuletzt durch die Einquartierung, hatten Spuren hinterlassen. Franz' Nachlass musste das Zimmer mit Marias Haushaltshilfe teilen: » ... die darin wohnt, schläft, Besuche empfängt, – denn sie ist verlobt, – und so bin ich doch immer recht traurig, dass sich in diesem einen Zimmer so viele Dinge abspielen müssen, die wirklich nicht dahingehören ..., in dem Röcke Strümpfe Schuhe etc ... getreulich neben den Bildern liegen.« Im Haus wohnten außer Maria und ihrer Hilfe eine Familie Ruider und ein junges Paar mit Säugling, ein weiteres Kind war unterwegs.

Da ging der Blick gerne außer Haus: »Und meinem Lebenskreis sind im letzten Jahr auch sehr liebe und besondere Menschen nahegekommen, – ein junges Kunsthändlerehepaar ... Sie veranstalten schöne Ausstellungen die meist mit moderner Musik eröffnet werden, was mich immer sehr interessiert.« Etta und Otto Stangl hatten schon 1949 in ihrer Modernen Galerie in München Marc-Bilder gezeigt, ihnen hatte Maria Marc kurz zuvor die Verwaltung des künstlerischen Nachlasses übertragen. Immer wieder drehten sich ihre Gedanken um

198

die Nachlassarbeit und um die Frage, ob sie die Kraft – sie klagte über Schwindelanfälle – und die Ruhe dafür finden würde. »... ich werde eines schönen Tages wieder nach Ascona ausrücken müssen ...«[612]

Ried – Ascona, Ascona – Ried ...

1951 stand im Bereich der Schnittmenge ausgerechnet der akademische Maler, Psychometer und Lebensberater Fridolin A. Kordon-Veri, Klagenfurt, Domgasse 13 (Büro).[613] Dass Maria Marc sich an diesen Herrn wandte, war eine typische Asconeser Lösung.

Sie schrieb ihm unter der Adresse Casa Andrea Christoforo (ein bis in unsere Tage anthroposophisch orientiertes Kur- und Erholungsheim), Ascona, und unter Berufung auf Frau Dr. Witzig, ebenfalls Ascona. Maria Marcs Anfrage: »Betrifft: Verbleib des Bildes *Turm der blauen Pferde* ...; Diebereien im Haus in Ried und Ch.[arakter]-Analyse der Zwangsmieterin Ellen Ruider ...« Herr Kordon-Veri kam durch »reine Hellseherei« zu dem »traurigen Ergebnis: Genau so zeitlos und raumfern wie der Schöpfer, wirkt auch das Bild. *Der Schöpfer ist tot, das Bild ist auch tot.* ... Schon aus einer anderen, ähnlichen Untersuchung heraus weiss ich, dass fast alle Bilder der Ausstellung ›Entartete Kunst‹, auch fast alle Plastiken, nach der Ausstellung in einem Gebäude am Chiemsee eingelagert und unter Verschluss gegeben wurden. Es mag sein, dass man die restlichen Bestände fallweise vernichtete. Dieses Gebäude wurde vor Beendigung des Krieges, ungefähr im März 1945 von einem SS-Vernichtungskommando gesprengt und durch Brandstoffe restlos vernichtet. ... Durch die Absolvierung der Ausstellung ›Entartete Kunst‹, waren ja die Objekte für das ›Reich‹ wertlos geworden. Niemand hätte sich so eine Sache erwerben dürfen. Man hätte höchstens, zum Zwecke der Valutenbeschaffung, die Stücke ins Ausland verschieben können. Dazu verblieb aber keine Zeit mehr. Hinter dem Programm, die Stücke der Ausstellung irgendwie valutarisch im Auslande zu verwerten, wobei man an ein ›später‹ dachte, steckt Heinrich *Hofmann,* der Leibkunstsachverständige und Fotograf Hitlers, Professor von des Führers Gnaden. Dieser Kunsttrottel hatte seine Hände überall und verstand so gut wie nichts.«[614]

In abenteuerlichen Zeiten konnten sich Schlussfolgerungen von Hellsehern und Wissenschaftlern ergeben, die nicht so weit voneinander entfernt lagen. Der Wissenschaftler (der nach Probsts Tod mit der Verwaltung des schriftlichen Nachlasses betraut werden sollte) war Klaus Lankheit, Kunsthistoriker, Jahrgang 1913, aus Landsberg an der Warthe nach dem Krieg nach Bayern verschlagen.[615] Er verfolgte den Weg der Gemälde und Plastiken aus deutschen Museen, die die Nationalsozialisten als entartet gebrandmarkt wissen wollten, über die Stationen der Wanderausstellung, die in München ihren Anfang genommen hatte, bis hin zur großen Versteigerung in Luzern. »Als die Transporte für Luzern zusammengestellt wurden, schaltete sich Hermann Göring ein, und ließ einige Gemälde vorab beschlagnahmen. Durch seinen Beauftragten wurden diese Werke – darunter Bilder von Cézanne, van Gogh, Munch und Marc – gegen wertvolle Devisen ins Ausland verkauft. *Der Turm der Blauen Pferde*, obwohl von Göring sichergestellt, entging dem ihm zugedachten Schicksal. Alle Gerüchte, er sei damals nach Amerika verkauft worden, haben einer Nachprüfung nicht standgehalten. Vielmehr soll er im Sommer 1945 im ehemaligen Preußischen Abgeordnetenhaus – unweit Görings Amtsbereich und Wohnsitz – zusammen mit einigen anderen der beschlagnahmten Gemälde gesehen worden sein.«[616] Das Bild gilt noch heute als verschollen.

1950 konnte Lankheit seine Franz-Marc-Monografie vorlegen, Maria verfasste dazu das Nachwort. Ihre alte Gefährtin Julia Feininger zeigte sich nicht allzu begeistert über das Buch: »... zu sehr ›Redner‹, zu sehr überzeugt von sich selber und er macht alles so von oben herab ab.«[617]

Für das Werk Franz Marcs würde Lankheit[618] sich ebenso einsetzen wie Etta und Otto Stangl, die beispielsweise in ihrer Modernen Galerie 1952 fünfunddreißig spät entstandene Blätter Franz Marcs ausstellten – zusammen mit elf Teppichen Maria Marcs aus den letzten beiden Jahrzehnten. Allerdings: Selbstlosigkeit bestimmte das Handeln der wichtigsten ›Nachlassverwalter‹ kaum – Effizienz war dennoch oder gerade deshalb garantiert.

Das Interesse an der Marc-Witwe verlief parallel zum Interesse am Künstler. Kontakte wurden in der Regel schriftlich abgewickelt. Sie korrespondierte mit Galeristen und Museumsdirektoren, mit Käufern von und Interessenten an Marc-Werken (auch solchen, die emotionale Zuschläge gegen finanzielle Abschläge aufrechnen wollten), mit Journalisten (eine Reporterin interessiert sich zu Maria Marcs großer Genugtuung nur für ihre Webereien, nicht für Franz Marc – ein Rundfunkinterview war das Ergebnis dieser Begegnung) und immer wieder natürlich mit alten, sogar ganz alten Bekannten: z. B. mit Sissi Brentano, Tochter Lujo Brentanos, der schon Wilhelm Marcs Freund gewesen war.

Nur wenige Besuche konnte Maria Marc noch machen. Anfang der fünfziger Jahre schaffte sie es noch einmal, zu Elisabeth Erdmann-Macke zu fahren. Auch verhalfen ihr die Visa, die sie den Bemühungen von Freunden verdankte, zu gelegentlichen Aufenthalten in der Schweiz. Viele Pläne waren dagegen endgültig gescheitert, so auch der, mit Julia Feininger in Ried zu leben.[619] Und Blicke in die Münchner Ainmillerstraße, wo Kandinsky mit der Münter einst wohnte, konfrontierten die Marc-Witwe mit endgültig Vergangenem.

Januar 1953: » ... eine Gehirnblutung – o. genauer gesagt eine Durchblutungsstörung im Gehirn und nachfolgende Lähmung der Beine – hauptsächlich, ich lag 3 Monate in einem Münchner Krankenhaus.«
Mai 1954: » ... wäre ich nur gesundheitlich besser dran. Man sagt immer – besonders Außenstehende – es ginge mir besser, aber wenn man die Sache im rechten Licht betrachtet, so ist nicht viel gewonnen. Ich kann ja auch immer noch nicht allein gehen.«[620]
Januar 1955: Maria Marcs Todestag am Dienstag, dem 25.
Am 26. erschien der Nachruf in der *Münchner Abendzeitung*: »Maria Marc, die Witwe des Malers Franz Marc, starb gestern nach achttägiger Krankheit in ihrem Heim in Ried bei Benediktbeuern.

Maria Marc (um 1950)

Die Witwe Franz Marcs, der 1916 fiel, erreichte ein Alter von 78 Jahren. Noch in ihren letzten Lebenstagen traf sie Vorbereitungen, zu der Ausstellung mit Bildern ihres Mannes, die in Amsterdam am 4. Februar eröffnet wird, zu fahren. Ihre Lebensaufgabe war, den umfangreichen schriftlichen Nachlass ihres Mannes zu sichten und druckfertig zu machen. In ihrem Heim in Ried, das sie seit 1914 bewohnte, pflegte sie ihre eigene künstlerische Begabung als Weberin.«[621]

Maria Marc wurde neben Franz Marc auf dem Friedhof in Kochel begraben.

✳ ✳ ✳

Postskriptum:

Maria Marcs Lebensaufgabe als Künstlerwitwe? Allein Franz Marcs künstlerischer Nachlass war, gemessen an seiner kurzen Schaffensperiode, beträchtlich. Rund zweihundertfünfzig Gemälde, Studien, Skizzen in Ölfarben, nahezu die gleiche Anzahl an Blättern in Aquarell, Tempera, Pastell ... Dazu die knapp hundert erhaltenen Postkarten und Briefblätter, die vielen Druckgrafiken, die Hinterglasbilder, die dekorativen Malereien, die Entwürfe, die Plastiken und kunsthandwerklichen Stücke – was er schuf[622], wurde von seiner Witwe verwaltet. Der weitaus überwiegende Teil befand sich in den Jahren nach dem Zweiten Weltkrieg hälftig im Eigentum privater Sammler oder von Freunden und Weggefährten und Familienmitgliedern (Bohnstedt, Bloch, von Eckhardt, Fromm, Kaminski, Kandinsky, Klee, Macke, Marc, Münter, Niestlé, Piper, Probst, Schnür, Wolfskehl kommen im Werkeverzeichnis vor.[623]) – und in den Beständen von Museen und Galerien. Knapp zwanzig Werke gingen in den Wirren der Zeiten, der Kriegszeiten vor allem, verloren, fünfundzwanzig zerstörte der Künstler nachweislich selbst. Bedenkt man noch den Arbeitsaufwand Maria Marcs für den schriftlichen Nachlass – zum Teil eigenhändiges Abschreiben von Marc-Briefen an Freunde, ja das weltweite Einsammeln dieser Dokumente, die Unterstützung Probsts, Schardts, Lankheits, nachdem sie ihren Versuch eines eigenen Erinnerungsbuches (immerhin verfasste sie dafür etwa siebzig Seiten) verworfen hatte, dann wächst der Respekt für das Lebenswerk des Paares Franz und Maria Marc.

Zeittafel

Franz	Franz und Maria	Maria
		1876 12. Juni in Berlin geboren
1880 8. Februar in München geboren		
		1895/96 Abschluss Ausbildung zur Zeichen- und Turnlehrerin
		Fortsetzung Malstudien im Berliner Damenatelier von Karl Storch
1899 Studium an der Philosophischen Fakultät der Ludwig-Maximilians-Universität München		1899–1902 Malsommer mit Karl Storchs Damenklasse, vorwiegend in Holstein
1900 Militärdienst, anschl. Beginn des Studiums an der Königlich-Bayerischen Akademie der bildenden Künste		
1901 Reise mit Bruder Paul nach Italien		
1902 Malsommer auf der Staffelalm bei Kochel		
1903 Reise mit einem Studienfreund nach Frankreich		1903 Beginn Studium an der Damenakademie des Münchner Künstlerinnen-Vereins
1904 Beginn seiner Liebesbeziehung zu Anette Simon (von Eckardt)		1904 Fortsetzung ihrer Studien in München
Beginn der Freundschaft mit Jean-Bloé Niestlé		Spätsommer und Herbst Freilichtmalerei in Ampermoching bei Dachau, Liebesbeziehung zu Angelo Jank
1905/06 Beginn seiner Liebesbeziehung zu Marie Schnür (Februar 1906 Geburt des Schnür-Sohnes Klaus)	1905 erste Begegnung und Beginn ihrer Liebesbeziehung	1905 ab Jahresanfang in München
		Spätsommer und Herbst in Worpswede
1906 Frühjahr Reise mit Bruder Paul nach Griechenland	1906 gemeinsamer Malsommer, teils zu dritt (Franz Marc, Maria Franck, Marie Schnür) in Kochel	1906/07 Fortsetzung Studien an der Damenakademie des Münchner Künstlerinnen-Vereins
1907 März Heirat mit Marie Schnür (am Hochzeitstag allein nach Paris)		
1908 Juli Scheidung von Marie Schnür	1908 gemeinsamer Malsommer in Lenggries	
1909 mietet eine Wohnung in Sindelsdorf nahe Kochel		1909 pendelt zwischen Münchner Atelier und Sindelsdorf

Franz	Franz und Maria	Maria
1910 Februar erste Einzelausstellung	1910 endgültiger Umzug nach Sindelsdorf	
Herbst Anschluss an die Neue Künstlervereinigung München	Beginn der Freundschaft mit August und Elisabeth Macke, Helmuth Macke, lernen den Kunstmäzen Bernhard Koehler kennen	
1911 erste Ausstellung der Redaktion Der Blaue Reiter	1911 Beginn der Freundschaft mit Wassily Kandinsky, Gabriele Münter, Alexej von Jawlensky, Marianne von Werefkin, Adolf Erbslöh, Alexander Kanoldt, Heinrich Campendonk ...	1911 vorübergehende Rückkehr zu den Eltern nach Berlin
	Juni in England fingierte ›Hochzeit‹	
	1911/12 lernen in Berlin Maler des Brücke-Kreises kennen	
1912 zweite Ausstellung der Redaktion Der Blaue Reiter Edition des Almanachs Der Blaue Reiter	1912 Herbst Reise mit August Macke nach Paris	1912 mit zwei Grafiken auf der zweiten Blauer Reiter-Ausstellung vertreten
1913 schlägt einen Lehrauftrag an der Stuttgarter Kunstakademie aus	1913 in Berlin Kontakt mit Künstlern aus dem Umfeld von Herwarth Waldens Sturm	
	Beginn der Freundschaft mit Else Lasker-Schüler	
	April Reise nach Südtirol	
	2. Juni standesamtliche Eheschließung in München	
1914 August Kriegsfreiwilliger Einsatz an der französischen Front	1914 April Umzug in die ›Villa‹ in Ried bei Kochel	
1915 Skizzen aus dem Felde, Artikel und Aphorismen Juli und November Heimaturlaub		1915 Beginn ihrer Freundschaft mit Heinrich Kaminski
1916 4. März gefallen bei Verdun		1916 übernimmt die Nachlassverwaltung mit Vorbereitung der Franz-Marc-Gedächtnis-Ausstellung im Oktober in München
		1917 Trennung vom Franz-Marc-Galeristen Herwarth Walden

Franz	Franz und Maria	Maria
		1922 Einschreibung am Staatlichen Bauhaus Weimar zum Studium der Weberei (bis einschl. Sommersemester 1923)
		Beginn ihrer Freundschaft mit Lyonel und Julia Feininger
		1929 erster Aufenthalt in Ascona – in den folgenden zehn Jahren überwiegend dort
		1939 Hauptwohnsitz wieder in Ried
		Bau einer Weberhütte im Garten
	1952 Gemeinschaftsausstellung mit Bildern von Franz Marc und Webteppichen von Maria Marc in München*)	1952 Schlaganfall
		1955 25. Januar in Ried gestorben

Maria Marc mit zwei Freundinnen

---

*) Zum Jahreswechsel 1995/96 wurden in der Städtischen Galerie im Lenbachhaus, München, Bilder von Maria Marc gemeinsam mit Skulpturen Franz Marcs ausgestellt.

Anmerkungen

Teil I: Maria
1876–1905

1 Brief Emmy Lehmann an Maria Franck vom 19. 01. 1903 (Archiv Stein/Wimmers).
2 Elisabeth Macke: Erinnerung an August Macke, Frankfurt am Main 1998, S. 188.
3 Ulrike Marquardt u. Heinz Rölleke: Else Lasker-Schüler/Franz Marc: »Mein lieber, wundervoller blauer Reiter«. Privater Briefwechsel, Düsseldorf 1998, S. 121 ff.
4 Interview Anne von Miller-Schütz.
5 Bertha Franck war mit dem Bankier Fritz Jung verheiratet.
6 Angefertigt wurde der Stammbaum von Betty Jung, einer Cousine Maria Marcs.
7 1895 hatte Wadang (heute Wadag) 192 Einwohner und eine Grundfläche von 227 Hektar.
8 Von den Baumeistern Ende und Böckmann.
9 Das Gebäude Hinter der Katholischen Kirche 1–2 beherbergt in unseren Tagen Intendanz und Magazin der Berliner Staatsoper. Sein noch immer beeindruckendes Äußeres ist infolge der Kriegseinwirkungen gegenüber früheren Zeiten stark verändert.
10 Brief Helene Franck an Maria Marc vom 27. 11. 1918 (Archiv Stein/Wimmers).
11 1916 besuchte sie in Berlin ihre »alte Klavierlehrerin Frl. Tortilorius ... eine sehr intelligente Persönlichkeit«. Brief Maria Marc an Franz Marc vom 27. 1. 1916 (Archiv Lenbachhaus).
12 1868 zeichnete Helene Sonntag beispielsweise ein wirklich hübsches Blumenbukett.
13 Paul de Lagarde: Programm der Konservativen Partei Preußens, 1884.
14 Ulrich Frank (Hrsg.): Die Berlinerin. Bilder und Geschichten, Berlin 1890, S. 93 f.
15 Sequenz Annegret Hoberg: Maria Marc. Leben und Werk 1876–1955, München 1995, S. 11.
16 Während Marias Studienzeit lehrte auch der 1860 in Frankfurt a. M. geborene Maler und Radierer Philipp Franck (soweit bekannt, kein Verwandter Marias) an der Königlichen Kunstschule, 1912 wurde er deren kommissarischer Leiter und 1915 zum Direktor berufen.
17 Archiv Stein/Wimmers.
18 In Preußen gehörte Zeichenunterricht seit 1872 zu den obligatorischen Fächern. Im Vergleich zu anderen deutschen Staaten nahm er dort um 1893 an Gymnasien mit wöchentlich acht Stunden eine führende Stellung ein. Trotz des wachsenden Bedarfs an Fachkräften wurden examinierte Zeichenlehrer den examinierten Zeichenlehrerinnen vorgezogen – von Beamtenposten ganz zu schweigen. Vgl. Renate Berger: Malerinnen auf dem Weg ins 20. Jahrhundert. Kunstgeschichte als Sozialgeschichte, Köln 1986, S. 89 f.
19 Eugenie von Soden (Hrsg.): Das Frauenbuch. Frauenberufe u. -ausbildungsstätten, Stuttgart 1913, S. 29 ff.
20 1919 in Verein der Berliner Künstlerinnen umbenannt.

21 Die Gründerinnen des Berliner Künstlerinnen-Vereins waren Clara Oenicke, Rosa Petzel und Marie Remy.

22 Vgl. Käthe, Paula und der ganze Rest. Künstlerinnenlexikon, herausgegeben vom Verein der Berliner Künstlerinnen e. V. in Zusammenarbeit mit der Berlinischen Galerie, Museum für Moderne Kunst, bearbeitet von Carola Muysers, Berlin 1992.

23 Eugenie von Soden (Hrsg.): Das Frauenbuch, S. 29 ff.

24 Archiv Stein/Wimmers.

25 Anton Alexander von Werner, 1843–1915, Illustrator und Genremaler, Porträtist der hohen preußischen Generalität und Bildchronist des Deutsch-Französischen Krieges.

26 Hermann Wislicenus, 1825–1899, Historienmaler, Akademieprofessor, verherrlichte die Reichsgründung durch Wilhelm I.

27 Brief Maria Franck an Franz Marc vom 14. 9. 1907 (Germanisches Nationalmuseum Nürnberg).

28 Heute trägt Schreiberhau den polnischen Namen Szklarska Poreba.

29 1950 erwähnte Maria Marc in einem Brief an Willi Wimmers, den Mann ihrer Nichte Erika, Wanderungen im Riesengebirge, die sie gemeinsam mit den Eltern und Bruder Wilhelm unternommen hätte.

30 Gerhart Hauptmann zog 1901 ins nahegelegene Agnetendorf um.

31 Genauer: »Soolbad« Segeberg.

32 An die fünfzig Briefe von Karl Storch und seiner Frau an Maria Franck/Marc sind erhalten. Noch 1914 bedankte man sich bei ihr für ein Paket mit ›Liebesgaben‹ (Archiv Stein/Wimmer).

33 Vgl. Briefe Maria Franck an Helene Franck vom 21. 7. 1899 und 26. 7. 1899 (Archiv Stein/Wimmers).

34 Brief von Janne an Maria Franck vom 17. 9. 1900 (Archiv Stein/Wimmers).

35 Heute: Bad Schwalbach. Die jungen Damen wohnten damals im *Europäischen Hof.*

36 Brief Helene Franck an Maria Franck, undatiert (Archiv Stein/Wimmers).

37 Die Schauspielerin Tilla Durieux wurde Paul Cassirers zweite Frau.

38 Brief Paula Bergmann an Maria Franck vom 20. 4. 1902 (Archiv Stein/Wimmers).

39 Was dafür spricht, dass auch Fräulein Lehmann Lehrerin war.

40 Die Bildpostkarte aus dem Jahre 1919 zeigt Emmy Lehmann (Sequenz Archiv Stein/Wimmers).

41 Vgl. Kirsten Schrick: Berlin der Kopf – München das Herz. Ein Wettstreit der Weltstädte um den Vorrang in Kunst und Literatur. In: Literatur in Bayern Nr. 9, 1987, S. 41–46.

42 Gisela Kleine: Gabriele Münter und Wassily Kandinsky. Biographie eines Paares, Frankfurt a. M. 1994, S. 87.

43 Brief Maria Franck an Emmy Lehmann vom 19. 1. 1903 (Archiv Stein/Wimmers).

44 Wolfgang Till: »Zum Mythos«. Schwabing, Cliché und große Illusionen. In: Schwabing. Kunst und Leben um 1900. Hrsg. Helmut Bauer u. Elisabeth Tworek, Essayband zur Ausstellung, München 1998, S. 10 f.

45 Im Volksmund: Bauernkirta.

46 Brief Dr. Ferdinand Lorenz an Maria Franck vom 1. 11. 1903 (Archiv Stein/Wimmers).

47 Vgl. Brief Dr. August Gallinger an Maria Franck vom 25. 10. 1903 (Archiv Stein/Wimmers).

48 Zitiert nach Katharina Festner u. Christiane Raabe: Spaziergänge durch das München berühmter Frauen, Zürich/Hamburg 1996, S. 42.

49 Erst vom Wintersemester 1920/21 an durften Frauen an der Münchner Akademie der bildenden Künste studieren.

50 Der Münchener Künstlerinnen-Verein wurde von der Kunstgewerbelehrerin Clementine von Braunmühl gemeinsam mit einigen ihrer Schülerinnen gegründet.

51 Vgl. Annegret Hoberg: Maria Marc, S. 7.

52 Neben Angelo Jank und Max Feldbauer gehörten dazu Fritz Erler, Leo Putz, Walter Püttner und Walter Georgi. Vgl. Katalog zur Ausstellung Franz Marc. Zeichnungen und Aquarelle, S. 19.

53 Vgl. Bernd Dürr: Leo Putz, Max Feldbauer und der Kreis der *Scholle* und *Jugend* in Dachau um 1900. Ausstellungskatalog, Dachau 1989.

54 Vgl. a.a.O.

55 Maria Marc: Aus meinem Leben mit Franz Marc. In: Annegret Hoberg: Maria Marc. Leben und Werk 1876 – 1955, S. 95 ff.

56 Unklar ist, ob Maria allein oder gemeinsam mit anderen Karl-Storch-Schülerinnen in Seedorf ihre Malstudien fortsetzte.

57 Vgl. Brief Dr. Ferdinand Lorenz an Maria Franck vom 1. 11. 1903 und Brief Dr. August Gallinger an Maria Franck vom 25. 10. 1903 (beide Archiv Stein/Wimmers).

58 Brief Helene Franck an Maria Franck, undatiert, April 1904 (Archiv Stein/Wimmers).

59 Brief Emmy Lehmann an Maria Franck vom 22. 4. 1904 (Archiv Stein/Wimmers).

60 Brief Emmy Lehmann an Maria Franck, undatiert, nach dem 22. 4. 1904 (Archiv Stein/Wimmers).

61 Brief Emmy Lehmann an Maria Franck vom 28. 8. 1904 (Archiv Stein/Wimmers).

62 Brief Maria Franck an Franz Marc vom 12. 4. 1906 (Archiv Stein/Wimmers): Im »›Freundeskreis‹« würde noch getuschelt über sie; ironisch nennt Maria Klatsch und Tratsch »›liebevolle‹ Äußerungen«, Marie Schnür habe ihr davon erzählt.

63 Sie blieb dort bis September.

64 Moos ist die bayerisch-mundartliche Bezeichnung für Moor.

65 Vgl. Norbert Göttler: Von Hungerleidern und Malweibern. Die Künstlerkolonie Dachau um die Jahrhundertwende, Bayerischer Rundfunk, Bayern – Land und Leute, Manuskript zur Hörfunksendung vom 13. 5. 1990, S. 3.

66 Zitiert nach Hans Hildebrandt: Adolf Hölzel als Zeichner, Stuttgart 1913, S. 5 ff.

67 Der Begriff stammt vom Wiener Kunsthistoriker Rössler, doch hat es eine Vorgänger-Institution, eine Alt-Dachauer Schule gewissermaßen, nie gegeben.

68 Hans Hildebrandt: Adolf Hölzel als Zeichner, S. 10.

69 Da auch Kunsthistorikern dieser Tatbestand bislang unbekannt war, blieben mögliche Einflüsse bei der Bewertung von Marias Œvre unberücksichtigt.

70 Maria Marc: Aus meinem Leben mit Franz Marc, a.a.O.

71 a.a.O.

72 Franz Marc: Briefe aus dem Feld. Nach Originalen herausgegeben von Klaus Lankheit und Uwe Steffen, München/Zürich 1993, S. 141 f.

73 Maria Marc: Aus meinem Leben mit Franz Marc, a.a.O.

74 a.a.O.

75 Annegret Hoberg: Maria Marc, S. 13.

76 Aus Otto Modersohns Tagebuch, zitiert nach Hans-Dieter Mück (Hrsg.): Insel des Schönen. Künstlerkolonie Worpswede 1889–1908, Apolda 1998, S. 26.

77 Vgl. Deutsche Künstlerkolonien 1890–1910. Worpswede – Dachau – Willingshausen – Grötzingen – Die »Brücke« – Murnau, Karlsruhe 1998, S. 76.

78 Paula Modersohn-Becker, die ansonsten Paris bevorzugte, hielt sich im Sommer und Herbst 1905, also zeitgleich mit Maria Franck, in Worpswede auf.

79 Maria Marc: Mein Leben mit Franz Marc, a.a.O.

80 Matthäus 26,41 u. Markus 14,38: »Wachet und betet, daß ihr nicht in Anfechtung [Versuchung] fallet! Der Geist ist willig; aber das Fleisch ist schwach.«

81 Brief Franz Marc an Maria Franck vom 15. 12. 1905 (Archiv Lenbachhaus).

Teil II: Franz
1880–1905

82 Gelegentlich auch: Moritz für die Marcs, die diesen Namen tragen.

83 Klaus Lankheit: Franz Marc. Sein Leben und seine Kunst, Köln 1976, S. 12.

84 Auch Pelkoven.

85 Bis dahin überwiegt die Schreibweise Mark, wir haben uns einheitlich für Marc entschieden.

86 E. T. A. Hoffmann verarbeitete diese Erfahrung in den *Kreisleriana*, den autobiografisch gefärbten Einschüben in seine *Lebensansichten des Katers Murr*. Gerhard Graepel setzte er ein literarisches Denkmal in der *Nachricht von den neuesten Schicksalen des Hundes Berganza*. Vgl. Rüdiger Safranski: E. T. A. Hoffmann, München 1984, S. 243 ff.

87 Eine aus dem Calvinismus erwachsene Glaubensgemeinschaft.

88 1913 meldete sich eine Alice Bohnstedt brieflich aus St. Petersburg bei Franz Marc – sie erhoffte sich Unterstützung für ihr Projekt einer Reise nach Paris.

89 Sie scheint den glücklichen Ausgang ihres Vorhabens nicht erlebt zu haben, denn sie starb bei der Geburt ihres zehnten Kindes – noch bevor Sophie St. Petersburg verließ.

90 Lt. Zeugnis vom 14. 7. 1899, das im Franz-Marc-Museum in Kochel ausliegt: Religion: 1, Deutsch: 2, Latein: 2, Griechisch: 2, Französisch: 1, Mathematik und Physik: 2, Geschichte: 1 ... Lobend wird darin erwähnt, dass der Schüler Franz Marc sich um das Erlernen der englischen und italienischen Sprache bemühte.

91 Paul Marc promovierte später in politischen Wissenschaften. Er wurde Direktor eines Instituts für Auswärtige Politik.

92 Mindestens bis Ende 1903 schrieb Franz Marc Weihnachts- und Jahreswechselbriefe nach Schney bzw. ab 1902 nach Freiburg, wo Otto Schlier dann Stadtpfarrer war. Er fügte den Briefen gelegentlich Collagen oder Aquarelle für die Schlier-Tochter Agnes bei.

93 Brief Franz Marc an Otto Schlier vom 25. März 1898, zitiert nach Sigrid Gräfin von Strachwitz: Franz Marc und Friedrich Nietzsche – Zur Nietzscherezeption in der bildenden Kunst. Inauguraldissertation zur Erlangung der Doktorwürde der philosophischen Fakultät der Rheinischen Friedrich-Wilhelms-Universität zu Bonn (hier: Diss.), Dokumentarischer Anhang, S. 11.

94 Franz Marc an Paul Marc am 1. 9. 1898, a.a.O., S. 1.

95 Franz Marc an August Caselmann am 2. 8. 1898, a.a.O.

96 Franz Marc an Otto Schlier am 18. 7. 1898, a.a.O., S. 12.

97 Franz Marc an Otto Schlier am 18. 7. 1897, a.a.O., S. 11.

98 Franz Marc an Otto Schlier am 28. 12. 1898, a.a.O., S. 15.

99 Franz Marc 1880–1916, Katalog zur Ausstellung in der Städtischen Galerie im Lenbachhaus, S. 15.

100 Franz Marcs erste erhaltene Arbeit. Vgl. Claus Pese: Franz Marc. Leben und Werk, Stuttgart und Zürich 1989, S. 18 f.

101 Beide Maler wurden für ihre Verdienste geadelt.

102 Wie zum »Autopsychologen«. Vgl. Diss. S. 33.

103 Katalog zur Ausstellung Franz Marc 1880–1916, München 1980, S. 15.

104 Beide Bilder blieben bis 1951 in Familienbesitz. Vgl. Diss. S. 50 ff.

105 Nach Bringfriede Baumann: Der Münchner Maler Wilhelm Marc (1839–1907), Mo-

nographie mit Werkverzeichnis, München 1986, S. 60, ist es die Kopie eines Gemäldes seines Vaters, so dass dieser indirekt ebenfalls im Bild ist.

106 Katalog zur Ausstellung Franz Marc. 1880–1916, S. 16.

107 Brief Franz Marc an Paul Marc vom 19. 7. 1903 (Germanisches Nationalmuseum Nürnberg).

108 Undatierter Brief an die Eltern, Diss. Dokumentarischer Anhang, S. 19 f.

109 Brief Mme Debennes an Franz Marc vom 28. 7. 1903 (Germanisches Nationalmuseum Nürnberg – im Original Französisch).

110 Franz Marc an die Eltern vom 2. 8. 1903, Diss. Dokumentarischer Anhang, S. 21.

111 Franz-Marc-Museum in Kochel.

112 Franz Marc an die Eltern am 24. 8. 1903, Diss. Dokumentarischer Anhang, S. 23.

113 Nr. I bekam später Anette Simon, Nr. II Maria Marc.

114 Die ›Gräfin‹ und das ›zu‹ hatte sie zu der Zeit allerdings abgelegt.

115 Franz Hessel war das Vorbild für Jules in François Truffauts Film ›Jules et Jim‹ von 1961, der die Geschichte des Dreiecksverhältnisses zwischen Franz Hessel, Helen Hessel geborene Grund (Cathérine) und Henri-Pierre Roché (Jim) zum Vorbild hat.

116 Wolfskehl wird mit seiner Frau Hanna, ab wann genau, ist nicht bekannt, zu Franz und Maria Marcs Freunden zählen.

117 Annegret Hoberg: Maria Marc, S. 95.

118 Franz Marc an Paul Marc vom 11. 8. 1904 (Germanisches Nationalmuseum Nürnberg).

119 Diss., S. 71.

120 Darunter das *Sitzende Kind* – eine der Töchter Anette Simons – sowie einige Kreide- und Tuschpinselskizzen auch der Geliebten.

121 Katalog zur Ausstellung Franz Marc. Zeichnungen und Aquarelle, S. 17 f.

122 Geldmangel!

123 Annegret Hoberg: Maria Marc, S. 97.

124 Bringfriede Baumann: Der Münchner Maler Wilhelm Marc (1839–1907), S. 62.

125 Alois Schardt: Franz Marc. Berlin 1936, S. 33.

126 Auch dieser Maler wurde geadelt.

127 War es Jean-Bloé Niestlé (1884–1942) nicht nützlich, dass sein Vater die größte Buchhandlung Neuchâtels (frz. Schweiz) besaß?

128 Brief Franz Marc an Marie Schnür vom 20. 10. 1905, zitiert nach Günter Meißner (Hrsg.): Franz Marc. Briefe, Schriften und Aufzeichnungen, Leipzig und Weimar, S. 20.

129 Vgl. Katalog zur Ausstellung Deutsche Künstlerkolonien 1890–1910, Stuttgart 1998, S. 213.

130 Katalog zur Ausstellung Franz Marc 1880–1916, S. 20.

131 Katalog zur Ausstellung Franz Marc. Zeichnungen und Aquarelle, S. 19.

132 Annegret Hoberg: Maria Marc, S. 95.

133 Briefe von Franz Marc an Marie Schnür vom 8. und 20. 10. 1905, zitiert nach Günter Meißner (Hrsg.): Franz Marc. Briefe Schriften Aufzeichnungen, S. 20 f.

134 Klaus Lankheit: Franz Marc. Sein Leben und seine Kunst, S. 32.

135 Franz Marc an August Macke im August 1910, zitiert nach Wolfgang Macke (Hrsg.): August Macke/Franz Marc. Briefwechsel, Köln 1964, S. 18.

Teil III: Franz und Maria
1906–1909

136 Brief Franz Marc an Marie Schnür vom 6. 4. 1906 (Germanisches Nationalmuseum Nürnberg).

137 Vgl. Elisabeth Erdmann-Macke: Erinnerung an August Macke, S. 359 FN 15. Den Hinweis auf den Kindesvater Angelo Jank bekam Elisabeth Macke vom in dieser Angelegenheit bestens informierten Franz Marc.

138 Vgl. Personalakte Angelo Jank, angelegt vom Bayerischen Ministerium des Inneren, aufbewahrt im Bayerischen Hauptstaatsarchiv, München.

139 Brief Maria Franck an Franz Marc vom 5. 4. 1906 (Germanisches Nationalmuseum Nürnberg).

140 Maria Marc: Aus meinem Leben mit Franz Marc, a.a.O.

141 Auch die emanzipierte Pädagogin Maria Montessori (1870–1952) sah sich aus beruflichen Gründen gezwungen, ihr uneheliches Kind konsequent zu verschweigen.

142 Vgl. Vormundschaftsakte Marie Schnür-Marc, Staatsarchiv München, AG München VV 1919 Nr. 2039.

143 Brief Maria Franck an Franz Marc vom 12. 4. 1906 (Germanisches Nationalmuseum Nürnberg).

144 Vormundschaftsakte Marie Schnür-Marc, Staatsarchiv München, AG München VV 1919 Nr. 2039.

145 Personalakte August Gallinger, angelegt vom Bayerischen Ministerium des Inneren, aufbewahrt im Bayerischen Hauptstaatsarchiv, München, MK 43630.

146 Elisabeth Erdmann-Macke: Erinnerung an August Macke, S. 359 FN 15. Das habe ihr, schreibt die Autorin, Franz Marc persönlich erzählt.

147 Schuhe der Marke Goldkäfer waren hochmodisch und entsprechend teuer.

148 Sequenz Maria Marc: Aus meinem Leben mit Franz Marc, a.a.O.

149 a.a.O.

150 a.a.O.

151 Brief Anette Simon an Franz Marc vom 20. 3. 1906 (Germanisches Nationalmuseum Nürnberg).

152 Am 2. 4. 1906 schrieb Franz Marc aus Saloniki an Maria Franck: »Die Judenweibchen sind schmierig. Da sehnt man sich nach einer deutschen Frau, ja, ja!« (Germanisches Nationalmuseum Nürnberg) Auch er hat antisemitische Vorurteile, wie es scheint, bedenkenlos übernommen, obwohl zu seinen Vorfahren Juden zählten.

153 Brief Franz Marc an Marie Schnür vom 17. 6. 1906 (Germanisches Nationalmuseum Nürnberg).

154 Brief Franz Marc an Maria Franck vom 22. 4. 1906 (Germanisches Nationalmuseum Nürnberg).

155 Sequenz Brief Franz Marc an Marie Schnür vom 6. 4. 1906 (Germanisches Nationalmuseum Nürnberg).

156 Brief Franz Marc an Marie Schnür vom 17. 6. 1906 (Germanisches Nationalmuseum Nürnberg).

157 Alois J. Schardt: Franz Marc, Berlin 1936, S. 42 u. 44.

158 Alois J. Schardt: Franz Marc, Berlin 1936.

159 *Zwei Frauen am Berg* war nur eines von zehn großformatigen Hauptwerken seiner Malsommer, die Marc in sechs aufeinanderfolgenden Jahren vernichtete.

160 Vgl. Brief Maria Franck an Franz Marc vom 18. 11. 1906 (Germanisches Nationalmuseum Nürnberg).

161 Sequenz Briefe Franz Marc an Maria Franck vom 3. und 20. 11. 1906 (Germanisches Nationalmuseum Nürnberg).

162 Brief Maria Franck an Franz Marc vom 16. 12. 1906 und Brief Franz Marc an Maria Franck vom 7. 1. 1907 (Germanisches Nationalmuseum Nürnberg).

163 Brief Maria Franck an Franz Marc vom 16. 12. 1906 (Germanisches Nationalmuseum Nürnberg).

164 Brief Maria Franck an Franz Marc vom 18. 12. 1906 (Germanisches Nationalmuseum Nürnberg).

165 Brief Franz Marc an Maria Franck vom 7. 1. 1907 (Germanisches Nationalmuseum Nürnberg).

166 Brief Franz Marc an Maria Franck vom 19. 7. 1907 (Germanisches Nationalmuseum Nürnberg).

167 Vgl. Vormundschaftsakte Marie Schnür-Marc, Staatsarchiv München, AG München VV 1919 Nr. 2039.

168 Heinrich Titze: Sammlung Göschen. Recht des Bürgerlichen Gesetzbuches. Viertes Buch. Familienrecht, Leipzig o. J., S. 131.

169 Vgl. Elisabeth Erdmann-Macke: Erinnerung an August Macke, S. 359, FN 15.

170 Vgl. Brief Maria Franck an Franz Marc vom 16. 12. 1906 (Germanisches Nationalmuseum Nürnberg).

171 Anschließend blieb Marcs Ehefrau noch eine Weile, zur Erholung, in Garmisch.

172 Germanisches Nationalmuseum Nürnberg.

173 Vgl. und zitiert undatierter Brief und Postkarte Franz Marc an Maria Franck vom 2. 4. 1907 (Germanisches Nationalmuseum Nürnberg).

174 Briefe Anette Simon an Franz Marc vom 6. und 12. 4. 1907 (Germanisches Nationalmuseum Nürnberg).

175 Brief Franz Marc an Maria Franck vom 10. 5. 1907 (Germanisches Nationalmuseum Nürnberg).

176 Undatierter Brief Maria Franck an Franz Marc mit später hinzugefügtem Vermerk »Frühjahr 1907« (Germanisches Nationalmuseum Nürnberg).

177 Brief Maria Franck an Franz Marc vom 10. 7. 1907 (Germanisches Nationalmuseum Nürnberg).

178 Vgl. Alois J. Schardt: Franz Marc, S. 44. Franz Marcs Pinselstrich von damals, erlaubte Maria Marc dem Autor zu formulieren, sei als Ausdruck höchster Erregung zu werten.

179 Briefe Maria Franck an Franz Marc vom 20. 7. und 29. 8. 1907 (Germanisches Nationalmuseum Nürnberg).

180 Sequenz Briefe Maria Franck an Franz Marc vom 1. und 2. 9. 1907 (Germanisches Nationalmuseum Nürnberg).

181 Brief Maria Franck an Franz Marc vom 17. 9. 1909 (Germanisches Nationalmuseum Nürnberg).

182 Postkarte Franz Marc an Maria Franck, undatiert (Germanisches Nationalmuseum Nürnberg).

183 Brief Maria Franck an Franz Marc vom 30. 12. 1907 (Germanisches Nationalmuseum Nürnberg).

184 Vgl. Klaus Lankheit: Franz Marc. Sein Leben und seine Kunst, S. 38.

185 Vgl. Meldebogen Marie Schnür, Stadtarchiv München sowie Katharina Festner und Christiane Raabe: Spaziergänge durch das München berühmter Frauen, S. 118.

186 Brief Franz Marc an Maria Franck vom 8. 7. 1907 (Germanisches Nationalmuseum Nürnberg).

187 Brief Maria Franck an Franz Marc vom 22. 7. 1907 (Germanisches Nationalmuseum Nürnberg).

188 Brief Franz Marc an Maria Franck vom 14. 7. 1907 (Germanisches Nationalmuseum Nürnberg).

189 Brief Maria Franck an Franz Marc vom 27. 7. 1907 (Germanisches Nationalmuseum Nürnberg).

190 Brief Franz Marc an Maria Franck vom 19. 9. 1909 (Germanisches Nationalmuseum Nürnberg).

191 Brief Franz Marc an Maria Franck, datiert Ende August 1907 (Germanisches Nationalmuseum Nürnberg).

192 Eine Bildpostkarte gleichen Motivs schickte er ihr noch einmal, und zwar am 26. 10. 1908 (Germanisches Nationalmuseum Nürnberg).

193 Brief Franz Marc an Maria Franck vom 17. 7. 1907 (Germanisches Nationalmuseum Nürnberg).

194 Postkarte Franz Marc an Maria Marc vom 18. 10. 1907 (Germanisches Nationalmuseum Nürnberg).

195 Zum Beispiel aus Briefen vom 12. 7. und 16. 7. 1907 (Germanisches Nationalmuseum Nürnberg).

196 Germanisches Nationalmuseum Nürnberg.

197 Briefe Franz Marc an Maria Franck und Maria Franck an Franz Marc vom 14. 9. 1907 (Germanisches Nationalmuseum Nürnberg).

198 Brief Franz Marc an Maria Franck vom 1. 9. 1907 (Germanisches Nationalmuseum Nürnberg).

199 Wie anders empfand er doch wenig später, als er in Berlin Anette Simons Schwester besuchen wollte und nur deren »Töchterchen« antraf, »circa 13 Jahre, das A. unendlich ähnlich sieht. Ich war so ergriffen, daß mir fast die Tränen kamen. Hier machte die Verwandtschaft den umgekehrten Effekt bei mir aus wie in Swinemünde.« Brief Franz Marc an Maria Franck vom 22. 9. 1907 (Archiv Lenbachhaus).

200 Brief Franz Marc an Maria Franck vom 14. 9. 1907 (Archiv Lenbachhaus).

201 Vgl. Vormundschaftsakte Marie Schnür-Marc, Staatsarchiv München, AG München VV 1919 Nr. 2039. Lediglich im Oktober 1907, als Marie Schnür ihre Felle davon schwimmen sah, war dem Kind eine kurze Stippvisite in München vergönnt. Klaus Stephan Schnür lebte auch in den Folgejahren bei seiner Pflegemutter.

202 Postkarte Franz Marc an Maria Franck vom 25. 9. 1907 (Germanisches Nationalmuseum Nürnberg).

203 Heinrich Titze: Sammlung Göschen. Recht des Bürgerlichen Gesetzbuches, S. 39.

204 Brief Maria Marc an die Frau des Kunsthändlers Rudolf Probst vom 25. 2. 1942. Zitiert nach Annegret Hoberg: Maria Marc, S. 30.

205 Annegret Hoberg: Maria Marc, S. 30.

206 Brief Maria Marc an die Frau des Kunsthändlers Rudolf Probst vom 25. 2. 1942; zitiert nach Annegret Hoberg: Maria Marc, S. 30.

207 Zitiert nach Annegret Hoberg: Maria Marc, S. 33.

208 Sequenz vgl. Briefe Maria Franck an Franz Marc vom 30. 12. 1907 und aus Januar 1908 sowie Brief von Franz Marc an Maria Franck vom 29. 12. 1908 (Germanisches Nationalmuseum Nürnberg).

209 Zitiert nach Annegret Hoberg: Maria Marc, S. 30. f.

210 Vgl. Brief Franz Marc an Maria Franck vom 27. 10. 1908 (Archiv Lenbachhaus).

211 Briefe Franz Marc an Maria Franck vom 21. 10. 1908 und 5. 1. 1910 sowie Postkarte vom 19. 9. 1908 (Archiv Lenbachhaus).

212 Briefe Franz Marc an Maria Franck vom 21. 10. und Postkarte vom 29. 10. 1908 (Archiv Lenbachhaus).

213 Vgl. Brief Franz Marc an Maria Franck vom 23. 10. 1908 (Archiv Lenbachhaus).

214 Vgl. Brief Franz Marc an Maria Franck vom 9. 1. 1909 (Archiv Lenbachhaus).

215 Brief Franz Marc an Maria Franck vom 6. 1. 1909 (Germanisches Nationalmuseum Nürnberg).

216 Brief Franz Marc an Maria Franck vom 15. 1. 1909 (Germanisches Nationalmuseum Nürnberg).

217 Eine andere Lesart des Hundenamens ist Russl.

218 Zitiert nach Annegret Hoberg: Maria Marc, S. 34. Heute: Franz-Marc-Straße 1; im Garten steht noch die Laube, in welcher der Blauer-Reiter-Almanach der Überlieferung nach seinen Namen bekam.

219 Brief Franz Marc an Maria Franck vom 9. 9. 1909 (Germanisches Nationalmuseum Nürnberg).

220 Elisabeth Erdmann-Macke: Erinnerung an August Macke, S. 206 f.

221 Irgendwann müssen die ehrenwerten Francks beschlossen haben, den ewigen Mietschulden ein Ende zu machen. Am 8. 2. 1911 mahnte Franz bei Maria, die sich längere Zeit in Berlin aufhielt, die rückständige Zahlung an, meinte aber dann: „Wenn Deine Eltern nicht von selbst daran denken, laß nur." Zehn Tage später konnte er sich für eine Postanweisung bedanken. (Archiv Lenbachhaus).

222 Vgl. und zitiert nach Annegret Hoberg: Maria Marc, S. 34 ff.

223 Das Paar wohnte im Haus des Bäckermeisters Lautenbacher.

224 Germanisches Nationalmuseum Nürnberg.

1910–1913

225 Franz Marc an Maria Franck am 5. 1. 1910, zitiert nach Annegret Hoberg: Maria Marc, S. 41. Allerdings las Lankheit das Datum des Briefes als 6. Januar. Vgl. auch Günter Meißner (Hrsg.): Franz Marc. Briefe, Schriften und Aufzeichnungen, S. 20 sowie Klaus Lankheit: Franz Marc. Sein Leben und seine Kunst, S. 53.

226 Vgl. Elisabeth Erdmann-Macke: Erinnerung an August Macke, S. 186. Gelegentlich, beispielsweise im Katalog der Stadt Krefeld (Hrsg.): Helmuth Macke (1892–1936), Krefeld 1991, ist zu lesen, dass August Macke und Franz Marc sich schon 1909 gekannt hätten.

227 Franz Marc an August Macke im Januar/Februar 1910, zitiert nach Günter Meißner (Hrsg.): Franz Marc. Briefe, Schriften und Aufzeichnungen, S. 29. Auch Elisabeth Erdmann-Macke erinnerte sich an die erste Version. Vgl. Erinnerung an August Macke, S. 186.

228 Vgl. Bericht Helmuth Macke für Rudolf Probst vom (vermutlich) 14. 12. 1935 (Germanisches Nationalmuseum Nürnberg).

229 Um dem chronischen Geldmangel abzuhelfen, bot Marc seit 1907 Anatomiekurse an: ein Gräuel, so fand er. Immerhin berichtete Piper, der sich das 1910 einmal ansah, von einem knappen Dutzend Teilnehmern. Mit dem Umzug nach Sindelsdorf sind die Kurse wohl aufgegeben worden. Für den Einzel-, d. h. Privatunterricht hatte sich nur der schon erwähnte Esslinger interessiert.

230 Vgl. Klaus Lankheit: Franz Marc. Sein Leben und seine Kunst, S. 53.

231 Oder nannte sich Heinrich Graf von Kratzer Proheretzky – und residierte in der Türkenstraße 69. Vgl. auch Klaus Lankheit (Hrsg.): Wassily Kandinsky/Franz Marc. Briefwechsel, München 1983, S. 91.

232 Elisabeth Erdmann-Macke: Erinnerung an August Macke, S. 188 f.

233 Oder wegen eines Dumme-Jungen-Streiches verlassen müssen? Er hatte mit einem Freund Stinkbomben in die im Souterrain gelegene Küche eines Krefelder Hotels geworfen. Damit war die Schulkarriere der beiden Knaben beendet.

234 Vgl. Dominik Bartmann: Helmuth Macke, Recklinghausen 1980, S. 5 ff.

235 Elisabeth Erdmann-Macke: Erinnerung an August Macke, S. 188.
236 Klaus Lankheit: Franz Marc. Sein Leben und seine Kunst, S. 54.
237 Auch Bilder des Tiermalers von Zügel, an dessen Arbeiten Franz Marc sich bereits orientiert hatte.
238 Vgl. Elisabeth Erdmann-Macke: Erinnerung an August Macke, S. 114.
239 Im Juli 1910 erfolgte wohl nur die Einigung. Nach Annegret Hoberg: Maria Marc, S. 52 flossen die Zahlungen ab Januar 1911.
240 Brief Bernhard Koehler an Franz Marc vom 9.7.1910 (Germanisches Nationalmuseum Nürnberg).
241 Brief Bernhard Koehler an Franz Marc vom 18.7.1910, zitiert nach Claus Pese: Franz Marc, S. 29.
242 Klaus Lankheit: Franz Marc im Urteil seiner Zeit, München 1989, S. 28.
243 Brakl mochte im gleichen Jahr Paul Klee die Chance einer Ausstellung nicht geben.
244 Klaus Lankheit: Franz Marc im Urteil seiner Zeit, S. 37.
245 Franz Marc an Reinhard Piper am 20.4.1910, zitiert nach Günter Meißner (Hrsg.): Franz Marc. Briefe, Schriften und Aufzeichnungen, S. 30.
246 Franz Marc an Reinhard Piper am 23.11.1910, zitiert nach Klaus Lankheit: Franz Marc. Sein Leben und seine Kunst, S. 51.
247 Sezessionen (auch Secessionen), Abspaltungen, formierten sich in den europäischen Kunstzentren Paris (ganz früh, 1863, der *Salon des réfuses*), München (1892), Wien (1897), Berlin (1898, die alte, 1910 die neue Sezession), aber auch in Darmstadt und Leipzig. Sie machten den Trägern der herkömmlichen Kunstszene nicht nur die künstlerische, sondern auch die soziale und ökonomische Führungsrolle streitig.
248 Sequenz Maria Franck an Franz Marc am 22.4.1910, zitiert nach Annegret Hoberg: Maria Marc, S. 44.
249 Brief Maria Marc an die Eltern vom 6.5.1910 (Archiv Stein-Wimmers).
250 Der Porträtist Heinrich Hoffmann übernahm das Atelier – Hitlers künftiger ›Leibfotograf‹.
251 Gemeint ist ein leibhaftiger Affe. Vermutlich gehörte er Niestlé, und Franz und Maria hatten ihn vorübergehend in Pflege.
252 Brief Helene Franck an Maria Franck vom 7.6.1919 (Archiv Stein-Wimmers).
253 Sequenz Wolfgang Macke (Hrsg.): August Macke/Franz Marc, S.19.
254 Sie rief ihn »Klippschliefer« (laut Duden ein mit den Huftieren verwandtes, einem Murmeltier ähnliches Säugetier) und »Klippschliefer klimm«, wenn es dringend war.
255 Klaus Lankheit: Franz Marc, Berlin 1950, S. 73.
256 Tschudi war von Wilhelm II. aus dem Amt des Direktors der Nationalgalerie in Berlin entlassen worden; er hatte es riskiert, mit dem Aufbau einer Sammlung moderner – besonders französischer – Kunst zu beginnen.
257 Tayfun Belgin: Alexej von Jawlensky. Eine Künstlerbiographie. Heidelberg 1998, S. 70 f.
258 a.a.O., S. 72 f.
259 Tatsächlich verwahrt das Franz-Marc-Museum in Kochel eine 1910 erschienene achtseitige Broschüre, in der die Kritiken von Marc und Rohe einander gegenübergestellt sind.
260 Sequenz Postkarte ohne Datum von Franz Marc an August Macke, zitiert nach Wolfgang Macke (Hrsg.): August Macke/Franz Marc, S. 64.
261 Brief August Macke an Franz Marc vom 5.9.1910. Zitiert nach Wolfgang Macke (Hrsg.): August Macke/Franz Marc, S. 20.
262 1881 in New York geboren, Studium in Karlsruhe, seit 1904 in München.

263 Gelegentlich heißt es auch: die linke Hand!

264 Erst 1907 hatte sie nach einer etwa zehnjährigen Pause wieder begonnen zu malen, 1908 z. B. Rosalia Leiß, ihre und Jawlenskys Zimmerwirtin in Murnau 1908/09.

265 Elisabeth Erdmann-Macke: Erinnerung an August Macke, S. 240.

266 Tayfun Belgin: Alexej von Jawlensky, S. 63.

267 Sequenz Franz Marc an Maria Marc am 6. und 8. 12. 1910, zitiert nach Günter Meißner (Hrsg.): Franz Marc. Briefe, Schriften und Aufzeichnungen, S. 29 u. S. 34.

268 Sequenz Franz Marc an August Macke am 12. 12. 1910, zitiert nach Günter Meißner (Hrsg.): Franz Marc. Briefe, Schriften und Aufzeichnungen, S. 35 f.

269 Brief Franz Marc an Maria Franck vom 20. 4. 1910; Antwort in Brief vom 22. 4. 1910 (Archiv Lenbachhaus).

270 Briefe Franz Marc an Maria Franck vom 11. und 14. 12. 1910, zitiert nach Annegret Hoberg (Hrsg.): Maria Marc, S. 46 f.

271 Wolfgang Macke (Hrsg.): August Macke/Franz Marc, S. 39.

272 Sequenz Brief von Franz Marc an August Macke vom 14. 1. 1911, zitiert nach a.a.O., S. 39 ff.

273 Kandinsky war ab 9. 10. 1910 ca. zehn Wochen in Moskau.

274 Zitiert nach und vgl. Gisela Kleine: Gabriele Münter und Wassily Kandinsky, S. 140 f. und Tayfun Belgin: Alexej von Jawlensky, S. 35 f.

275 Ažbé starb 1905.

276 Zu der Zeit besuchte er den Anatomiekurs des Prof. Dr. Louis Moilliet. Auch dessen Freund Paul Klee hätte Kandinsky damals kennenlernen können, denn dieser war auch Ažbé-Schüler. Doch die beiden trafen sich erst später. Vgl. Nina Kandinsky: Kandinsky und ich, München 1987, S. 41.

277 Die Musik zu diesem »Bühnengesamtkunstwerk« komponierte Thomas von Hartmann (einziger Duzfreund Kandinskys), der auch Beiträger zum Blauen-Reiter-Almanach wurde.

278 Im Rückgebäude der Ainmillerstraße 32 befanden sich von 1907 bis 1910 die berühmten Schwabinger Schattenspiele, für die u. a. Karl Wolfskehl Texte und Marie Schnür Schattenfiguren produzierten.

279 Der Architekt Prof. Emanuel Seidl hatte die glückliche Hand und den Einfluss, seine denkmalpflegerischen Vorstellungen realisieren zu können. Schlichte Fassaden in Rot-, Gelb-, Blau- oder Violetttönen wechselten ab mit solchen, die eine gemalte Fensterumrahmung oder aufwendigeren Schmuck zeigten, so dass ganze Straßenzüge einen spannungsreichen Gesamteindruck boten. Vgl. Bernd Fäthke: Marianne Werefkin. Leben und Werk, München 1988, S. 106 f.

280 Aus seiner Selbstcharakteristik für eine geplante russische Enzyklopädie. Sequenz zitiert nach Gisela Kleine: Gabriele Münter und Wassily Kandinsky, S. 349.

281 Brief Franz Marc an Maria Franck vom 1. 1. 1911, zitiert nach Günter Meißner (Hrsg.): Franz Marc. Briefe, Schriften und Aufzeichnungen, S. 39.

282 Brief Franz Marc an Maria Franck vom 5. 2. 1911, zitiert nach a.a.O., S. 45 f.

283 Brief Franz Marc an Maria Franck vom 5. 2. 1911, zitiert nach a.a.O., S. 46.

284 Postkarte an Fräulein Maria Franck, Kunstmalerin, vom 4. 2. 1911 (Germanisches Nationalmuseum, Nürnberg).

285 Brief Franz Marc an Maria Franck vom 20. 3. 1911 (Archiv Lenbachhaus).

286 Brief Franz Marc an August Macke vom 14. 2. 1911, zitiert nach Günter Meißner (Hrsg.): Franz Marc. Briefe, Schriften und Aufzeichnungen, S. 51.

287 Brief Franz Marc an Maria Franck vom 5. 2. 1911, zitiert nach a.a.O., S. 47.

288 Vgl. Briefe Maria Franck an Franz Marc im Februar und März 1911 (Archiv Lenbachhaus). Das Kind taucht als Ehegrund nicht auf!

289 Franz Marc an August Macke am 25. 5. 1911, zitiert nach Wolfgang Macke (Hrsg.): August Macke/Franz Marc, S. 55.

290 Postkarten Franz Marc an Paul Marc vom 1. 6. und 13. 7. 1911 (Germanisches Nationalmuseum Nürnberg).

291 Um diese Zeit hatten die beiden den Anwalt Adolph (»Die erste Eingabe kläglich dürftig« hatte er um Monate verschleppt ...) gegen Dr. Fromm, Frauenplatz 10, München, sowie einen Berliner Anwalt namens Brockdorf, ausgetauscht. Auch von ihrer Münchner Pro-Forma-Adresse und damit vom Wechsel vom für Sindelsdorfer zuständigen Weilheimer Amtsgericht (»dieses blöde Weilheim«, so hatte Franz Marc informell erfahren, würde sich querstellen) zum Münchner Amtsgericht versprachen sich Franz und Maria einen Ausweg aus »dieser verdammten [Dispens-] Sackgasse«. Vgl. dazu Briefwechsel vom Dezember 1911 bis zum März 1912. (Archiv Lenbachhaus)

292 Germanisches Nationalmuseum Nürnberg.

293 Brief Helene Franck an Maria Marc vom 14. 7. 1911 (Germanisches Nationalmuseum Nürnberg).

294 Sequenz vgl. und zitiert nach Andrea Firmenich: Heinrich Campendonk 1889–1957. Leben und expressionistisches Werk, Recklinghausen 1989, S. 25 ff.

295 Stadt Krefeld (Hrsg.): Helmuth Macke, S. 17.

296 Dominik Bartmann: Helmuth Macke, S. 5 ff.

297 Vgl. Elisabeth Erdmann-Macke: Erinnerung an August Macke, S. 226 f. Es war vermutlich das achte Treffen der beiden Paare; von dem Misslingen der englischen Hochzeit erfuhren die Mackes erst »viel später«.

298 Elisabeth Erdmann-Macke: Erinnerung an August Macke, S. 227.

299 Sie hatte im Juli 1903 im *Wirtshaus zur Roten Amsel* im oberpfälzischen Marktflecken Kallmünz stattgefunden. Der malerisch an der Naab gelegene Ort war seinerzeit bei Künstlern beliebt.

300 Brief von Franz Marc an August Macke vom 10. 8. 1911, zitiert nach Günter Meißner (Hrsg.): Franz Marc. Briefe, Schriften und Aufzeichnungen, S. 56.

301 Brief von Franz Marc an Paul Marc vom 3. 12. 1911 (Germanisches Nationalmuseum Nürnberg).

302 Das Franz-Marc-Museum in Kochel zeigt ein (gedrucktes) Juryblatt der NKVM. Es ist in zwei Spalten gegliedert, die überschrieben sind mit: genommen | nicht genommen, und schließt mit: Der Vorstand.

303 Brief von Maria Marc an August Macke vom 3. 12. 1911, zitiert nach Wolfgang Macke (Hrsg.): August Macke/Franz Marc, S. 83 ff.

304 Vgl. Annegret Hoberg: ›Neue Künstlervereinigung München‹ und ›Blauer Reiter‹. In: Der Blaue Reiter und das neue Bild, München 1999, S. 13 ff.

305 Brief Wassily Kandinsky an Franz Marc vom 19. 6. 1911, zitiert nach Klaus Lankheit (Hrsg.): Wassily Kandinsky/Franz Marc. Briefwechsel, München 1983, S. 39 ff.

306 a.a.O., S. 19.

307 Hinterglasmalereien waren kein bayerisches Phänomen, sie faszinierten beispielsweise auch die Engländerin Dora Carrington, die ab 1923 damit begann, sich dieser Technik zu bedienen. Vgl. Jane Hill: Dora Carrington. Leben zwischen Kunst und Liebe. Eine Biographie, München 1995, S. 112 ff.

308 Wassily Kandinsky und Franz Marc (Hrsg.): Der Blaue Reiter. Dokumentarische Neuausgabe von Klaus Lankheit, München 1997, S. 258.

309 a.a.O., S. 61.

310 Tayfun Belgin (Hrsg.): Von der »Brücke« zum »Blauen Reiter«. Farbe, Form und Ausdruck in der deutschen Kunst von 1905 bis 1914, Heidelberg 1996, S. 17.

311 Interview Max Lautenbacher, Sindelsdorf.

312 Elisabeth Macke an Franz Marc und Maria Franck Ende Dezember 1911, zitiert nach Wolfgang Macke (Hrsg.): August Macke/Franz Marc, S. 93.

313 Maria Franck an Elisabeth und August Macke am 31. 12. 1911, zitiert nach a.a.O., S. 93.

314 »Wöchentlich kamen wir regelmäßig, zuerst bei Kirchner, zusammen. Der Wunsch, nach dem lebenden Modell zu zeichnen, wurde verwirklicht und sogleich durchgeführt, nicht in herkömmlicher akademischer Weise, sondern als ›Viertelstundenakt‹. Bald hatten wir als Modell ein bezauberndes junges Mädchen, fast noch ein Kind, die etwa fünfzehnjährige Isabella gefunden, ein quicklebendiges, schönstgebautes, durch keine Korsettmodetorheit verunstaltetes, fröhlich und gewandt auf unsere künstlerischen Ansprüche eingehendes Persönchen, gerade im Zustand des Aufblühens der Mädchenknospe. Mit wahrer Begeisterung wurde eine Stunde lang, wohl auch länger, gearbeitet, und manche gelungene Akt- und Bewegungszeichnung hingelegt, ja hingehauen ... Um eine recht reiche Ernte an Aktzeichnungen herauszuholen und einzuheimsen, wurde sogar oft der Platz schon bei Halbzeit der Viertelstunde gewechselt, so waren wir von geradezu herrlicher Arbeitswut besessen ... Nach Ablauf der Aktstunde blieben wir dann meist bei Tee, den dann die Wirtin kochen mußte, gesellig beisammen ...« Bericht Fritz Bleyls, zitiert nach Tayfun Belgin (Hrsg.): Von der »Brücke« zum »Blauen Reiter«, S. 24.

315 a.a.O., S. 13.

316 1911 wird die Gruppe geschlossen aus der Neuen Sezession austreten, 1913 wird sich die Brücke auflösen.

317 Tayfun Belgin (Hrsg.): Von der »Brücke« zum »Blauen Reiter«, S. 34. Wie ernst es Kirchner war, zeigt folgende Notiz:»Oft stand ich mitten im Coitus auf, um eine Bewegung einen Ausdruck zu notieren.« Zitiert nach Lothar Griesebach: Ernst Ludwig Kirchners Davoser Tagebuch. Eine Darstellung des Malers und eine Sammlung seiner Schriften, Stuttgart 1997, S. 63.

318 Franz Marc an Wassily Kandinsky am 10. 1. 1912, zitiert nach Günter Meißner (Hrsg.): Franz Marc. Briefe, Schriften und Aufzeichnungen, S. 63. Mueller war ein Verwandter des den Francks immer interessant erschienenen Gerhart Hauptmann. Muellers Mutter war angenommenes Kind von Hauptmanns Tante, 1894–96 hatte er zeitweise bei Marie Hauptmann, Gerhart Hauptmanns erster Frau, gelebt; mit Hauptmann selbst reiste er in die Schweiz und nach Italien. Mit Unterbrechungen lebte Mueller viele Jahre in Schreiberhau.

319 Franz Marc an Wassily Kandinsky am 18./19. 1. 1912, zitiert nach Günter Meißner (Hrsg.): Franz Marc. Briefe, Schriften und Aufzeichnungen, S. 65 f.

320 Hier und da auch Loferl genannt.

321 Franz Marc an August Macke am 8. 9. 1911, zitiert nach Günter Meißner (Hrsg.): Franz Marc. Briefe, Schriften und Aufzeichnungen, S. 58.

322 Seit 1999 ist das Haus im wieder hergestellten Zustand von 1909–1914 zu besichtigen.

323 Vgl. und zitiert nach Armin Zweite, in: Tayfun Belgin (Hrsg.): Von der »Brücke« zum »Blauen Reiter«, S. 24 ff.

324 Besonders die Schönbergsche Ehe gab Stoff zum Nachdenken. Gut zwei Jahre bevor Kandinsky seinen ersten Brief an den Komponisten schickte und dieser sich in seiner Antwort als Auch-Maler – er hatte mit Schmidt- Reut(t)er den gleichen Lehrer wie Sonia Delaunay – zu erkennen gab, war es zur Tragödie gekommen: Der Maler Richard Gerstl, der im Schönbergschen Haus verkehrte, hatte ein Verhältnis mit Mathilde Schönberg begonnen, die als Alexander von Zemlinskys Schwester doppelt verknüpft war mit dem Kreis, der Gerstl faszinierte: Alban Berg und seine Schwester Smaragda, Anton Webern ... Der Treuebruch wurde mit Ausgrenzung

geahndet und Gerstl erhängte sich mit fünfundzwanzig Jahren in der Nacht vom 4. auf den 5. November 1908.

325 Am 17. Mai 1912 schrieb Maria Marc, zitiert nach Wolfgang Macke (Hrsg.): Franz Marc/August Macke, S. 122: »Heute hat Franz den Küchenschrank bemalt – großartig! Er ist sonst sehr fleißig – hat viele neue Bilder in Arbeit. Ein großes – Frauen unter einem Wasserfall.« Das 1,64 mal 1,58 Meter große Bild erzielte auf einer Versteigerung bei Sotheby's im Oktober 1999 sensationelle 13,2 Millionen Mark. Vgl. FAZ vom 9. 10. 1999.

326 Vgl. und zitiert nach Armin Zweite, in: Tayfun Belgin (Hrsg.): Von der »Brücke« zum »Blauen Reiter«, S. 24.

327 Vgl. Elisabeth Erdmann-Macke: Erinnerung an August Macke, S. 220 ff. Und: Verein August Macke Haus e. V. (Hrsg.): Der Gereonsclub 1911–1913. Europas Avantgarde im Rheinland, Bonn 1993. Der Gereonsclub (eine Sezession der traditionellen rheinischen Kunstszene, wie sie typisch für Kunstzentren in diesen Jahren war) präsentierte im Oktober 1911 Franz Marc, im Oktober 1912 Paul Klee (59 Werke zwischen 50 und 100 Mark!), im März 1913 Robert Delaunay in Einzelausstellungen. 1912 zog man vom Gereonshaus, das Olga Oppenheimers Vater, ein Tuchgrossist, erbaut hatte, in das Kölner Hansahaus, Friesenplatz 16. Die zweite Ausstellung der Redaktion Der Blaue Reiter, die Schwarz-Weiß-Ausstellung, war im Juni 1912 im Wallraf-Richartz- Museum gezeigt worden, da die Räume des Gereonsclubs nicht ausreichten. Olga Oppenheimer heiratete 1913 Adolf R. Worringer, Emmy Worringers Bruder. 1941 starb sie im Konzentrationslager Lublin.

328 Sequenz Wolfgang Macke (Hrsg.): August Macke/Franz Marc, S. 96.

329 Sequenz Briefe August Macke an Franz Marc vom 22. 1. und 23. 1. 1912, zitiert nach a.a.O., S. 98 f.

330 Brief Franz Marc an August Macke vom 28. 3. 1912, zitiert nach a.a.O., S. 113.

331 Brief Franz Marc an August Macke März 1912, zitiert nach a.a.O., S. 112 f.

332 Vgl. Brief Wassily Kandinsky an Franz Marc vom 20. 3. 1912, zitiert nach Klaus Lankheit (Hrsg.): Wassily Kandinsky/Franz Marc, S. 146.

333 Er war dem Andenken des verstorbenen Hugo von Tschudi gewidmet.

334 Er taucht als Louis in Hermann Hesses Roman *Klingsors letzter Sommer* auf.

335 Die Rheinische Zeitung vom 8. 6. 1912 kommentierte die in der grafischen Abteilung des Wallraf-Richartz-Museums gezeigte Ausstellung so: »Die Besucher eilen händeringend, mit Entsetzen im Blick umher, wenn sie sich nicht vor Lachen winden.« Dann wurde Kandinsky ausdrücklich gelobt, Pechstein ausdrücklich getadelt. Und: »Schafe, die auf Streichholzbeinen aufgerichtet Walzer tanzen, sind noch erträgliche Dinge.« Maria dürfte sich nicht gefreut haben über diese Bewertung ihrer Arbeit. Vgl. und zitiert nach: Verein August Macke Haus e. V. (Hrsg.): Der Gereonsclub 1911–1913, Europas Avantgarde im Rheinland, Bonn 1993, S. 137.

336 Brief Maria Franck an Elisabeth Macke vom 8. 5. 1912, zitiert nach Wolfgang Macke (Hrsg.): August Macke/Franz Marc, S. 120.

337 Darstellung der Abrechnung zum Ende 1912 im Brief Franz Marc an Wassily Kandinsky vom 28. 12. 1912, vgl. Klaus Lankheit (Hrsg.): Wassily Kandinsky/Franz Marc, S. 205.

338 Vgl. und zitiert nach Klaus Lankheit (Hrsg.): Wassily Kandinsky/Franz Marc, S. 183.

339 Postkarte Philipp Franck an Maria Franck vom 29. 11. 1912 (Archiv Stein/Wimmers).

340 Robert Delaunay hatte auf Einladung Kandinskys schon an der ersten Ausstellung teilgenommen, 1912 galt er als der Vertreter des Orphismus, seit 1911 etwa, als beider Sohn Charles geboren wurde, beschäftigte sich seine Frau Sonia mit angewand-

ter Kunst, Textilien vor allem – »eine kreative Explosion, die sie frei macht von der Konkurrenz ihres Mannes.« Wilfried Wiegand: Ewiger Herzschlag des Lichts. In: FAZ Nr. 243 vom 19. 10. 1999. Maria Franck war begeistert von den gestickten Schleiern der Delaunay und schrieb an Elisabeth Macke »So einen machen wir miteinander.« Nachschrift Maria Francks zum Brief von August an Elisabeth Macke vom 2. 10. 1912, zitiert nach Werner Frese u. Ernst-Gerhard Güse (Hrsg.): August Macke. Briefe an Elisabeth und die Freunde, München 1987, S. 292. Elisabeth Epstein nahm ab 1910 an Sonia Delaunays Sonntagskreis ›Mouvement franco-russe‹ teil – die beiden Frauen kannten sich spätestens seit 1905, seit ihrer Studienzeit an der Académie de la Palette. Von 1898 bis 1904 hatte die Epstein in München gelebt und Kandinsky kennen gelernt. Auch ihre Werke waren in der ersten Blauer-Reiter-Ausstellung zu sehen. Henri Le Fauconnier, ehemals Mitglied der NKVM (nach der spektakulären Sitzung im November 1911 war er ausgetreten), hatte 1912 reichlich zu tun: als Mitglied der Auswahlkommission zum Salon des Indépendants, als Direktor der Académie de la Palette z. B. Im Sommer 1911 war er an den Vorbereitungen des Almanachs beteiligt gewesen.

341 Im Bonner Mackehaus ist eine originalgetreue Kopie davon zu besichtigen.

342 Brief August Macke an Bernhard Koehler vom 8. 10. 1912, zitiert nach Werner Frese u. Ernst-Gerhard Güse (Hrsg.): August Macke. Briefe an Elisabeth und die Freunde, S. 292.

343 Maria Franck an Elisabeth und August Macke am 21. 1. 1913, zitiert nach Wolfgang Macke (Hrsg.): August Macke/Franz Marc, S. 149.

344 Peter-Klaus Schuster (Hrsg.): Franz Marc/Else Lasker-Schüler. »Der Blaue Reiter präsentiert Eurer Hoheit sein Blaues Pferd«. Karten und Briefe, München 1996, S. 116 f.

345 Brief Maria Franck an Elisabeth und August Macke vom 21. 1. 1913, zitiert nach Wolfgang Macke (Hrsg.): August Macke/Franz Marc, S. 147. Maria urteilte hier sicher voreilig. Nell Walden war ausgebildete Organistin, Malerin und Herwarth Waldens (übrigens ebenfalls von Haus aus Musiker) engste Mitarbeiterin.

346 Ulrike Marquardt u. Heinrich Rölleke: Else Lasker-Schüler/Franz Marc: »Mein lieber, wundervoller blauer Reiter«, S. 7 f. Der Briefwechsel hatte unglücklich begonnen – Else Lasker-Schüler hatte bereits am 9. November 1912 an Franz Marc geschrieben, diesen Brief aber kurz darauf als Fälschung bezeichnet und zurückgefordert.

347 Sequenz Peter-Klaus Schuster (Hrsg.): Franz Marc/Else Lasker-Schüler. »Der Blaue Reiter präsentiert Eurer Hoheit sein Blaues Pferd«, Abb. 1 und Abb. 29.

348 Brief Franz Marc an Wassily Kandinsky vom 23. 12. 1912, zitiert nach Klaus Lankheit (Hrsg.): Wassily Kandinsky/Franz Marc, S. 204.

349 Franz Baumer: Else Lasker-Schüler, Berlin 1998, S. 74.

350 Else Lasker-Schüler – und auch ihr Sohn Paul – logierte häufig in der berühmten Pension Fürmann. München war wichtig für sie, denn dort residierte in der Kurfürstenstraße 39 ihr Verleger Heinrich Franz Seraphicus Bachmair; Partner des Vierundzwanzigjährigen war Johannes R. Becher, der Verlag beschäftigte außerdem noch einen Laufburschen und betreute u. a. Oskar Maria Graf und Leonhard Frank.

351 Peter-Klaus Schuster (Hrsg.): Franz Marc/Else Lasker-Schüler. »Der Blaue Reiter präsentiert Eurer Hoheit sein Blaues Pferd«, S. 117.

352 Brief Maria Franck an Elisabeth und August Macke vom 21. 1. 1913, zitiert nach: Wolfgang Macke (Hrsg.): August Macke/Franz Marc, S. 147 f.

353 Marias eigenes Urteil über die anschaulichen, ausführlichen Briefe, die sie gelegentlich den Bonnern schrieb.

354 Vgl. Hannelore Schlaffer: Die Sünde auf den Muselblumen, Frankfurter Allgemeine Zeitung Nr. 31 vom 6. 2. 1999.

355 Von Franz Marc gemalte Postkarte *Kuh unter einem Baum* an Lisbeth Macke, Kunstmalersgattin, mit Poststempel vom 21. 5. 1913, zitiert nach Wolfgang Macke (Hrsg.): August Macke/Franz Marc, S. 162.

356 Sequenz aus dem vierten Brief von Else Lasker-Schüler, zitiert nach Peter-Klaus Schuster (Hrsg.): Franz Marc/Else Lasker-Schüler. »Der Blaue Reiter präsentiert Eurer Hoheit sein Blaues Pferd«, S. 87 f.

357 a.a.O., S. 88.

358 Sequenz Briefe Else Lasker-Schüler an Franz Marc vom ?.9.1913 und 25.7.1913, zitiert nach Ulrike Marquardt u. Heinrich Rölleke (Hrsg.): Else Lasker-Schüler/Franz Marc. »Mein lieber, wundervoller blauer Reiter«, S. 82 und S. 76.

359 Brief Maria Franck an Wassily Kandinsky vom 19. 1. 1913, zitiert nach Klaus Lankheit (Hrsg.): Wassily Kandinsky/Franz Marc, S. 209.

360 Brief Maria Franck an Elisabeth Macke vom 12. 5. 1913, zitiert nach Wolfgang Macke (Hrsg.): August Macke/Franz Marc, S. 160.

361 Franz bat die beiden oft um Gefälligkeiten: Kleider werden zwischen Sindelsdorf und München hin und her geschickt, mal ist es auch der Atelierschlüssel, mal Möbel, mal Geld, ja sogar Papier zum Selberdrehen von Zigaretten ließ Franz sich besorgen ... (Germanisches Nationalmuseum Nürnberg).

362 Kartenbrief Franz Marc an Paul Marc vom 8. 5. 1913 (Germanisches Nationalmuseum Nürnberg).

363 Brief Franz Marc an Wassily Kandinsky vom 4. 6. 1913, zitiert nach Klaus Lankheit (Hrsg.): Wassily Kandinsky/Franz Marc, S. 225.

364 Sequenz Annegret Hoberg: Maria Marc, S. 68 ff.

365 Vgl. Brief Dr. Hildebrand an Franz Marc vom 25. 4. 1913 (Germanisches Nationalmuseum Nürnberg). Paul Klee wollte dagegen an die Stuttgarter Hochschule und Oskar Schlemmer, Sprecher der Stuttgarter Kunststudenten, versuchte vergeblich, dessen Berufung durchzusetzen.

366 Im Mai 1912 waren von Barmener Malern in futuristischer Manier verfertigte Zeichnungen Pechstein übersandt worden mit der Bitte, die Veröffentlichung im Sturm zu vermitteln. Pechstein hatte die »Werke« weitergereicht, doch an Waldens Urteil »völlig talentlos« waren sie gescheitert. Der Spaß war den Münchner Neuesten Nachrichten eine Glosse unter leichter Abwandlung der zugrunde liegenden Begebenheit wert – und Franz Marc einen flammenden schriftlichen Protest.

367 Ondit: Das fragte er sich während eines Spaziergangs mit Maria und Russi.

368 Vgl. und zitiert nach Magdalena Moeller (Hrsg.): Franz Marc. Zeichnungen und Aquarelle, S. 33.

369 Aus purer Lust am Töten richtete er ein Blutbad unter den Tieren des Waldes an und verschonte auch seine Eltern nicht. Die Erkenntnis seiner Schuld führte ihn zu einem Leben in Buße und zu einer Begegnung mit Christus. Vgl. und zitiert nach Klaus Lankheit: Franz Marc. Sein Leben und seine Kunst, S. 126.

370 Vgl. Martin Burger: Flächendeckende Artistenmetaphysik. In: Frankfurter Allgemeine Zeitung Nr. 274 vom 24. 11. 1999. 1913 stand Marc unter dem Eindruck erneuter Nietzsche-Lektüre: 1911 hatte er begonnen mit den *Unzeitgemäßen Betrachtungen* und mit *Morgenröte Gedanken über die moralischen Vorurteile*. »Der Turm der Blauen Pferde: Die ersten Tiere: Das arme Land Tirol: Die Bäume zeigen ihre Ringe, die Tiere ihre Adern: Die Weltenkuh: Die Wölfe (Balkankrieg) u.s.w.« entstanden unter dem Einfluss dieser Nietzsche-Rezeption (nach Sigrid Gräfin von Strachwitz: Franz Marc und Friedrich Nietzsche. Diss. Dokumentar. Anhang, S. 41).

371 Vgl. Klaus Lankheit: Franz Marc. Sein Leben und seine Kunst, S. 109 f.

1914–1916

372 Sequenz Postkarte Franz Marc an Wassily Kandinsky, zitiert nach Klaus Lankheit (Hrsg.): Wassily Kandinsky/Franz Marc, S. 249.

373 Brief Maria Marc an Elisabeth Macke vom 26. 12. 1913, zitiert nach Wolfgang Macke (Hrsg.): August Macke/Franz Marc, S. 176.

374 Brief Helene Franck an Maria Marc vom 23. 7. 1913 (Archiv Stein/Wimmers).

375 Maria Marc: Aus meinem Leben mit Franz Marc, a.a.O. Eine Station Ried gibt es an der Eisenbahnstrecke Tutzing-Kochel heute nicht mehr. Die Marcsche »Villa« steht jedoch noch immer unübersehbar und in alter Schönheit am Heinrich-Kaminski-Weg, der von der Franz-Marc-Straße abzweigt. Sie wird, wie ehedem, privat genutzt und kann aus diesem Grunde nur von außen in Augenschein genommen werden. Dafür bietet das wenige Kilometer entfernte Franz-Marc-Museums in Kochel am See einen interessanten Überblick über Werk und Leben des Künstlers.

376 Brief Maria Marc an Elisabeth und August Macke vom 10. 2. 1914, zitiert nach Wolfgang Macke (Hrsg.): August Macke/Franz Marc, S. 177 ff.

377 Brief Maria Marc an Elisabeth Macke nach dem 10. 2. 1914. Vgl. a.a.O., S. 177 f. und Brief Franz Marc an Wassily Kandinsky vom 25. 2. 1912, zitiert nach Klaus Lankheit (Hrsg.): Wassily Kandinsky/Franz Marc, S. 135 f.

378 Brief Maria Marc an Elisabeth Macke vom 2. 12. 1913, zitiert nach Wolfgang Macke (Hrsg.): August Macke/Franz Marc, S. 174 f.

379 Brief Maria Marc an Elisabeth Macke vom 19. 6. 1914, zitiert nach a.a.O., S. 185.

380 Was genau zwischen Mietern und Vermietern vorfiel, ist unbekannt. Die Reaktion Helene Francks vom 30. August 1914 auf einen Bericht ihrer Tochter verrät allerdings, dass auch andere ihre Schwierigkeiten mit dem Vermieterehepaar hatten: »Niggls sind doch ein tolles Pack. Nun kann ich mir denken, daß es mit Niestlés ausgeschlossen ist.« (Archiv Stein/Wimmers) Möglicherweise hatten sich die Niestlés um die freigewordene Wohnung beworben und waren rüde abgewiesen worden.

381 Maria Marc: Aus meinem Leben mit Franz Marc, a.a.O.

382 Das weibliche Tier war ihnen in Ostpreußen geschenkt und im Herbst 1913 nach Sindelsdorf nachgeschickt worden.

383 Maria Marc: Aus meinem Leben mit Franz Marc, a.a.O.

384 a.a.O.

385 Postskriptum zum Brief Maria Marc an Elisabeth Macke vom 19. 6. 1914, zitiert nach Wolfgang Macke (Hrsg.): August Macke/Franz Marc, S. 185 f.

386 Franz Marc hat seine letzte im Februar oder März 1914, an Else Lasker-Schüler gesandte (und für deren Sohn bestimmte) Postkarten-Zeichnung des Hauses und seiner Umgebung mit diesem Vermerk versehen, und auf deren Rückseite schrieb er: »Lieber Jussuf, dieses Bild schicke Paul; ich habe es für ihn gezeichnet, damit er auch sieht, wie unser Schloß ist ...« Ulrike Marquardt u. Heinrich Rölleke (Hrsg.): Else Lasker-Schüler/Franz Marc. »Mein lieber, wundervoller blauer Reiter«, S. 96 f.

387 Vgl. Brief Franz Marc an Alfred Kubin vom 6. 7. 1914, Günter Meißner (Hrsg.) Franz Marc. Briefe, Schriften und Aufzeichnungen, S. 96 f.

388 Maria Marc: Aus meinem Leben mit Franz Marc, a.a.O.

389 Der Aufenthalt der Schönberg-Familie in Murnau fand wegen des Kriegsausbruchs ein jähes vorzeitiges Ende.

390 Vgl. Jelena Hahl-Koch (Hrsg.): Wassily Kandinsky und Arnold Schönberg. Der Briefwechsel, Stuttgart 1993, S. 67 ff. Der Besucher Schönberg wird in einem Erinnerungsbrief Helmuth Mackes an Rudolf Probst vom 14. 12. 1935 (Germanisches Nationalmuseum Nürnberg) erwähnt.

391 Er dachte an Shakespeares *Sturm.*

392 Auch Verfasser von Lyrik und Prosa, Mitbegründer der dadaistischen Bewegung (Zürich 1916) sowie unbequemer Aufrüttler, Reformer und Kulturkritiker, Freund und Biograph von Hermann Hesse.

393 Vgl. Postkarte Franz Marc an Wassily Kandinsky vom 9.4.1914, Klaus Lankheit (Hrsg.): Wassily Kandinsky/Franz Marc, S. 259 f. Die Herausgabe eines Sammelbandes über expressionistisches Theater war ebenfalls geplant. Von Franz Marc ist u. a. das Fragment des Essays *Das abstrakte Theater* erhalten.

394 Das ist erwähnt im Brief Franz Marcs an Alfred Kubin vom 5.3.1913. Vgl. Katalog zur Ausstellung Franz Marc 1880–1916, München 1980, S. 123. Kubin illustrierte das Buch Daniel, es erschien 1918 bei Georg Müller, von Kokoschka existieren sechs Lithografien zur Passion, von Heckel gibt es Entwürfe zu Holzschnitten, Kandinsky und Klee kamen über Vorarbeiten wohl nicht hinaus, und von Marc sind die vier Holzschnitte *Geburt der Pferde, Geburt der Wölfe, Schöpfungsgeschichte* I und II überliefert.

395 Ansichtskarte in einem Brief Franz Marcs an August Macke, undatiert, zitiert nach Wolfgang Macke (Hrsg.): August Macke/Franz Marc, S. 179.

396 Vgl. Meldebogen der Familie Simon, Stadtarchiv München.

397 Maria Marc: Aus meinem Leben mit Franz Marc, a.a.O.

398 Franz Marc: Im Fegefeuer des Krieges, zitiert nach Claus Pese: Franz Marc. Leben und Werk, S. 44.

399 Brief Wassily Kandinsky an Franz Marc vom 30.12.1912, zitiert nach Klaus Lankheit (Hrsg.): Wassily Kandinsky/Franz Marc, S. 206 f.

400 Brief Wassily Kandinsky an Franz Marc vom 8.11.1914, vgl. a.a.O., S. 265.

401 Wilhelm Franck hatte Hertha Lorenz am 29.9.1909 geheiratet, sie brachte das Gut Gendrin mit in die Ehe.

402 Maria Marc: Aus meinem Leben mit Franz Marc, a.a.O.

403 Alois J. Schardt: Franz Marc, S. 155. So ließ Maria Marc den Autor es ausdrücken.

404 Brief Maria Marc an Franz Marc vom 11.9.1914 (Archiv Lenbachhaus).

405 Brief Maria Marc an Franz Marc vom 12. u. 14.1.1915 (Archiv Lenbachhaus).

406 Brief Maria Marc an Gabriele Münter vom 23.4.1915, vgl. Klaus Lankheit (Hrsg.): Wassily Kandinsky/Franz Marc, S. 272 f.

407 Brief Maria Marc an Gabriele Münter vom 23.9.1914, vgl. a.a.O., S. 261 f.

408 Brief Franz Marc an Wassily Kandinsky vom 24.10.1914, a.a.O., S. 263.

409 Brief Maria Marc an Franz Marc vom 11.9.1914 (Archiv Lenbachhaus).

410 Postkarte Franz und Maria Marc an Elisabeth Macke vom 3.8.1914, zitiert nach Wolfgang Macke (Hrsg.): August Macke/Franz Marc, S. 188.

411 Postkarte Elisabeth Macke an Maria Marc vom 6.8.1914, vgl. a.a.O., S. 188 f. Bereits einen Monat nach Kriegsbeginn hatte Elisabeth Macke zumindest teilweise umgedacht, im Brief an Maria Marc vom 5.9.1914 malte sie sich aus, wie schön es wäre, wenn sie alle noch einmal beisammen sein könnten, um gemeinsam zu tragen, was so grausam über alle hereingebrochen sei. Vgl. a.a.O., S. 189 ff.

412 Zitiert nach Günter Meißner (Hrsg.): Franz Marc. Briefe, Schriften und Aufzeichnungen, S. 266.

413 Briefe Maria Marc an Franz Marc vom 11.9., 4.10., 26.11.1914 u. 8.1.1915 (Archiv Lenbachhaus).

414 Briefe Maria Marc an Franz Marc vom 19.9. u. 4.10.1914 (Archiv Lenbachhaus).

415 Vgl. und zitiert Brief Franz Marc an Maria Franck vom 12.9.1909 (Germanisches Nationalmuseum Nürnberg).

416 Vgl. Brief Maria Marc an Franz Marc vom 26.11.1914 (Archiv Lenbachhaus).

417 Die ihm nachfolgende Lina Stadler entpuppte sich dann aber als außergewöhnlich zuverlässig.

418 In Ried pflegte Maria Marc vorzugsweise den Umgang mit ihrer Meinung nach gesellschaftlich Gleichrangigen.

419 Franz Marc riet seiner Frau von einer Anzeige ab: »Wir müssen unser Leben in Ried so einrichten, dass wir möglichst wenig Reibung mit den Bauern haben.« Brief vom 2. 10. 1915 (Germanisches Nationalmuseum Nürnberg).

420 Klaus Lankheit (Hrsg.): Wassily Kandinsky/Franz Marc, S. 261.

421 Brief Franz Marc an Maria Marc vom 11. 2. 1915 (Germanisches Nationalmuseum Nürnberg).

422 Auch Elisabeth Mackes Mutter sowie ihre Großmutter stickten nach Augusts Entwürfen.

423 Selbstverständlich arbeiteten Frauen auch nach eigenen Vorlagen. Eine davon war die in Frankreich lebende, mit den Mackes befreundete und den Marcs bekannte Malerin, Modeschöpferin und Textilkünstlerin Sonia Delaunay.

424 Ende 1915 berichtete Maria Marc von einer für Bernhard Koehlers Sammlung bestimmten Petitpoint-Stickerei, ein sehr farbig gestalteter Einband einer Holzschnittmappe. Vgl. Briefe Maria Marc an Franz Marc vom 1. 11. u. 3. 11. 1915 (Archiv Lenbachhaus).

425 Brief Maria Marc an Franz Marc vom 6. 3. 1915 (Archiv Lenbachhaus).

426 Seine Mutter hielt Marc anscheinend für weniger schonungsbedürftig. Ihr schickte er im Juli 1915 von der Front in Frankreich eine Bildpostkarte ›Heldenbegräbnis auf dem Soldatenfriedhof zu St.-Mihiel‹ überschrieben (Germanisches Nationalmuseum Nürnberg).

427 Tags zuvor hatte seine Frau Hertha der Schwiegermutter eine Postkarte mit der frohen Botschaft geschickt, Wilhelm befinde sich auf dem Weg der Besserung (Archiv Stein/Wimmers).

428 Postkarte Maria Marc an Gabriele Münter vom 11. 3. 1915, zitiert nach Klaus Lankheit (Hrsg.): Wassily Kandinsky/Franz Marc, S. 271.

429 Pate von Margit Niestlé war Paul Klee.

430 Brief Franz Marc an Elisabeth Macke vom 5. 11. 1914, zitiert nach Wolfgang Macke (Hrsg.): August Macke/Franz Marc, S. 198.

431 Brief Franz Marc an Maria Marc vom 8. 10. 1914, zitiert nach Franz Marc: Briefe aus dem Feld. Nach Originalen herausgegeben von Klaus Lankheit und Uwe Steffen, München/Zürich 1993, S. 16.

432 Brief Paul Klee an Franz Marc vom 3. 2. 1915, zitiert nach Claus Pese: Franz Marc. Leben und Werk, S. 43 f.

433 Brief Oskar Kokoschka an Franz Marc vom 3. 9. 1914 (Germanisches Nationalmuseum Nürnberg).

434 Gedruckt wurde der Artikel im März 1915 in der Zeitschrift Forum.

435 Brief Franz Marc an Maria Marc vom 23. 11. 1914 (Germanisches Nationalmuseum Nürnberg).

436 Vgl. Brief Maria Marc an Franz Marc vom 8. 1. 1915 (Archiv Lenbachhaus).

437 Zitiert nach Günter Meißner (Hrsg.): Franz Marc. Briefe, Schriften und Aufzeichnungen, S. 270 f.

438 Brief Maria Marc an Franz Marc vom 11. 4. 1915 (Archiv Lenbachhaus).

439 Brief Heinrich Campendonk an Franz Marc vom 4. 12. 1914, zitiert nach Claus Pese: Franz Marc. Leben und Werk, S. 43.

440 Heinrich Campendonk wurde der Einberufungsbescheid Ende Februar 1915, wenige Tage vor Addas Niederkunft, zugestellt, und Paul Klee wurde unmittelbar nach Franz Marcs Tod im März 1916 Rekrut.

441 Brief Maria Marc an Gabriele Münter vom 23. 4. 1915, zitiert nach Klaus Lankheit (Hrsg.): Wassily Kandinsky/Franz Marc, S. 272 f.

442 Zitiert nach Günter Meißner (Hrsg.): Franz Marc. Briefe, Schriften und Aufzeichnungen, S. 272 f.

443 Brief Maria Marc an Franz Marc vom 1. 4. 1915 (Archiv Lenbachhaus).

444 Friedrich Nietzsche: Jenseits von Gut und Böse. Vorspiel einer Philosophie der Zukunft, zitiert nach Claus Pese: Franz Marc. Leben und Werk, S. 54.

445 Franz Marc hatte von seiner Frau den Tolstoi-Band *Was ist Kunst* erhalten.

446 Er wandte sich gegen Fortschrittsdenken, leugnete den Wert von Kunst und Wissenschaft, stellte jedwede Obrigkeit in Frage, verachtete gesellschaftliche Konventionen, prangerte soziales Unrecht an, kämpfte für die Rückkehr zur Urreligion und trat für Gewaltfreiheit ein.

447 Zitiert nach Günter Meißner (Hrsg.): Franz Marc. Briefe, Schriften und Aufzeichnungen, S. 274.

448 Brief Maria Marc an Franz Marc vom 1. 4. 1915 (Archiv Lenbachhaus).

449 Vgl. Brieffragment Maria Marc an Franz Marc, undatiert, frühestens Ende Februar 1915 (Archiv Lenbachhaus).

450 Ergänzt um eine ebenfalls von ihr getroffene Auswahl seiner Briefe aus dem Feld.

451 Klaus Lankheit (Hrsg.): Franz Marc. Schriften, Köln 1978

452 Kaminskis Besuch eines Bonner Gymnasiums (auch August Macke soll dort sein Abitur gemacht haben) und seine Unterbringung im angeschlossenen Internat wurden ebenfalls fremdfinanziert.

453 Erst 1914 wurde der 69. Psalm in Ried vollendet. Bruno Walter, dem das Werk von Heinrich Kaminski vorgelegt worden war, beurteilte es sehr wohlwollend.

454 Komponisten in Bayern. Dokumente Musikalischen Schaffens im 20. Jahrhundert. Band 11: Heinrich Kaminski, herausgegeben im Auftrag des Landesverbandes Bayerischer Tonkünstler e. V. im VDMK von Alexander L. Suder, Tutzing 1986, S. 16 f.

455 Eine Einschätzung, die vom jüngsten Kaminski-Sohn Vitalis geteilt wird.

456 Der fast vergessene Heinrich Kaminski. Ein Hörfunkbeitrag des WDR 5, Musikszene West, Landesstudio Bielefeld vom 22. 9. 1994.

457 Heinrich Kaminski war Vegetarier, schwor auf Körperertüchtigung, Naturkost, Heilkräuter und Homöopathische Medizin.

458 Interview mit Frau Professor Sigrid Delius, Bielefeld.

459 Offenbar leistete Fräulein Warburg auch noch einen kleinen monatlichen Beitrag zu seinem Unterhalt. Vgl. Komponisten in Bayern. Dokumente Musikalischen Schaffens im 20. Jahrhundert. Band 11: Heinrich Kaminski, herausgegeben im Auftrag des Landesverbandes Bayerischer Tonkünstler e.V. im VDMK von Alexander L. Suder, Tutzing 1986, S. 20.

460 Sequenz vgl. und zitiert Briefe Maria Marc an Franz Marc vom 6. 3., 15. 3. u. 1. 4. 1915 (Archiv Lenbachhaus).

461 Mit noch größerer Freude wird Lily Klee die noch spätere Einberufung ihres Mannes kommentiert haben.

462 Brief Maria Marc an Franz Marc vom 1. 4. 1915 (Archiv Lenbachhaus).

463 Brief Franz Marc an Maria Marc vom 6. 4. 1915, zitiert nach Franz Marc: Briefe aus dem Feld, S. 60 f.

464 Brief Maria Marc an Franz Marc vom 11. 4. 1915 (Archiv Lenbachhaus).

465 Paul Klee hat diese Notiz keinem exakten Datum zugeordnet.

466 Paul Klee: Tagebücher 1898–1918, herausgegeben von der Paul-Klee-Stiftung Kunstmuseum Bern, bearbeitet von Wolfgang Kersten, Bern 1988, S. 370.

467 Brief Maria Marc an Franz Marc vom 22. 3. 1915 (Archiv Lenbachhaus).

468 Brief Franz Marc an Maria Marc vom 25. 5. 1915 (Germanisches Nationalmuseum Nürnberg).

469 Brief Maria Marc an Franz Marc vom 11. 4. 1915 (Archiv Lenbachhaus).

470 Vgl. Brief Maria Marc an Franz Marc vom 2. 5. 1915 (Archiv Lenbachhaus).

471 Brief Maria Marc an Franz Marc vom 1. 6. 1915 (Archiv Lenbachhaus).

472 Vgl. Brief Maria Marc an Franz Marc vom 29. 8. 1915 (Archiv Lenbachhaus).

473 Brief Franz Marc an Maria Marc vom 25. 5. 1915, zitiert nach Franz Marc: Briefe aus dem Feld, S. 76 f.

474 Sequenz Brief Maria Marc an Franz Marc vom 1. 6. 1915 (Archiv Lenbachhaus).

475 In einem Brief an seinen Bruder Paul (Germanisches Nationalmuseum Nürnberg) bekannte sich Franz Marc am 26. 11. 1915 zu »Gemütsdepressionen«.

476 Vgl. Walter Winkler: Psychologie der modernen Kunst, Tübingen 1949, S. 197.

477 Brief Franz Marc an Maria Marc vom 17. 3. 1915 (Germanisches Nationalmuseum Nürnberg).

478 Paul Klee: Tagebücher 1898–1918, S. 370.

479 Brief Franz Marc an Maria Marc vom 17. 7. 1915, zitiert nach Franz Marc: Briefe aus dem Feld, S. 82.

480 Vgl. Brief Maria Marc an Franz Marc vom 24. 7. 1915 (Archiv Lenbachhaus).

481 Vgl. Brief Maria Marc an Franz Marc vom 15. 1. 1916 (Archiv Lenbachhaus).

482 Das geht aus unveröffentlichten Briefen hervor, außerdem befindet sich in Maria Marcs Nachlass ein undatiertes Zettelchen (alles Germanisches Nationalmuseum Nürnberg), auf das Heinrich Kaminski schrieb: »Maria, zieh feste Schuh an; wir machen heut noch einen tüchtigen Spaziergang nach der [Klavier]Stunde.«

483 Brief Franz Marc an Maria Marc vom 5. 12. 1915, zitiert nach Franz Marc: Briefe aus dem Feld, S. 120. Kurz zuvor hatte er im Brief vom 24. 10. 1915 an Albert Bloch (Germanisches Nationalmuseum Nürnberg) geschrieben, wie sehnsüchtig er darauf warte, »daß dieses grauenhafte Morden endlich ein Ende nähme!!«

484 Auch Paul Klee fiel es auf: »Es stand ihm das ... Kostüm ich möchte fast sagen ›leider‹ gut.« Paul Klee: Tagebücher 1898–1918, S. 374.

485 Briefe Franz Marc an Maria Marc vom 28. 10., 29. 10. u. 2. 11. 1915, vgl. und zitiert nach Franz Marc: Briefe aus dem Feld, S. 105 ff.

486 Briefe Maria Marc an Franz Marc vom 20. 12. 1915, 4. 1. u. 6. 1. 1916 (Archiv Lenbachhaus).

487 Brief Franz Marc an Maria Marc vom 31. 1. 1916 (Germanisches Nationalmuseum Nürnberg).

488 Brief Franz Marc an Maria Marc vom 1. 12. 1915, vgl. und zitiert nach Franz Marc: Briefe aus dem Feld, S. 115.

489 Brief Franz Marc an Else Lasker-Schüler vom 17. 1. 1916, zitiert nach Ulrike Marquardt u. Heinrich Rölleke (Hrsg.): Else Lasker-Schüler/Franz Marc. »Mein lieber, wundervoller blauer Reiter«, S. 16.

490 Vgl. Brief Franz Marc an Maria Marc vom 29. 7. 1915 (Germanisches Nationalmuseum Nürnberg).

491 Franz Marc reagierte damals ganz und gar nicht begeistert. Am 14. 4. 1915 schrieb er seiner Frau: »... habe natürlich energisch abgeschrieben; sie weiß ja zum Glück nicht, in welcher Gegend ich bin.« Er befürchtete »größte Unannehmlichkeiten«.

492 Brief Maria Marc an Franz Marc vom 15. u. 25. 1. 1916 (Archiv Lenbachhaus).

493 Ob Maria von Feldpost-Brieffreundschaften ihres Mannes (Archiv Germanisches Nationalmuseum) wusste, entzieht sich unserer Kenntnis.

494 Vgl. Franz Marc: Botschaften an den Prinzen Jussuf, Geleitwort von Maria Marc. Einführung von Gottfried Sello, Weyarn 1997. Der 1919 unter dem Titel Der Malik im Paul Cassirer Verlag veröffentlichte Lasker-Marc-Schrift-/Bildpostkartenwechsel enthält diese Widmung: »Meinem unvergeßlichen Franz Marc / DEM BLAUEN REITER / in Ewigkeit«.

227

495 Brief Franz Marc an Maria Marc vom 29. 1. 1916, vgl. Ulrike Marquardt u. Heinrich Rölleke (Hrsg.): Else Lasker-Schüler/Franz Marc. »Mein lieber, wundervoller blauer Reiter«, S. 17.

496 Vgl. Briefe Maria Marc an Franz Marc vom 25. 1., 30. 1. 1916 u. 4. 2. 1916 (Archiv Lenbachhaus).

497 Brief Maria Marc an Franz Marc vom 30. 1. 1916 (Archiv Lenbachhaus).

498 Brief Maria Marc an Franz Marc vom 31. 1. 1916 (Archiv Lenbachhaus).

499 Brief Maria Marc an Franz Marc vom 4. 2. 1916 (Archiv Lenbachhaus). Beinahe einen Monat verspätet, unmittelbar vor seinem Tod, erreichte der Geburtstagsbrief den Adressaten.

500 Brief Richard Seewald an Maria Marc vom 4. 2. 1916 (Germanisches Nationalmuseum Nürnberg).

501 Insbesondere wohl der Schriftsteller und Mäzen Alfred Mayer.

502 Brief Franz Marc an Maria Marc vom 1. 12. 1915, zitiert nach Franz Marc: Briefe aus dem Feld, S. 115 f.

503 Der Kampf um Verdun dauerte vom 21. 2. bis 21. 7. 1916. Nach deutschen Anfangserfolgen zwangen große Verluste zum Abbruch der Schlacht.

504 Briefe und Feldpostkarte von Franz Marc an Maria Marc vom 27. 2., 29. 2. u. 2. 3. 1916, zitiert nach Franz Marc: Briefe aus dem Feld, S. 147 ff.

505 Hans Schilling: Aus dem Soldatenleben Franz Marcs. In: Frankfurter Zeitung Nr. 86 vom 8. 7. 1917. Der Verfasser des Artikels war Kommandeur der I. Abteilung des königlich bayerischen Ersatz-Feldartillerie- Regiments. Im Park des durch Kriegseinwirkungen verwüsteten Schlösschens Gussainville bei Braquis ruhte Franz Marcs sterbliche Hülle bis zur Überführung und Beisetzung auf dem Friedhof von Kochel am See im April 1917.

506 Brief Franz Marc an Maria Marc vom 4. 3. 1916, zitiert nach Franz Marc: Briefe aus dem Feld, S. 150 f.

507 Brief Franz Marc an Maria Marc vom 16. 1. 1916, zitiert a.a.O., S. 133. Im Juni 1914, unmittelbar vor Kriegsausbruch, hatte sich Franz Marc August Macke gegenüber ganz ähnlich geäußert.

508 In den ersten Kriegstagen hatte er, zu Marias Entsetzen, einen Mangel an Gefahr beklagt.

509 Brief Franz Marc an Sophie Marc vom 17. 2. 1916 (Germanisches Nationalmuseum Nürnberg).

510 Brief Franz Marc an Maria Marc vom 6. 2. 1916, zitiert nach Franz Marc: Briefe aus dem Feld, S. 141. Nach Meinung seines Kommandeurs waren diese ›Kunstwerke‹ von weit über die gestellte Aufgabe hinausgehendem künstlerischen Reiz. Vgl. Hans Schilling: Aus dem Soldatenleben Franz Marcs.

Teil IV: Maria
1916–1955

511 Frankfurt nennt Paul Klee in seinem Tagebuch, während Elisabeth Macke später von Karlsruhe spricht.

512 Vgl. Elisabeth Erdmann-Macke: Erinnerung an August Macke, S. 330.

513 Paul Klee: Tagebücher 1898–1918, S. 374 f.

514 Brief Anette von Eckardt an Maria Marc vom 24. 5. 1916 (Germanisches Nationalmuseum Nürnberg).

515 Mit einer Einleitung von Hermann Bahr, München 1917.

516 Unter Federführung des Kunsthistorikers Wilhelm Hausenstein.

517 Annegret Hoberg: Maria Marc, S. 92.

518 Vgl. Klaus Lankheit: Franz Marc im Urteil seiner Zeit, S. 95 f. u. 155.

519 Brief Franz Marc an Maria Marc vom 19. 9. 1915 (Germanisches Nationalmuseum Nürnberg).

520 Auch Franz hatte gewisse Bedenken, Maria zu seinen Lebzeiten aber stets zu besänftigen versucht. Noch kurz vor seinem Tod hatte er ihr auf Herwarth Walden bezogen geschrieben: »Wer will bestimmen, wo der Geschäftsjude aufhört und der Idealist anfängt ...«. Brief vom 14. 2. 1916 (Germanisches Nationalmuseum Nürnberg).

521 Brief Maria Marc an Gabriele Münter vom 28. 12. 1916, zitiert nach Klaus Lankheit (Hrsg.): Wassily Kandinsky/Franz Marc, S. 283.

522 Bernhard Koehler sen. starb 1927. Seine Kunstsammlung fiel weitgehend dem Zweiten Weltkrieg zum Opfer.

523 Brief Helene Franck an Maria Marc vom 1. 4. 1916 (Archiv Stein/Wimmers).

524 Es wurde später von Paul Klee restauriert.

525 Sie würden in diesem Jahr noch einmal kommen: »18.VII.18 M. gel. Lily, es freut mich daß Ihr die Reise nach Ried unternehmt, hoffentl. habt Ihr schöne und erholungreiche Tage! ... Viele Grüße auch an Frau Marc! Dein P.« Zitiert nach Paul Klee: Tagebücher 1898–1918, S. 462. Lily Klee schrieb darüber am 22. 8. 1918 von München nach Ascona an Marianne Werefkin: »Bei Maria Marc war ich einige Tage in Ried bevor ich in d. Schweiz kam. Es war herrlich in ihr. schönen Haus. Sie ist ruhig geworden in ihr. Leid. Aber in ihr. Gesicht steht es zu lesen was sie durchlitten. Sie hat auch eine große seelische Entwicklung durchlebt.« Zitiert nach Verein August Macke Haus Bonn (Hrsg.): Marianne Werefkin. Die Farbe beisst mich ans Herz, Bonn 1999, S. 126.

526 Sequenz Brief Maria Marc an Gabriele Münter vom 15. 2. 1918, zitiert nach Klaus Lankheit (Hrsg.): Wassily Kandinsky/Franz Marc, S. 285 ff.

527 Erst 1920 würde Gabriele Münter von dieser Heirat erfahren – nicht durch Kandinsky! Vsevolod Kandinsky, der Sohn, starb mit drei Jahren.

528 Brief Helene Franck an Maria Marc vom 14. 11. 1918 (Archiv Stein/Wimmers).

529 Um welches Buch es sich handelte, ist nicht bekannt.

530 Sequenz Briefe Helene Franck an Maria Marc (Archiv Stein/Wimmers).

531 Heinrich Campendonk war 1916, nicht lange nach seiner Einberufung, endgültig vom Militärdienst freigestellt worden.

532 Er war im Dezember 1918 bis zur definitiven Entlassung im Februar 1919 beurlaubt worden.

533 Interessant in diesem Zusammenhang sind Werner Schmalenbachs Überlegungen zur »Gnade des frühen Todes« in der Frankfurter Allgemeinen Zeitung Nr. 61 I vom 13. 3. 1999: Zur Jugend verdammt. Ein grausames Spiel: Warum die modernen Künstler nicht altern können und dürfen: »Den Expressionisten war das nicht gegeben. Ihre große Stunde ging mit dem Ersten Weltkrieg, also schon nach einem knappen Jahrzehnt, zu Ende. Der künstlerische Atem wurde schwach, und dies, lange bevor sie alt waren. Ernst Ludwig Kirchner, der bedeutendste unter ihnen, kehrte dieser Welt freiwillig den Rücken. Das war, menschlich gesprochen, ein schreckliches Unglück. Aber historisch gesprochen, und das heißt auch: zynisch gesprochen, nämlich über das persönliche Schicksal hinweg, war es ein Glück – oder schlimmer noch: wäre es ein Glück gewesen, hätte er nicht noch genügend Zeit gehabt zu zeigen, wohin seine Kunst führte, wie tief sie sank. Kirchners Kollegen von der ›Brücke‹ wurden brave Professoren und ihre Kunst akademisierte sich. Andere fielen im Krieg wie Franz Marc und August Macke. War dies, symmetrisch zur vielberufenen Gnade der späten Geburt, die Gnade des frühen Todes?«

534 Nolde hatte im Sommer 1899 die Hölzel-Schule in Dachau besucht. 1921 kam er mit seiner Frau nach Ried und lernte hier Kaminski kennen.

535 Elisabeth Erdmann-Macke: Erinnerung an August Macke, S. 320.
536 Briefe vom 9. 6. 1918, 24. 8. 1918 und 25. 1. 1919 von Else Lasker-Schüler an Maria Marc, vgl. Ulrike Marquardt u. Heinrich Rölleke (Hrsg.): Else Lasker-Schüler/Franz Marc. »Mein lieber, wundervoller blauer Reiter«, S. 123 f.
537 Vormundschaftsakte Marie Schnür-Marc, Staatsarchiv München, AG München VV 1919 Nr. 2039.
538 Vgl. Annegret Hoberg: Maria Marc, S. 107.
539 Brief Maria Marc an Gabriele Münter vom 24. 3. 1920. Vgl. und zitiert nach Klaus Lankheit (Hrsg.): Wassily Kandinsky/Franz Marc, S. 287 f.
540 Brief Helene Franck an Maria Marc vom 1. 3. 1919 (Archiv Stein/Wimmers).
541 Sophie hatte eigene Pläne: »... bekomm ich von der Fabrik aus im Monat 25 Mark u. kann daß Kind dort ins Säuglingsheim thun, u. brauch nur im Monat 6 Mark bezahlen u. brauch keine Wäsche u. kann jeden Tag zum Kind. Es thät mir doch recht weh wenn daß Kind von mir so weit weg ist. Hoffentlich sind sie mir deshalb nicht böse.« Brief Sophie an Maria Marc vom 9. 9. 1918 (Archiv Stein/Wimmers).
542 Brief Helene Franck an Maria Marc vom 7. 2. 1920 (Archiv Stein/Wimmers).
543 Brief Helene Franck an Maria Marc vom 30. 1. 1920 (Archiv Stein/Wimmers).
544 Brief Helene Franck an Maria Marc vom 24. 11. 1920 (Archiv Stein/Wimmers).
545 Um diese Zeit war der junge Carl Orff Kaminskis Schüler.
546 Nach der am Neujahrstag 1918 geborenen Gabriele und der im Mai 1921 geborenen Benita kamen im September 1922 die Zwillinge Renate und Donatus und im Oktober 1923 Vitalis zu Welt.
547 Im Oktober 1920 trennte sich die eher traditionelle Kunsthochschule vom Bauhaus, ab April 1921 existierte sie als eigenständige Institution. Hierzu und zum Bauhaus allgemein vgl. Jeannine Fiedler u. Peter Feierabend (Hrsg.): Bauhaus, Köln 1999.
548 Jeannine Fiedler u. Peter Feierabend (Hrsg.): Bauhaus, Köln 1999, S. 23.
549 Von 1920–1923 war Ida Kergovius am Bauhaus, Jahrgang 1879, Malerin, auch Hölzel-Schülerin. »Als Ida Kerkovius in der Weberei ihren ersten großen Teppich vollendet hatte, feierten wir ... Der vier Quadratmeter große Teppich füllte fast das ganze Zimmer. Wir hatten ihn mit brennenden Kerzen umrahmt und hockten ringsum auf dem Boden und freuten uns mit frohen und leisen Gesprächen ...« Diese Erinnerungen des Bauhäuslers Lothar Schreyer (Leiter der Bühnenwerkstadt und erster Leiter der Bauhausbühne von 1919 bis 1923) sagen viel über die Philosophie und die Atmosphäre am Bauhaus aus. Zitiert nach Jeannine Fiedler u. Peter Feierabend (Hrsg.): Bauhaus, Köln 1999, S. 133.
550 a.a.O., S. 466.
551 Doch die beiden Herren sahen die Weberinnen gerne – Schlemmer malte sie (vermutlich nach einem Foto) 1932, als er von der Auflösung des Dessauer Bauhauses erfuhr, und schuf damit sein wohl berühmtestes Bild: *Bauhaustreppe*.
552 In deren Wohnung Am Horn 53 hingen über dem Sofa drei kleine Aquarelle von Marc zusammen mit drei Kandinsky-Bildern.
553 Johannes Itten lief als Mazdaznanprophet in selbstgeschneiderter Mönchskutte durch Weimar. Itten – Schweizer, Hölzel-Schüler – war 1919 auf Empfehlung Alma Mahlers von ihrem Mann Gropius (sie besuchte ihn mehrfach in Weimar) aus Wien ans Bauhaus berufen worden. Dessen zunehmende Orientierung an den Bedürfnissen der Industrie überstand der begnadete Pädagoge Itten nicht, 1923 trat er aus dem Bauhaus aus. Vgl. Jeannine Fiedler u. Peter Feierabend (Hrsg.): Bauhaus, S. 232 ff.
554 Novalis.
555 Es wurde als Staatliche Hochschule für Handwerk und Baukunst fortgeführt, einige ehemalige Bauhausschüler unterrichteten dort.

556 Vgl. Nina Kandinsky: Kandinsky und ich, München 1987, S. 119 ff.

557 Der Name soll in Anlehnung an eine alte amerikanische Eisenbahngesellschaft The big 4 gewählt worden sein. Vgl. Vivian Endicott Barnett u. Josef Helfenstein (Hrsg.): Die Blaue Vier. Feininger, Jawlensky, Kandinsky, Klee in der Neuen Welt, Köln 1997, S. 15 ff.

558 Johanna Schütz-Wolff. Textil und Grafik. Zum 100. Geburtstag, herausgegeben von der Staatlichen Galerie Moritzburg, Halle 1999, S. 20.

559 a.a.O.

560 Ab 1930 bis 1934 war Kaminski in Bielefeld städtischer Musikdirektor, kurzzeitig auch Vorsteher der Meisterklasse der Preußischen Akademie der Künste mit Professorentitel in Berlin.

561 Postkarte Heinrich Kaminski an Maria Marc vom 22. 8. 1929 (Germanisches Nationalmuseum Nürnberg).

562 Robert Landmann: Ascona Monte Verità, Frankfurt am Main 1979, S. 214 f.

563 Spätere Wohnung: Casa Angelo.

564 Claire Goll: Ich verzeihe keinem, München 1976, S. 54 f.

565 Ein Diebstahl in der Münchner Wohnung 1918, der schlechte Zustand der Wohnung (lt. Brief Lily Klees vom 13. 7. 1919 an Marianne Werefkin: »Es ist geradezu trostlos. Man erstickt in Dreck und Staub. Abgesehen davon was ja zu reinigen wäre sind Teppiche Polstermöbel total von Motten zerfressen u. vernichtet. Es wimmelt von Motten und Larven.«) und das Interesse des Wohnungsamts für die leerstehenden Räume ermöglichten die Einreise. Vgl. und zitiert nach Verein August Macke Haus e. V. (Hrsg.): Marianne Werefkin. Die Farbe beisst mich ans Herz, Bonn 1999, S. 126 f.

566 Walter Helbig, Ernst Frick, Gordon McCouch, Otto Niemeyer, Otto van Rees, Marianne Werefkin.

567 Heute noch sichtbar: das 1927 von Emil Fahrenkamp im Bauhausstil errichtete Hotel Monte Verità und das für Charlotte Bara von Carl Weidemeyer 1927/28 entworfene Teatro San Materno.

568 Agentur für geistige Gastarbeit: Monte Verità, Berg der Wahrheit. Lokale Anthropologie als Beitrag zur Wiederentdeckung einer neuzeitlichen sakralen Topographie, München 1980, S. 171.

569 Oedenkoven hatte die elf Jahre ältere Hoffmann in der Naturheilanstalt von Arnold Rikli in Mellnerbrunn bei Veldes in Oberkrain (Österreich) kennengelernt. Mit der Veldes-Bekanntschaft Karl Gräser, dessen jüngerem Bruder Gustav, Idas Schwester Jenny und Lotte Hattemer samt einem Freund waren sie ausgezogen, um den Berg der Wahrheit zu finden ...

570 Mit Frauen und Kindern waren Werner Ackermann, Max Bethke und Hugo Wilkens auf den Berg gekommen.

571 Von der Heydt hatte während eines Spaziergangs mit der Werefkin den Monte Verità entdeckt. Der vierte Matador, der Hamburger Warenhausbesitzer Max Emden, kaufte 1928 die Brissago-Inseln von der Baronin Antoinetta von Saint-Léger. Dort schwelgte er in der Gesellschaft vieler junger hübscher nackter Frauen, die sich für ihn auf dem Gelände tummelten.

572 »Wir haben mit Freude vernommen, daß Wilhelm der Zweite und Letzte die löbliche Absicht hat, sich auf dem Berg der Wahrheit in der Schweiz zur Ruhe zu setzen. Wir wissen allerdings nicht, ob Herr Poincaré und Herr Baldwin, die seinerzeit seine Majestät an den Galgen hängen wollten, diesen Umzug von Doorn nach Ascona gestatten werden. Immerhin ist zu sagen, daß Wilhelm II. mit der Wahl seines evtl. Aufenthaltsortes keinen schlechten Geschmack gezeigt hat.« Zitiert nach Vorwärts, Morgenausgabe vom 26. Oktober 1926, abgedruckt in: Agentur für geistige Gast-

231

arbeit: Monte Verità, Berg der Wahrheit. Lokale Anthropologie als Beitrag zur Wiederentdeckung einer neuzeitlichen sakralen Topographie, München 1980, S. 37.

573 Prospekt der Fondazione Monte Verità, Casa Anatta, 1999.

574 In diesem Jahr kam Elfriede Kaminski nach Ascona – beide Frauen studierten eifrig die Fremdenlisten ...

575 Schriftliche Auskunft der Controllo Abitanti, Municipio del Borgo di Ascona vom 17. 9. 1999.

576 Sehr wahrscheinlich handelte es sich um die Maler Albert Kohler (eine Karte wurde 1933 an Maria Marc, Haus Kohler, Ascona adressiert) und Christian Rohlfs (»Ich bin jetzt bei Rohlfs«, schrieb sie 1930). Beide Nachnamen kommen wiederholt in Maria Marcs Korrespondenz vor (Archiv Stein/Wimmers).

577 1933 ließen Herr und Frau Macke sich am Bodensee nieder, sie restaurierten eine alte Mühle bei Hemmenhofen. 1936 ertrank er im Bodensee. Vgl. Dominik Bartmann: Helmuth Macke, S. 5 ff.

578 Vgl. Robert Landmann: Ascona Monte Verità, S. 232. Schmidtbonn wollte 1930 ein Buch über Marianne Werefkin schreiben. Vgl. dazu: Brief Marianne Werefkin an Diego Hagmann vom 4. 7. 1930, Verein August Macke Haus (Hrsg.): Marianne Werefkin. Die Farbe beisst mich am Herz, S. 172.

579 Interview mit Anne von Miller-Schütz vom 12. 3. 1999.

580 Die katholische Kirche läutete die Glocke und ein aus Mailand angereister Pope sang mit zwei Nichten der Werefkin im Wechsel. Der Pope zelebrierte am Grab in russischer, französischer Sprache und auch die Pfarrer der katholischen und der reformierten Kirche Asconas ehrten die Verstorbene.

581 Die damalige Kaminski-Affaire wohnte im Ötztal.

582 Sowohl mit Dusza als auch mit Hans Günther korrespondierte Maria Marc noch nach Jahren.

583 Luise Rinser: Den Wolf umarmen, Frankfurt am Main 1981, S. 322 ff.

584 Brief Maria Marc an Wassily Kandinsky vom 31.7.1937, zitiert nach Klaus Lankheit (Hrsg.): Wassily Kandinsky/Franz Marc, S. 299 f.

585 Silvester 1923 hatten sie geheiratet, 1925 Geburt ihrer Tochter Anne.

586 Allerdings scheint Elfriede Kaminski mit den Kindern weiterhin Feier- und Ferientage in Ried verbracht zu haben. Maria Marc schrieb am 15. 4. 1939 an Johanna Schütz-Wolff: »Auch mit den Kindern und Frau K[aminski] ist es gut gegangen, die Kinder haben sich sehr zusammengenommen, waren hilfreich und nicht so laut. Morgen gehen sie in die Stadt zurück ...« Außerdem schreibt sie von Plänen, für drei Wochen nach Berlin zu »Erdmann's« zu gehen (Archiv von Miller-Schütz).

587 Brief Maria Marc an Johann Schütz-Wolff vom 16. 6. 1939 (Archiv von Miller-Schütz).

588 Avisiert im Brief vom 12. 8. 1927 (Germanisches Nationalmuseum Nürnberg).

589 Vermutlich Nachschrift zum Brief Maria Marc an Johanna Schütz-Wolff vom 15. 4. 1939 (Archiv von Miller-Schütz).

590 Das trat nicht ein. Anne von Miller-Schütz erinnert sich an ein großes Gemälde mit einem Tiger und etliche kleinere (Interview am 12. 3. 1999).

591 Pechstein hatte noch Anfang der zwanziger Jahre Interesse daran gezeigt, das Restaurant und ein paar Holzhäuser in Ascona auszumalen!

592 Franz Marc von Alois Schardt mit hundertfünfzehn Abbildungen, Rembrandt-Verlag, Berlin.

593 Später Kunsthändler der Blue Four in New York – und auch dann noch Maria Marcs Korrespondenzpartner (Archiv Stein/Wimmers).

594 Brief Maria Marc an Albert Bloch vom 9. 5. 1936, zitiert nach Annegret Hoberg: Maria Marc, S. 115.

595 Brief Maria Marc an Albert Bloch vom 11. 8. 1935, zitiert nach a.a.O., S. 110.

596 a.a.O., S. 114.

597 Kandinsky war Maria Marcs französischer Kontakt, es ging 1936 um eine Veröffentlichung über Marc in den Cahiers d'Art.

598 Brief Wassily Kandinsky an Maria Marc vom 18. 4. 1936 (Germanisches Nationalmuseum Nürnberg). Aus Julia Feiningers Briefen an Maria Marc wird immer wieder die Konkurrenzsituation zwischen den Kandinskys, Klees und Feiningers deutlich.

599 Vgl. Klaus Lankheit: Franz Marc. Sein Leben und seine Kunst, S. 166. Lankheit zitiert dort auch Bert Brechts Äußerung aus dem amerikanischen Exil: »Mir gefallen die Blauen Pferde, die mehr Staub aufgewirbelt haben, als die Pferde des Achilles. Und ich ärgere mich, wenn den Malern zugerufen wird, sie dürften Pferde nicht blau malen; darin kann ich kein Verbrechen sehen ...« Auch Werke Kandinskys, Klees, Noldes, Jawlenskys, Campendoncks ... waren in München zu sehen.

600 So Klaus Lankheits Version in Franz Marc. Sein Leben und seine Kunst, S. 166. Nach Henriette von Schirach, der Tochter des Hitler-Fotografen Hoffmann, war es ihr Einspruch, der die Entfernung des Bildes bewirkte. Vgl.: Gisela Kleine: Gabriele Münter und Wassily Kandinsky, S. 776.

601 Brief Maria Marc an Nina und Wassily Kandinsky vom 31. 7. 1937, zitiert nach Klaus Lankheit (Hrsg.): Wassily Kandinsky/Franz Marc, S. 299.

602 Elisabeth Erdmann-Macke: Erinnerungen an August Macke, S. 329. 1927 hatte sie ihren ältesten Sohn Walter im siebzehnten Lebensjahr während einer Scharlachepidemie verloren.

603 Paul Klee hatte eine harte Leidenszeit hinter sich, er war an progressiver Sklerodermie erkrankt. Auch Jawlensky waren seine letzten Jahre sehr schwer geworden, er war etwa seit 1938 vollständig gelähmt; Erbslöh ehrte ihn mit einer Trauerrede. Kaminski erlag dem Krebs in Marias Haus in Ried.

604 FELIX GUT EINGETROFFEN STOP IN BESTER GESUNDHEIT STOP FREUNDLICHE GRUESSE HEINZ BERGGRUEN. Als Lily Klee diese Zeilen las, fiel sie tot um – und als der New Yorker Galerist Nierendorf diese Geschichte zwei oder drei Jahre später während eines Abendessens erzählte, fiel er vom Stuhl und war auf der Stelle tot! Vgl. Heinz Berggruen: Hauptweg und Nebenwege. Erinnerungen eines Kunstsammlers, Frankfurt am Main 1999, S. 91.

605 Brief Maria Marc an Gabriele Münter vom 10. 12. 1946, zitiert nach Klaus Lankheit (Hrsg.): Wassily Kandinsky/Franz Marc, S. 303.

606 Dazu gehörten auch Bilder aus der Sammlung Koehler, die während des Krieges in verschiedenen Kellern in Ried versteckt worden sein sollen. Vgl.: Leo Weber (Hrsg.): Kloster Benediktbeuern. Gegenwart und Geschichte, Benediktbeuern 1981, S. 40 und S. 77.

607 Interview mit Prof. Dr. Dr. Leo Weber SDB, Kloster Benediktbeuern.

608 Rainer Maria Rilke war da und erlebte laut eigener Aussage ein reiches und glückliches Anschauen, wie es nur die bedeutendsten Dinge gewähren ...

609 Die Juwelen wurden Nina Kandinsky zum Verhängnis: Sie lockten am 2. 9. 1980 ihren Mörder in ihr Chalet »Esmeralda« in Gstaad.

610 Gisela Kleine: Gabriele Münter und Wassily Kandinsky, S. 644 f.

611 Tatsächlich wurde nach dem Tode von Maria Marc ihrem Testament vom 25. 1. 1951 entsprechend die Weberhütte als Erholungsstätte jungen Künstlern zur Verfügung gestellt.

612 Sequenz Maria Marc an Johanna Schütz-Wolff am 25. 6. 1950 (Archiv von Miller-Schütz).

613 Maria Marc zeigte gelegentlich Neigung, derart ungewöhnliche Wege zu gehen. So

bemühte sie auch einen Fernheiler in München, einen Dr. Trampler, wegen ihres Rheumas (Interview Erwin Wimmers vom 28. 3. 1999).

614 Brief Fridolin A. Kordon-Veri an Maria Marc vom 8. 5. 1951 (Germanisches Nationalmuseum Nürnberg).

615 Zu Lankheit siehe Brief Maria Marc an Johanna Schütz-Wolff vom 25. 5. 1950 (Archiv von Miller-Schütz): »Und ich bin noch immer mehr an den Nachlaß gebunden, weil ich jetzt wieder ganz allein dafür arbeiten und einstehen muss; denn der junge Kunsthistoriker, der so bereitwillig geholfen hat, versagte auf die Dauer doch … So haben wir uns trennen müssen, nach vielen Aufregungen, die eine Zusammenarbeit für ein Gedächtnisbuch zum Jahr des 70. Geburtstages betraf. Es soll im Herbst herauskommen, – mit dem Text von Dr. Lankheit, – der schließlich und endlich soweit befriedigend geworden ist, dass ich ihn annehmen musste, obwohl mir noch etwas anderes vorgeschwebt hat.«

616 Klaus Lankheit: Franz Marc. Sein Leben und seine Kunst, S. 166.

617 Brief Julia Feininger an Maria Marc vom 11. 2. 1951 (Germanisches Nationalmuseum Nürnberg).

618 Nach Probsts Tod wurde Lankheit an dessen Stelle unter Mitwirkung Stangls zum Verwalter des schriftlichen Nachlasses von Franz Marc bestimmt.

619 Vgl. Annegret Hoberg: Maria Marc, S. 122.

620 Briefe Maria Marc an Johanna Schütz-Wolff vom 1. 7. 1953 und vom 14. 5. 1954 (Archiv von Miller-Schütz).

621 Unter ›Kleines Kulturkarussell‹ in der Münchener Abendzeitung am 26. 1. 1955 veröffentlicht.

622 Und was er nicht schuf: auch mit den seit den vierziger Jahren gehäuft auftretenden Fälschungen hatte sich die Künstlerwitwe auseinanderzusetzen.

623 Klaus Lankheit: Franz Marc. Katalog der Werke, Köln 1970. Ein neues, umfassenderes Werkeverzeichnis ist in Arbeit.

Literaturauswahl

Agentur für geistige Gastarbeit, Harald Szeemann u.a. (Hrsg.): Monte Verità, Berg der Wahrheit. Lokale Anthropologie als Beitrag zur Wiederentdeckung einer neuzeitlichen sakralen Topographie, München 1980

Albrecht, Ernst (Hrsg.): Worpswede 1889–1989. Einhundert Jahre Künstlerkolonie, Worpswede 1989

[Der] Almanach »Der Blaue Reiter«. Bilder und Bildwerke in Originalen, hrsg. vom Markt Murnau am Staffelsee, bearbeitet von Brigitte Salmen, Murnau 1998

Barnett, Vivian Endicott u. Josef Helfenstein (Hrsg.): Die Blaue Vier. Feininger, Jawlensky, Kandinsky, Klee in der Neuen Welt, Köln 1997

Bartmann, Dominik: Helmuth Macke, Recklinghausen 1980

Bauer, Helmut u. Elisabeth Tworek (Hrsg.): Schwabing Kunst und Leben um 1900. Essays, München 1998

Baumann, Bringfriede: Der Münchner Maler Wilhelm Marc (1839–1907). Monographie mit Werkverzeichnis (Diss.), Neue Schriftenreihe des Stadtarchivs München 1986

Baumer, Franz: Else Lasker-Schüler, Berlin 1998

Bayer, Helmut (Hrsg.): Schwabing. Kunst und Leben, München 1998

Beaulieu, G. von: Das weibliche Berlin. Bilder aus dem socialen Leben, Berlin 1892

Belgin, Tayfun (Hrsg.): Von der »Brücke« zum »Blauen Reiter«. Farbe, Form und Ausdruck in der deutschen Kunst von 1905 bis 1914, Heidelberg 1996

Belgin, Tayfun: Alexej von Jawlensky. Eine Künstlerbiographie, Heidelberg 1998

Berger, Renate: Malerinnen auf dem Weg ins 20. Jahrhundert. Kunstgeschichte als Sozialgeschichte, Köln 1986

Berlin um 1900. Ausstellung der Berlinischen Akademie und der Akademie der Künste, Berlin 1984

Bohlmann-Modersohn, Marina: Paula Modersohn-Becker, München 1997

Brachvogel, Carry: Der Kampf um den Mann, Stuttgart 1910

Bruns, Brigitte: Atelier Elvira. Weibliche Avantgarde um 1900, München 1995

Burger, Martin: Flächendeckende Artistenmetaphysik. In: Frankfurter Allgemeine Zeitung Nr. 274 vom 24. 11. 1999

Dehmel, Richard: Ausgewählte Briefe aus den Jahren 1883–1920, Herausgegeben von Ida Dehmel, 2 Bde. Berlin 1922–23

Droste, Magdalena: Bauhaus 1919–1933, Köln 1993

Dürr, Bernd: Leo Putz, Max Feldbauer und der Kreis der »Scholle« und »Jugend« in Dachau um 1900, Dachau 1989

Erdmann-Macke, Elisabeth: Erinnerung an August Macke, Frankfurt am Main 1998

Fäthke, Bernd: Marianne Werefkin. Leben und Werk 1860–1938, Berlin 1988

Festner, Katharina u. Christiane Raabe: Spaziergänge durch das München berühmter Frauen, Zürich u. Hamburg 1996

Fiedler, Jeannine u. Peter Feierabend (Hrsg.): Bauhaus, Köln 1999

Firmenich, Andrea: Heinrich Campendonk 1889–1957. Leben und expressionistisches Werk, Recklinghausen 1989

Frank, Ulrich (Hrsg.): Die Berlinerin. Bilder und Geschichten, Berlin 1890

Frese, Werner u. Ernst-Gerhard Güse (Hrsg.): August Macke. Briefe an Elisabeth und die Freunde, München 1987

Friesen, Astrid von: August Macke. Ein Malerleben, Hamburg 1989

[Der] Gereonsclub 1911–1913. Europas Avantgarde im Rheinland, herausgegeben vom Verein August Macke Haus e. V., Bonn 1993

Göttler, Norbert: Von Hungerleidern und Malweibern. Die Künstlerkolonie Dachau um die Jahrhundertwende, Bayerischer Rundfunk, Bayern – Land und Leute, 13. 5. 1990

Goll, Claire: Ich verzeihe keinem, München 1976

Griesebach, Lothar: Ernst Ludwig Kirchners Davoser Tagebuch. Eine Darstellung des Malers und eine Sammlung seiner Schriften, Stuttgart 1997

Hahl-Koch, Jelena (Hrsg.): Arnold Schönberg / Wassily Kandinsky: Briefe, Bilder und Dokumente einer außergewöhnlichen Begegnung, München 1983

Hahl-Koch, Jelena (Hrsg.): Wassily Kandinsky und Arnold Schönberg. Der Briefwechsel, Stuttgart 1993

Hartog, Hans: Franz Marc und Heinrich Kaminsky. In: Neue deutsche Hefte 22 (1975), Nr. 1, S. 68–93

Heider, Andreas: »Du musst diese Gegend einmal genauso lieben wie ich«. In: Süddeutsche Zeitung Nr. 234 vom 9./10. 10. 1999

Heißerer, Dirk: Wo die Geister wandern. Eine Topographie der Schwabinger Boheme von 1900, München 1993

Heißerer, Dirk u. Joachim Jung: Ortsbeschreibung. Tafeln und Texte in Schwabing. Ein Erinnerungsprojekt, München 1998

Hildebrandt, Hans: Adolf Hölzel als Zeichner, Stuttgart 1913

Hill, Jane: Dora Carrington: Leben zwischen Kunst und Liebe. Eine Biographie, München 1995

Hoberg, Annegret: Maria Marc. Leben und Werk 1876–1955, München 1995

Hoberg, Annegret und Helmut Friedel (Hrsg.): Der Blaue Reiter und das neue Bild. Von der ›Neuen Künstlervereinigung München‹ zum ›Blauen Reiter‹, München 1999

Hoh-Slodczyk, Christine: Das Haus des Künstlers im 19. Jahrhundert, München 1985

Kandinsky, Nina: Kandinsky und ich, München 1987

Kandinsky, Wassily und Franz Marc: Der Blaue Reiter. Dokumentarische Neuausgabe von Klaus Lankheit, München 1997

Käthe, Paula und der ganze Rest. Künstlerinnenlexikon, herausgegeben vom Verein der Berliner Künstlerinnen e. V. in Zusammenarbeit mit der Berlinischen Galerie, Museum für Moderne Kunst, bearbeitet von Carola Muysers, Berlin 1992

[Der fast vergessene Heinrich] Kaminski. Ein Hörfunkbeitrag des WDR 5, Musikszene West, Landesstudio Bielefeld vom 22. 9. 1994

[Ernst Ludwig] Kirchner, herausgegeben von der Nationalgalerie Berlin Staatliche Museen Preußischer Kulturbesitz, Berlin 1980

Klee, Paul: Tagebücher 1898–1918, herausgegeben von der Paul-Klee-Stiftung Kunstmuseum Bern, bearbeitet von Wolfgang Kersten. Textkritische Neuedition, Bern 1988

Kleine, Gisela: Gabriele Münter und Wassily Kandinsky. Biographie eines Paares, Frankfurt a. M. 1990

Klüsener, Erika: Else Lasker-Schüler in Selbstzeugnissen und Bilddokumenten, Reinbek 1980

Krafft, Sybille u. a.: Frauenleben in Bayern von der Jahrhundertwende bis zur Trümmerzeit, München 1993

Künstlerkolonie Dachau um die Jahrhundertwende, Bayerischer Rundfunk, Bayern – Land und Leute, 13. 5. 1990

[Deutsche] Künstlerkolonien 1890–1910. Worpswede – Dachau – Willingshausen – Grötzingen – Die »Brücke« – Murnau, Karlsruhe 1998

Lagarde, Paul de: Programm der Konservativen Partei Preußens, Berlin 1884

Landmann, Robert: Ascona. Monte Verità, Frankfurt am Main 1979

Lankheit, Klaus: Franz Marc, herausgegeben und mit einem Vorwort von Maria Marc, Berlin 1950

Lankheit, Klaus (Hrsg.): Franz Marc im Urteil seiner Zeit, Köln 1960

Lankheit, Klaus: Franz Marc. Katalog seiner Werke, Köln 1970

Lankheit, Klaus: Franz Marc. Sein Leben und seine Kunst, Köln 1976

Lankheit, Klaus (Hrsg.): Wassily Kandinsky/Franz Marc. Briefwechsel. Mit Briefen von und an Gabriele Münter und Maria Marc, München und Zürich 1983

Lankheit, Klaus: Führer durch das Museum Kochel am See, München 1996

[Helmuth] Macke (1892–1936), herausgegeben von der Stadt Krefeld 1991

Macke, Wolfgang (Hrsg.): August Macke/Franz Marc: Briefwechsel, herausgegeben von Wolfgang Macke, Köln 1964

Marc, Franz: Stella Peregrina. Achtzehn Faksimile-Nachbildungen nach den Originalen von Franz Marc, handkoloriert von Anette von Eckardt mit einer Einleitung von Hermann Bahr, München 1917

Marc, Franz: Briefe, Aufzeichnungen und Aphorismen, Berlin 1920

Marc, Franz: Botschaften an den Prinzen Jussuf. Mit einem Geleitwort von Maria Marc und einem Essay von Georg Schmidt »Über das Poetische in der Kunst Franz Marcs«, München 1954

Marc, Franz: Skizzenbuch aus dem Felde (Faksimile-Ausgabe) mit einem Textheft von Klaus Lankheit, Berlin 1956

Marc, Franz: Schriften, herausgegeben von Klaus Lankheit, Köln 1978

[Franz] Marc 1880–1916, Katalog zur Ausstellung in der Städtischen Galerie im Lenbachhaus, München 1980

Marc, Franz: Zeichnungen und Aquarelle, Tübingen 1990

Marc, Franz: Briefe aus dem Feld. Nach Originalen herausgegeben von Klaus Lankheit und Uwe Steffen, München/Zürich 1993

Marc, Franz: Botschaften an den Prinzen Jussuf, mit einem Geleitwort von Maria Marc. Einführung von Gottfried Sello, Weyarn 1997

Marc, Maria: Aus meinem Leben mit Franz Marc. In: Annegret Hoberg: Maria Marc. Leben und Werk 1876–1955, München 1955, S. 95–104

Marquardt, Ulrike u. Heinz Rölleke (Hrsg.): Else Lasker-Schüler/Franz Marc. »Mein lieber, wundervoller blauer Reiter«. Privater Briefwechsel, Düsseldorf/Zürich 1998

Meister, Monika: »Malweiber«. Der Münchner Künstlerinnen-Verein um die Jahrhundertwende, Bayerischer Rundfunk, Bayern – Land und Leute, 7. 7. 1996

Meißner, Günter (Hrsg.): Franz Marc. Briefe, Schriften und Aufzeichnungen, Leipzig und Weimar 1980, 1989

Moeller, Magdalena M. (Hrsg.): Franz Marc. Zeichnungen und Aquarelle, Tübingen 1989

Moeller, Magdalena M. (Hrsg.): Der frühe Kandinsky 1900–1910, München 1994

Mück, Hans-Dieter (Hrsg.): Insel des Schönen. Künstlerkolonie Worpswede 1889–1908, Apolda 1998

Mühsam, Erich: Ausgewählte Werke, herausgegeben von Christlieb Hirte u. a., Bd. 2., Berlin 1985

Mühsam, Erich: Boheme. In: Die Fackel 8 (1906) Nr. 202.

Nietzsche, Friedrich: Also sprach Zarathustra. Ein Buch für Alle und Keinen, Stuttgart 1994

Nietzsche, Friedrich: Jenseits von Gut und Böse. Vorspiel einer Philosophie der Zukunft, München 1989

Ostini, Fritz von: Zum Kunststreit Berlin/München. In: Pese, Claus: Franz Marc. Leben und Werk, Stuttgart und Zürich, 1989

Prinz, Friedrich u. Marita Krauss (Hrsg.): München – Musenstadt mit Hinterhöfen. Die Prinzregentenzeit 1886–1912, München 1988

Providoli, Cornelia: Jean-Bloé Niestlé. 1884–1942. Ein Tiermaler zwischen Tradition und Avantgarde, Hauterive/Schweiz 1997

Rinser, Luise: Den Wolf umarmen, Frankfurt am Main 1981

Ross, Werner: Bohemiens und Belle Epoque, Bonn 1998

Roßbeck, Brigitte: Immer im Schatten des Genies, In: Süddeutsche Zeitung Nr. 5 vom 8. 1. 1996

Rössler, Arthur: Neu-Dachau, Leipzig 1905

Safranski, Rüdiger: E. T. A. Hoffmann, München 1984

Schardt, Alois J.: Franz Marc, Berlin 1936

Scheps, Marc, Yilmaz Dziewior u. Barbara M. Thiemann (Hrsg.): Kunstwelten im Dialog. Von Gauguin zur globalen Gegenwart, Köln 1999

Schilling, Hans: Aus dem Soldatenleben Franz Marcs. In: Frankfurter Zeitung Nr. 86 vom 8. 7. 1917

Schlaffer, Hannelore (Hrsg.): Ehen in Worpswede: Paula Modersohn-Becker, Otto Modersohn; Clara Rilke-Westhoff, Rainer Maria Rilke, Stuttgart 1994

Schlaffer, Hannelore: Die Sünde auf den Muselblumen. In: Frankfurter Allgemeine Zeitung Nr. 31 vom 6. 2. 1999

Schmalenbach, Werner: Gnade des frühen Todes. In: Frankfurter Allgemeine Zeitung Nr. 61 vom 13. 3. 1999

Schmidt, Silvia: Bernhard Koehler – ein Mäzen August Mackes und der Künstler des „Blauen Reiters". In: Zeitschrift des deutschen Vereins für Kunstwissenschaft. Bd. 42. H. 3, Berlin 1988, S. 76–91

Schmitz, Oscar A.: Bürgerliche Bohème, Bonn 1998

Schmitz, Walter: Die Münchner Moderne. Die literarische Szene in der ›Kunststadt‹ um die Jahrhundertwende, Stuttgart 1990

Schrick, Kirsten: Berlin der Kopf – München das Herz. Ein Wettstreit der Weltstädte um den Vorrang in Kunst und Literatur. In: Literatur in Bayern, Heft 9 (1987), S. 41–46.

Schütte, Jürgen u. Peter Sprengel (Hrsg.): Die Berliner Moderne, Ditzingen 1998

[Johanna] Schütz-Wolff: Textil und Grafik. Zum 100. Geburtstag. Herausgegeben von der Staatlichem Galerie Moritzburg, Halle 1996

Schuster, Peter-Klaus (Hrsg.): Franz Marc/Else Lasker-Schüler. »Der Blaue Reiter präsentiert Eurer Hoheit sein Blaues Pferd«. Karten und Briefe, München 1996

Soden, Eugenie von (Hrsg.): Das Frauenbuch. Frauenberufe u. Ausbildungsstätten, Stuttgart 1913

Sombart, Nicolaus: Wilhelm II. Sündenbock und Herr der Mitte, Berlin 1996

Strachwitz, Sigrid Gräfin von: Franz Marc und Friedrich Nietzsche – Zur Nietzscherezeption in der bildenden Kunst, Phil. Diss. Univ. Bonn, 1997.

Suder, Alexander L. (Hrsg. im Auftrag des Landesverbandes Bayerischer Tonkünstler e. V. im VDMK): Komponisten in Bayern. Dokumente Musikalischen Schaffens im 20. Jahrhundert. Band 11: Heinrich Kaminski, Tutzing 1986.

Teubner, Ernst (Hrsg.): Hugo Ball, Berlin 1986

Till, Wolfgang: »Zum Mythos«. Schwabing, Cliché und große Illusionen. In: Schwabing. Kunst und Leben um 1900. Essays, herausgegeben von Helmut Bauer u. Elisabeth Tworek, München 1998

Titze, Heinrich: Sammlung Göschen. Recht des Bürgerlichen Gesetzbuches. Viertes Buch. Familienrecht, Leipzig o. J.

Verein der Berliner Künstlerinnen, Berlinische Galerie, Berlin

Webb, Karl E.: »Else Lasker-Schüler and Franz Marc: A Comparison«, Orbis Litterarum, Jg. 33 (1978), S. 280–298

Weber, Leo (Hrsg.): Kloster Benediktbeuern. Gegenwart und Geschichte. Historisch-kunsthistorische Festschrift zum fünfzigjährigen Jubiläum der Salesianer Don Boscos in Benediktbeuern, Benediktbeuern 1981

Werefkin, Marianne: »Die Farbe beisst mich ans Herz«, herausgegeben vom Verein August Macke-Haus e. V., Bonn 1999

Uwe Westfehling: Graphik in ihrer Zeit. Fin de siècle. Die graphischen Künstler Europas um 1900, herausgegeben vom Wallraf-Richartz-Museum Köln, Köln 1998

Wilfried Wiegand: Ewiger Herzschlag des Lichts. In: Frankfurter Allgemeine Zeitung Nr. 243 vom 19. 10. 1999

Wilhelm, Hermann: Die Münchner Bohème. Von der Jahrhundertwende bis zum Ersten Weltkrieg, München 1993

Winkler, Walter: Psychologie der modernen Kunst, Tübingen 1949

Zweite, Arnim (Hrsg.): Alexej Jawlensky 1864–1941, München 1983

Archive

August Macke Haus, Bonn
Bauhaus-Archiv, Museum für Gestaltung, Berlin
Bauhaus-Museum, Kunstsammlungen zu Weimar
Bauhaus-Universität, Weimar
Bayerisches Hauptstaatsarchiv, München
Bayerisches Staatsarchiv, München
Fondazione Monte Verità, Ascona
Franz Marc Museum, Kochel am See
Germanisches Nationalmuseum/Archiv für bildende Kunst, Nürnberg
Hochschule der Künste, Berlin
Kulturzentrum Ostpreußen, Ellingen
Landesarchiv Berlin
Münchner Staatsbibliothek/Monacensia Bibliothek, München
Privatarchiv Lautenbacher
Privatarchiv von Miller-Schütz
Privatarchiv Stein/Wimmers
Stadtarchiv München
Stadtbibliothek München/Handschriftensammlung
Städtische Galerie im Lenbachhaus, München
Stiftung Bauhaus, Dessau
Verein der Berliner Künstlerinnen/Berlinische Galerie, Berlin
Zentralinstitut für Kunstgeschichte, München
Zentrum für Berlin-Studien/Zentral- und Landesbibliothek, Berlin

Bildnachweis

(vgl. bei abgekürzt zitierten Werken die vollständige Angabe in der Literaturauswahl):

Berlin und seine Bauten, 1877: S. 12 – Fiedler, Jeannine / Feierabend, Peter, Bauhaus, 1999: S. 181 – Frese, Werner / Güse, Ernst-Gerhard: August Macke ..., 1987: S. 91 – Germanisches Nationalmuseum Nürnberg: S. 42, 43, 45, 47, 51, 111, 143, 144, 161, 201 – Hoberg, Annegret, Maria Marc ..., 1995: S. 15, 29, 70, 71, 85, 170 – Kirchner, Ernst Ludwig, hg. Nationalgalerie Berlin ..., 1980: S. 120 – Klüsener, Erika, Else Lasker-Schüler ..., 1980: S. 131 – Lankheit, Klaus, Franz Marc, Katalog ..., 1970: S. 53, 55, 73 – Moeller, Magdalena M., Der frühe Kandinsky ..., 1994: S. 107 – Privatarchiv Stein/Wimmers: S. 13, 17, 25, 33, 81, 155, 205 – Schütz-Wolff, Johanna, Textil und Grafik ..., 1996: S. 183 – Werefkin, Marianne ..., hg. Verein Macke-Haus e. V., 1999: S. 185 – Zweite, Arnim, Alexej Jawlensky ..., 1983: S. 97.

Es konnten nicht alle Rechteinhaber ermittelt werden. Der Verlag ist bereit, rechtmäßige Ansprüche angemessen zu vergüten.

Danksagung

Wir danken:

Marliese Stein und Erwin Wimmers, Erben Marc-Nachlass, für ihr großes Interesse an unserer Arbeit und die uneingeschränkt gewährte Unterstützung; Dr. Annegret Hoberg, Kuratorin der Städtischen Galerie im Lenbachhaus, München; Leitungen und Mitarbeitern des Archivs für Bildende Kunst im Germanischen Nationalmuseum Nürnberg, der Bauhaus-Archive in Berlin, Dessau und Weimar, der Fondazione Monte Verità in Ascona, des Stadtarchivs München, des Bayerischen Staats- und Hauptstaatsarchiv München, der Stadtbücherei Weilheim/Obb.; auch Professor Sigrid Delius, Vitalis Kaminski, Max Lautenbacher †, Anne von Miller-Schütz, Dr. Sigrid Gräfin Strachwitz, Professor Dr. Dr. Leo Weber seien hier stellvertretend für all jene genannt, die uns die Arbeit erleichtert haben.

Editorische Notiz

Zu diesem Buch:

Unsere Absicht war, die Biografie dieses Künstlerpaares zu schreiben.

Das heißt, Franz und Maria Marc in ihrer Zeit, ihre Wege zueinander, ihre Kontakte zu Verwandten, Freunden, Kollegen, zur Kunst- und Literaturszene stehen im Vordergrund. Obwohl kunsthistorische Aspekte zurücktreten mussten, war uns auch hier exakte Recherche und Dokumentation wichtig. Die Schreibweise der Zitate entspricht, soweit vertretbar, der primärer oder sekundärer Quellen.

Zu den Autorinnen:

Kirsten Jüngling
Autorin, Dozentin
Geboren 1949 in Windecken/Hessen und dort aufgewachsen; verheiratet, ein Sohn; Banklehre in Frankfurt am Main; Diplome in Betriebs- und Volkswirtschaftslehre; Tätigkeiten als Fachbereichs-Assistentin, in der Unternehmensberatung und als Dozentin; Mitverfasserin einer Unterrichtsbuchreihe; seit 1991 auch Biografin; lebt in Köln.

Brigitte Roßbeck
Journalistin, Autorin
Geboren 1944 in Zeulenroda/Thüringen, aufgewachsen im Ruhrgebiet; verheiratet, ein Sohn; mehrere Jahre im Dienstleistungssektor beschäftigt; Erlangung der Hochschulreife über den zweiten Bildungsweg; Studium der Geschichte und Geografie an der Universität Köln, im Anschluss daran Dozentin, seit 1986 freiberuflich tätig, zahlreiche Veröffentlichungen in Rundfunk, Tageszeitungen und Zeitschriften; seit 1991 auch Biografin; lebt in Iffeldorf/Oberbayern.

In Kooperation entstandene Bücher:

Elly Heuss-Knapp, Heilbronn 1994

Elizabeth von Arnim, Frankfurt am Main 1996

Auf den Spuren der Elizabeth von Arnim auf Rügen, Berlin 1997

Frieda von Richthofen, Berlin 1998

Kirsten Jüngling und Brigitte Roßbeck

Personenverzeichnis

Ackermann, Werner 231
Adolph, Anwalt 136, 218
Amiet, Cuno 121
Ammer, Julius 189
Andreewsky, Nina von (s. Kandinsky, Nina)
Arnim, Bettina (Bettine) von 162
Ažbé, Anton 105 f., 217

Bach, Johann Sebastian 154 f.
Bachmair, Heinrich F. S. 221
Bachrach, Elvira 187
Bakunin, Michail A. 188
Ball, Hugo 144, 187
Bara, Charlotte 184, 187, 231
Barro, Mathilde (s. Kaminski, Mathilde)
Basch, Helene von 74
Baum, Paul 96
Bebel, August 188
Becher, Johannes R. 221
Bechtejeff, Wladimir von 96, 100, 114, 118
Benn, Gottfried 130
Berg, Alban 144, 219
Bergmann, Paula 21, 23
Bernheim, Galerie 128
Bethge, Hans 56
Bethke, Max 231
Bleyl, Fritz 119, 121, 219
Bloch, Albert 117, 124, 149, 195, 202
Bohnstedt, Alice 210
Bohnstedt, Fanny 41
Börner, Helene 180
Bossi, Erma 96, 118
Botticelli, Sandro 75
Brakl, Franz Joseph 83, 87 f., 92 f., 216
Braque, Georges 97
Braunmühl, Clementine von 209
Brecht, Bert 233
Brentano, Clemens 41
Brentano, Franz 41
Brentano, Lujo 41

Brentano, Sissi 200
Breuer, Marcel 181, 187
Brockdorf, Anwalt 136, 218
Burljuk, David 117
Burljuk, Wladimir 117
Busoni, Ferruccio B. 180

Caesar, Gaius Julius 59
Campendonk, Adda 111, 136, 149, 173, 225
Campendonk, Heinrich 110 f., 117, 124, 134, 136, 140, 152, 157, 173 f., 225, 229, 233
Carlyle, Thomas 44
Carrington, Dora 218
Caselmann, August 44
Cassirer, Bruno 123
Cassirer, Paul 23, 94, 123 f., 136, 174, 176, 208, 227
Cézanne, Paul 46, 94, 200

Debenne, Marie 49 f.
Debenne, Mme 49 f.
Degas, Edgar 46
Dehmel, Richard 34, 56
Deichmann, Adda (s. Campendonk, Adda)
Delaunay, Charles 220
Delaunay, Robert 117, 128, 220
Delaunay, Sonia 128, 219 ff., 225
Dennerlein, Helene (s. Marc, Helene)
Derain, André 97
Diaghilev, Sergej 100
Diez, Wilhelm (von) 46, 76
Dill, Ludwig 31
Dongen, Kees van 97
Dostojewskij, Fjodor M. 79
Dresler, Emmi 96
Druet, Eugène 128
Duncan, Isadora 48, 188
Durieux, Tilla 208
Duse, Eleonora 100

Ebert, Friedrich 174
Eckardt, Anette von (s. Simon, Anette)
Eckert, Robert 96
Einstein, Albert 42
Eisenberger, Severin 154
Emden, Max 231
Ende, Hans am 33
Epiktet 44
Epstein, Elisabeth 117, 128, 221
Erbslöh, Adeline 99
Erbslöh, Adolf 96, 98 f., 106, 108, 113 ff., 118, 233
Erdmann, Lothar 172, 175, 197, 232
Erdmann-Macke, Elisabeth (s. Macke, Elisabeth)
Erler, Fritz 58, 209
Esslinger, Herr 88, 215

Fahrenkamp, Emil 231
Feininger, Julia 180, 200 f., 233
Feininger, Lyonel 121, 180, 182, 195, 233
Feldbauer, Max 27, 31, 58, 72, 76, 95, 209
Fénéon, Galerie 128
Flaubert, Gustave 138
Flechtheim, Alfred 184, 187 f.
Franck, Bertha 207
Franck, Erika 172, 208
Franck, Helene 12–16, 19–22, 24, 28, 78 f., 83, 95, 110, 130, 139, 141, 143, 145, 171, 173 f., 177, 207 f., 215, 223
Franck, Hertha 145, 172, 224 f.
Franck, Philipp 12–16, 19–22, 24, 28, 30, 78 f., 83 f., 95, 127 f., 130, 138 ff., 208, 215
Franck, Wilhelm 12, 20, 78, 86, 95, 138, 145, 150, 208, 224 f.
Frank, Leonhard 221
Franke, Günter 197
Freiligrath, Familie 80
Freilitzsch, Benita von 158
Frick, Ernst 231
Fromm, Anwalt 136, 202, 218
Führmann, Pension 221

Gallinger, August 26, 64 f., 74, 110, 160
Gauguin, Paul 25, 46, 75, 94, 96
George, Stefan 52, 54
Georgi, Walter 58, 209
Gerstl, Richard 219 f.
Girieud, Pierre 96, 118

Gogh, Vincent van 46, 75, 93 f., 112, 119 f.
Goldschmidt & Co, Galerie 128
Goldschmidt-Rothschild, Marianne von 170
Goll, Claire 186
Goltz, Hans 126, 129
Göring, Hermann 200
Graepel, Gerhard 40, 210
Graf, Oskar Maria 221
Gräser, Gustav 231
Gräser, Karl 231
Gropius, Ilse 187
Gropius, Walter 178 f., 181 f., 187, 230
Groß, Otto 54, 188
Grote, Ludwig 198
Gurlitt, Fritz 27

Hackl, Gabriel 46
Hakrid, Dusza von 191, 232
Hartmann, Thomas von 217
Hattemer, Lotte 231
Hauptmann, Carl 20, 34
Hauptmann, Gerhart 20, 44, 208, 219
Hauptmann, Marie 219
Hausenstein, Wilhelm 31, 228
Heckel, Erich 119–123, 134, 144, 175, 224
Heckel, Sidi 122, 175
Helbig, Walter 231
Hesse, Hermann 220, 224
Hessel, Franz 52, 211
Hessel, Helene 211
Heydt, Eduard von der 184, 188, 231
Hirzel-Langenhan, Anna 157
Hodler, Ferdinand 94
Hofer, Karl 96
Hoffmann, E. T. A. 40
Hoffmann, Heinrich 199, 216, 233
Hoffmann, Ida 187, 231
Hoffmann, Jenny 231
Hölzel, Adolf 31, 58, 137, 229 f.
Holz, Arno 93

Itten, Johannes 230

Jank, Angelo 22, 27, 58, 63 f., 66, 105, 110, 209, 212
Janne, Freundin 21 f., 27
Jansen, Franz M. 124
Jawlensky, Alexej von 96, 98 ff., 104 ff.,

244

108, 111, 113–116, 118, 126 f., 143, 146,
149, 182, 184, 186 f., 197, 217, 233
Jawlensky, André 100, 143, 186
Jopp, Friederike (s. Kaminski, Elfriede)
Jung, Betty 207
Jung, Fritz 207

Kahler, Eugen von 117
Kaminski, Benita 230
Kaminski, Donatus 230
Kaminski, Elfriede (Friederike) 172, 191,
232
Kaminski, Gabriele 190, 230
Kaminski, Heinrich 154–160, 162, 172,
176 f., 184, 189–192, 197, 202, 226 f.,
229, 231, 233
Kaminski, Mathilde 154
Kaminski, Paul 154
Kaminski, Renate 230
Kaminski, Vitalis 230
Kandinsky, Anna 105 f., 146
Kandinsky, Nina 173, 180, 182, 198, 233
Kandinsky, Vsevolod 229
Kandinsky, Wassily 96, 98, 102, 104 ff.,
108, 111–117, 121–127, 132, 134 ff.,
140, 143–146, 149, 158, 165, 171, 173,
179 f., 182, 195 ff., 201 f., 217, 219 f.,
224, 229 f., 233
Kanoldt, Alexander 96, 99, 113 f., 118
Kautsky, Karl 188
Keller, Gottfried 44
Kergovius, Ida 230
Kirchner, Ernst Ludwig 119–123, 134,
175, 187, 194, 219, 229
Klages, Ludwig 52, 54
Klee, Felix 143, 173, 182, 197
Klee, Lily 127, 143, 152, 157 f., 169, 173,
180, 182, 187, 197, 226, 229, 233
Klee, Paul 126 f., 134, 136, 138, 143 f.,
151 f., 158, 160, 169, 174, 179 f., 182,
187, 195, 197, 202, 216 f., 220, 222,
224–229, 233
Koehler, Bernhard jun. 88, 90
Koehler, Bernhard sen. 88, 90–94, 103,
124, 138, 149, 163, 171, 195, 225, 229,
233
Kogan, Moyssey 96, 118
Kohler, Albert 189, 232
Kokoschka, Oskar 144, 151, 224
Kollwitz, Käthe 26
Kordon-Veri, Fridolin A. 199

Krupp, Friedrich 159
Kratzer, Heinrich 89, 215
Kubin, Alfred 96, 134, 143 f., 170, 224

Laban, Rudolf 188
Langhammer, Arthur 31
Lankheit, Klaus 154, 199 f., 202, 234
Lasker, Jonathan Berthold 130
Lasker-Schüler, Else 11, 23, 124, 130,
132–136, 162, 175, 187, 189, 197, 221,
223, 227
Lasker-Schüler, Paul 134 f., 175, 187,
221, 223
Lauer, Friedrich 48, 52, 108
Lautenbacher, Max sen. 110, 215
Le Fauconnier, Henry 96 f., 128, 221
Legros, Marguerite (s. Niestlé,
Marguerite)
Lehmann, Emmy 23 f., 28 ff., 64, 208
Liebknecht, Karl 173 f.
Leiß, Rosalia 217
Lorenz, Hertha (s. Franck, Hertha)
Luxemburg, Rosa 174

Macke, August 88 ff., 94, 96, 98, 101 ff.,
110–113, 117, 124–129, 133 f., 137 f.,
143 f., 147, 149, 215, 218, 225 f., 228 f.
Macke, Elisabeth 11, 89 f., 95, 100, 109 f.,
112, 119, 125–128, 133 f., 136, 142 f.,
147 ff., 169, 172, 175 f., 189, 197 f.,
201 f., 212, 215, 218, 221 f., 224 f., 228
Macke, Helmuth 88 ff., 95, 102, 104,
106 ff., 110 f., 122, 134, 189, 197, 223,
232
Macke, Margarethe 189, 232
Macke, Walter 233
Mackensen, Fritz 33 f.
Mahler, Alma 230
Manet, Édouard 46, 94
Marc, Franziska 41
Marc, Helene 48, 102, 172
Marc, Julia Eleonore 40
Marc, Marie (s. Schnür, Marie)
Marc, Moriz August 39 ff., 210
Marc, Paul 39, 42 f., 46, 48, 55, 68, 88,
102, 110, 113, 136, 141, 171 f., 210
Marc, Philipp 40
Marc, Sophie 39, 41 f., 46 f., 55, 96, 141,
143, 148, 172, 176, 210, 225
Marc, Wilhelm 39–42, 46, 57, 76, 200
Matisse, Henri 121, 128

McCouch, Gordon 187, 189
Mayer, Alfred 228
Meier-Graefe, Julius 93 f.
Modersohn, Otto 20, 32 ff., 209
Modersohn-Becker, Paula 20, 34, 137, 209
Mohily-Nagy, Lazslo 187
Moilliet, Hélène 127
Moilliet, Louis René 126 f.
Monet, Claude 46, 75, 94, 165
Montessori, Maria 212
Muche, Georg 180, 187
Mueller, Otto 121 ff., 175, 219
Mühsam, Erich 188
Müller, Georg 224
Müller, Johann 48, 82
Munch, Edvard 46, 121, 200
Münter, Carl 112, 116
Münter, Gabriele 24, 96, 104 ff., 108, 112, 115, 117, 122, 125 ff., 133, 135, 143, 146, 149, 171 ff., 176, 187, 197 f., 201 f., 229

Neznakomava, Helene 99, 184, 186
Niemeyer, Otto 231
Nierendorf, Galerie 195, 233
Niestlé, Colette 150, 196
Niestlé, Jean-Bloé 57, 68, 75, 87, 96, 110, 117, 126, 136, 138, 143, 150, 173 f., 197, 202, 211, 216, 223
Niestlé, Margit 196, 225
Niestlé, Marguerite 68, 87, 89, 110, 136, 138, 149 f., 173, 197
Nietzsche, Friedrich 44, 55, 119, 138, 152 f., 178, 222
Niggl, Frau 95, 142, 223
Niggl, Joseph 86, 110, 118, 142, 223
Nijinsky, Vaclav 100
Nolde, Ada 175, 192, 229, 233
Nolde, Emil 121 f., 175, 195, 229, 233
Novalis 230

Oedenkoven, Henri 184, 187 f., 231
Oenicke, Clara 208
Oppenheimer, Olga 124, 220
Orff, Carl 156, 230
Overbeck, Fritz 33

Palmié, Charles 114
Parsenow, Kete 21, 23
Pawlo(n)wa, Anna 100

Pechstein, Max 119 ff., 123, 134, 175, 187, 194, 220, 222, 232
Pelkhoven, Mechtilde von 40
Pelkhoven, Pauline von 40
Petzel, Rosa 208
Pfempfert, Franz 136
Picasso, Pablo 97, 128
Piper, Reinhard 93 f., 98, 106, 116, 126, 202, 215
Pissarro, Camille 46
Plato 44
Pohle, Karla 96
Probst, Rudolf 195, 199, 202, 223, 234
Proheretzki, Heinrich von (s. Kratzer, Heinrich)
Prondzynski, Karl von 12
Prondzynski, Maria von 12
Püttner, Walter 58, 95, 209
Putz, Leo 58, 209

Rees, Otto van 231
Reinhardt, Max 23, 105
Remy, Marie 208
Renoir, Auguste 46, 75
Reventlow, Franziska zu 52, 54, 74, 188
Riha, Sidi (s. Heckel, Sidi)
Rikli, Arnold 231
Rilke, Rainer Maria 34, 170 f., 233
Rilke-Westhoff, Clara 34
Rinser, Luise 190
Roché, Henri-Pierre 211
Rohe, Maximilian K. 97, 216
Rohlfs, Christian 186, 189, 232
Rosencreutz, Christianus 156
Rousseau, Henri 117
Rust, Frau 141

Sacharoff, Alexander 96
Saint-Léger, Antoinetta von 231
Schames, Ludwig 110, 128
Schardt, Alois J. 69, 154, 195 f., 202
Scheidemann, Philipp 173 f.
Scheyer, Emmy 182, 186
Schilling, Hans 228
Schirach, Henriette von 233
Schlemmer, Oskar 180, 187, 222, 230
Schlier, Agnes 210
Schlier, Otto 44 f., 210
Schmidtbonn, Liese 89
Schmidtbonn, Wilhelm 89, 187, 189, 232

Schmidt-Rottluff, Karl 119, 221, 186 f.
Schnabel, Heinz 96, 115
Schnell, Horst Günther 190 f., 232
Schnür, Marie 58 f., 63 ff., 68 f., 71–75,
    77, 79, 96, 109 f., 163, 176, 202, 209,
    213 f., 217
Schnür, Klaus Stephan 63, 65 ff., 73 f.,
    80, 176, 214
Schönberg, Arnold 102 f., 108, 117,
    123 ff., 143 f., 180, 219, 223
Schönberg, Mathilde 219
Schreyer, Lothar 230
Schuler, Alfred 52, 54
Schütz, Paul 192
Schütz-Wolff, Anne 192, 232
Schütz-Wolff, Johanna 183 f., 192, 194
Schwarz-Schilling, Reinhard 191
Seewald, Richard 163
Seidl, Emanuel 217
Shakespeare, William 223
Simon, Anette 54–59, 63 f., 66 f., 72, 75,
    77–80, 84, 86, 108, 110, 127, 144, 149,
    169, 202, 211, 214
Simon, Richard 54 f., 67
Sisley, Alfred 46, 75
Sonntag, Adolf 12
Sonntag, Vera 21
Sophie, Hausmädchen 176, 230
Stadler, Lina 224
Stangl, Etta 198, 200, 234
Stangl, Otto 198, 200, 234
Staudacher, Familie 89
Steiner, Rudolf 105, 154
Storch, Karl 21 ff., 208 f.
Strawinsky, Igor 180
Stuck, Franz (von) 105
Suchocki, Bogdan von 52, 74
Susmann, Margarete 56
Swarzensky, Georg 110
Sylva, Carmen 56

Thannhauser, Heinrich 83, 96 ff., 117 f.,
    133
Thüngen, Anna von 63

Tolstoi, Leo N. 153, 226
Tortilorius, Klavierlehrerin 207
Tschudi, Hugo von 96, 216, 220

Velde, Henry van de 178
Vinnen, Karl 112, 116
Vogeler, Heinrich 33 f.
Vollard, Ambroise 128

Wagner, Richard 44, 105, 155
Walden, Herwarth 123, 126, 130, 134,
    138, 163, 171 f., 180, 187, 195, 221 f.,
    229
Walden, Nell 130, 187, 221
Walter, Bruno 226
Warburg, Fräulein 154, 157, 226
Webern, Anton 144, 219
Weidemeyer, Carl 231
Werefkin, Marianne (von) 96, 99 f.,
    104 ff., 108, 112–115, 118, 126 f., 146,
    149, 184, 186 f., 189 f., 231 f.
Westphalen, Herr 22
Werner, Anton Alexander von 19, 208
Wigman, Mary 188
Wilhelm II. 19, 123, 173, 188, 208, 216,
    231
Wilkens, Hugo 231
Wimmers, Willi 208
Winkler, Walter 159
Wislicenus, Hermann 19, 208
Wittenstein, Oscar 96, 113, 115
Wolf, Anwalt 136
Wolff, Johanna (s. Schütz-Wolff,
    Johanna)
Wolfskehl, Hanna 127, 149, 211
Wolfskehl, Karl 54, 127, 136, 149, 187,
    202, 211, 217
Worringer, Adolf 220
Worringer, Emmy 124, 220
Worringer, Wilhelm 124

Zeiger, Herr 176
Zemlinsky, Alexander von 219
Zügel, Heinrich (von) 57, 84, 216

Das ungewöhnlichste Künstlerehepaar der Gegenwart

Spätestens seit der Reichstagsverhüllung und der Installation »The Wall« in Oberhausen haben Christo und Jeanne-Claude auch in Deutschland eine riesige Anhängerschaft. 15 Jahre lang recherchierte Burt Chernow für diese erste, autorisierte Biografie. Er führte Hunderte von Interviews mit dem Künstlerpaar, mit Freunden, Ausstellungsmachern und Sammlern. Herausgekommen ist nicht nur eine brillante Analyse des künstlerischen Werks, sondern auch eine leidenschaftliche Liebesgeschichte.

Burt Chernow
XTO + J-C

Christo und Jeanne-Claude
Eine Biografie
Mit zahlreichen Abbildungen

List Taschenbuch

»Starke Weiblichkeit entfesseln«
Niki de Saint Phalle

Mit ihren überlebensgroßen Figuren in knallbunter Farbigkeit, fröhlich und sexy, setzte Niki de Saint Phalle schwellende Formen weiblicher Fruchtbarkeit – gegen eine gewalttätige, technoide Männerwelt. Die kreative Aristokratin war Klosterschülerin, Fotomodell, Ehefrau und Mutter, bevor sie sich von allen gesellschaftlichen Zwängen löste, um bedingungslos Künstlerin zu werden.

Sie schoss sogar auf ihre Bilder – gegen Konventionen, gegen falsche Moral, gegen die Institution Kirche, gegen den Mann als Ursache allen Übels auf der Welt, gegen sich selbst. Sie war eine Terroristin der Kunst und einziges weibliches Mitglied der Nouveaux Réalistes.

Monika Becker

**»Starke Weiblichkeit entfesseln«
Niki de Saint Phalle**

Originalausgabe

List Taschenbuch

»Kenntnisreich und spannend erzählt«
Kölner Stadtanzeiger

Der moderne Tanz wurde von einer Frau geschaffen – von der sagenumwobenen Isadora Duncan. Sie war die erste, die sich nach den großen klassischen Musikwerken auf eine ganz neue Art bewegte – ganz weiblich und frei. Isadora Duncan wollte stets provozieren und schockieren. Sie wagte sich fast nackt auf die Bühne – und das im puritanischen Amerika. Ihr ganzes Leben kämpfte sie für die freie Liebe und lehnte sich gegen die verhaßten bürgerlichen Konventionen auf. Ihr Leben verlief tragisch: All ihre Kinder starben, ihr Ehemann Sergej Jessenin beging nach ihrer Trennung Selbstmord. Isadora selbst verunglückte bei einem Autounfall in Nizza – ihr weißer Schal hatte sich in den Speichenrädern ihres Bugattis verfangen ...

Jochen Schmidt

**»Ich sehe Amerika tanzen«
Isadora Duncan**

23 Abbildungen
Originalausgabe

»Sachkundig und sorgfältig recherchiert«
Rheinische Post

List Taschenbuch

»... und ich male doch«
Paula Modersohn-Becker

Paula Modersohn-Becker gehört zu den ganz Großen der Malerei des 20. Jahrhunderts. Ihre künstlerische Heimat ist die Malerkolonie Worpswede, aber sie will mit ihren Bildern immer weit über die romantisch-rückwärtsgewandte Kunst hinaus.
Sie sucht das Neue, verlässt die Idylle und geht nach Paris. Dort findet sie zu ihrer Kunst: Sie malt expressionistisch, experimentiert mit Farben und Formen. Und sie provoziert, stellt sich selbst als nackte Schwangere dar ...
Die Kritik reagiert vernichtend. Sie verkauft Zeit ihres Lebens kein einziges Bild. Doch das spornt sie nur zu Höchstleistungen an. Sie weiß, sie kann Großartiges leisten. Monika Keuthen zeichnet ein wunderbares Bild der Paula Modersohn-Becker, so kraftvoll und facettenreich wie ihre Gemälde.

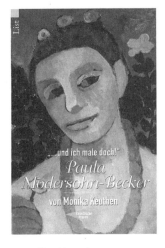

Monika Keuthen

»... und ich male doch!« Paula Modersohn-Becker

25 farbige und schwarz-weiße Abbildungen
Originalausgabe

List Taschenbuch